Zu diesem Buch

Cecil Reddie und seine Schule Abbotsholme, A. S. Neill und Summerhill, Kurt Hahn und Gordonstoun: Jeder dieser drei Erzieher hat dem pädagogischen Denken und Handeln der Gegenwart entscheidende Impulse gegeben, jede dieser drei Schulen steht für eine weit über England hinauswirkende Entwicklungsstufe der «fortschrittlichen Erziehung» (progressive education). Diese Erziehung hat Tradition, sie ist aber deshalb nicht Geschichte – obwohl Cecil Reddie bereits 1889 in Abbotsholme begann, den viktorianischen Mief aus den Schulstuben zu vertreiben. Sein Ideal einer autonomen Schulgemeinde, in der jeder die Möglichkeit besitzen sollte, Geist und Körper, intellektuelle, affektive und soziale Fähigkeiten gleichermaßen auszubilden, gibt das Thema der «fortschrittlichen Erziehung» an. In den Lebensläufen der Erzieher, Schulen und Ideen zeichnet Robert Skidelsky die Variationen der pädagogischen und gesellschaftlichen Rolle nach, die diese schulreformerische Bewegung gespielt hat und weiter spielen wird.

Robert Skidelsky wurde 1939 in Charbin (Mandschurei) geboren. Er erhielt seine Ausbildung als Historiker am Brighton College und Jesus College in Oxford. Seit 1968 ist er Forschungsassistent an der British Academy und beschäftigt sich mit der Geschichte Englands im 20. Jahrhundert.

sachbuch rororo

Erziehung und Schule

Bisher veröffentlicht:

Ivan Illich
Schulen helfen nicht
Über das mythenbildende Ritual der Industriegesellschaft
Einleitung von Erich Fromm
[6778]

Ivan Illich
Entschulung der Gesellschaft
Entwurf eines demokratischen Erziehungssystems [6828]

Initiativgruppe Solingen
Schule ohne Klassenschranken
Entwurf einer Schulkooperative
[6724]

Mosse Jørgensen
Schuldemokratie – keine Utopie
Das Versuchsgymnasium Oslo
[6802]

Everett Reimer
Schafft die Schule ab!
Befreiung aus der Lernmaschine
[6795]

Edgar Faure u. a.
Wie wir leben lernen
Der Unesco-Bericht über Ziele und Zukunft unserer Erziehungsprogramme [6835]

Hans-G. Rolff u. a.
Strategisches Lernen in der Gesamtschule
Gesellschaftliche Perspektiven der Schulreform [6854]

Helmut Klein
Bildung in der DDR
Grundlagen, Entwicklungen, Probleme [6861]

Autorengruppe ASP/MV
Abenteuerspielplatz – Wo verbieten verboten ist
Experiment und Erfahrung, Berlin Märkisches Viertel [6814]

Paulo Freire
Pädagogik der Unterdrückten
Bildung als Praxis der Freiheit
[6830]

Lutz Schwäbisch, Martin Siems
Anleitung zum sozialen Lernen für Paare, Gruppen und Erzieher
Kommunikations- und Verhaltenstraining [6846]

Modelle emanzipierter Erziehungspraxis

sachbuch rororo

Politische Erziehung

Bisher veröffentlicht:

Elin-Birgit Berndt u. a.
Erziehung der Erzieher:
Das Bremer Reformmodell
Ein Lehrstück zur Bildungspolitik
[6782]

Wendula Dahle
Deutschunterricht und
Arbeitswelt:
Modelle kritischen Lernens
Materialien für Lehrer
und Schüler [6785]

Michael Masuch
Politische Ökonomie der
Ausbildung
Lernarbeit und Lohnarbeit
im Kapitalismus [6813]

Heiner Boehncke (Hg.)
«Vorwärts und nicht vergessen»
Ein Lesebuch
Klassenkämpfe in der
Weimarer Republik [6805]

Projektgruppe Arbeitslehre
Marburg
Schule, Produktion, Gewerkschaften
Ansätze für eine Arbeitslehre im
Interesse der Lohnabhängigen
[6908]

Autorengruppe Westberliner
Volkstheaterkooperative
Blumen und Märchen
Stadtteilarbeit mit Kindern
im MV Berlin [6869]

Hamburger Lehrerkollektiv
Jahrbuch für Junglehrer 1975
Perspektiven für die Berufspraxis [6884]

Gerhard Vinnai
Sozialpsychologie der
Arbeiterklasse
Identitätszerstörung im
Erziehungsprozeß [6812]

Johannes Beck
Lernen in der Klassenschule
Untersuchungen für die Praxis
[6820]

Herbert Nagel
Wer will die
klügsten Kinder?
Vorschulerziehung und
Chancenungleichheit [6837]

Dieter Richter /
Jochen Vogt (Hg.)
Die heimlichen Erzieher
Kinderbücher und politisches
Lernen [6843]

Götz Dahlmüller,
Wulf D. Hund, Helmut Kommer
Politische Fernsehfibel
Materialien zur
Klassenkommunikation [6849]

Analysen, Modelle, Materialien
für Schüler, Lehrlinge, Studenten, Lehrer

Robert Skidelsky

Schulen von gestern für morgen

«Fortschrittliche Erziehung» in englischen Privatschulen

Aus dem Englischen
von Roland Fleissner

rororo

Rowohlt

Die Originalausgabe erschien bei den Penguin Books Ltd.,
Hamondsworth, Middlesex, 1969 unter dem Titel:
‹*English Progressive Schools*›

Deutsche Erstausgabe

Veröffentlicht im Rowohlt Taschenbuch Verlag GmbH,
Reinbek bei Hamburg, Januar 1975
Umschlagentwurf Jürgen Wulff

Satz Aldus (Linotron 505 C)
Gesamtherstellung Clausen & Bosse, Leck/Schleswig
Printed in Germany
ISBN 3 499 16858 8

Inhalt

Vorwort 9

Teil I
Die fortschrittlichen Schulen – heute 10

1. Die Schulen und ihre Schüler 10
2. Die Arbeit 19
3. Das Spiel 29
4. Koedukation 40
5. Selbstverwaltung 46

Teil II
Reddie und Abbotsholme 60

6. Erziehung an einer Public School 60
7. Die Vorstellung nimmt Gestalt an 63
8. Eine Erziehung für die herrschende Klasse 76
9. Ein wunderlicher Autokrat 97

Teil III
Neill und Summerhill 102

10. Eine kalvinistische Erziehung 102
11. Neue Horizonte 109
12. Die Neue Erziehung 117
13. Problemkinder 136
14. Der Einfluß Wilhelm Reichs 143

Teil IV
Hahn und Gordonstoun 152

15. Die Anfänge 152
16. Salem, Gordonstoun und Atlantic College 157
17. Der Outward Bound 175
18. Hahns Erziehungstheorie 191

Teil V
Die Zukunft der Fortschrittlichen Erziehung 201

19. Progressive Theorie und sozialer Wandel 201

Anmerkungen zu Teil I 214
Anmerkungen zu Teil II 215
Anmerkungen zu Teil III 216
Anmerkungen zu Teil IV 217
Anmerkungen zu Teil V 218

Vorwort

Mein Dank gilt Mrs. Jean Floud, die sich große Mühe mit dem Manuskript gab und alles tat, mich vor den zwiefachen Fallstricken der Soziologie und der Erziehungstheorie zu bewahren, über die der Unbedachte in den immer dichteren Nebel der Verwirrung stolpern kann. Richard Hodgkin, Headmaster in Abbotsholme, A. S. Neill und Kurt Hahn lasen gleichfalls die relevanten Abschnitte des Manuskripts und machten viele wertvolle Vorschläge, die ich zum großen Teil übernahm. Wo ich anderer Ansicht war, vermerkte ich ihre Kommentare in Fußnoten. Ich habe ferner A. S. Neill für die Erlaubnis zu danken, daß ich aus seiner (damals) unveröffentlichten Autobiographie zitieren durfte, und Kurt Hahn, der mir erlaubte, aus unveröffentlichten Briefen zu zitieren, und der mir Berge von Material lieferte. Zu Dank verpflichtet bin ich auch Alan Humphries und Mrs. Archer für die Erlaubnis, aus einer unveröffentlichten Geschichte der King Alfred School zitieren zu dürfen.

Mit großer Freude danke ich John Aitkenhead (Kilquhanity), F. R. G. Chew (Gordonstoun), Hugh und Lois Child (Dartington Hall), Michael Duane (Risinghill), Desmond Hoare (Atlantic College), Richard Hodgkin (Abbotsholme), Alan Humphries und Mrs. Archer (King Alfred School), Timothy Slack (Bedales) und L. C. Taylor (Sevenoaks). Sie alle gewährten mir Gastfreundschaft in ihren Schulen und gingen auf meine verschiedenen Fragen geduldig und humorvoll ein. Ich bedaure nur, daß ich nicht immer nur Gutes über die Arbeit sagen kann, die sie so ehrlich zu tun bestrebt sind. Schließlich gilt ein Dankeswort John Slater (Hausvorsteher in Bedales), mit dem ich zahlreiche Gespräche bis spät in die Nacht hinein führte, und allen jenen Lehrern und Jungen und Mädchen, die meine Besuche so erfreulich und instruktiv machten.

Teil I

Die fortschrittlichen Schulen – heute

1. Die Schulen und ihre Schüler

Was ist eigentlich «fortschrittliche Erziehung»?[1] Der Begriff beschwört die verschiedenartigsten Schlagwörter aus dem Zettelkasten der Geschichte herauf: Lernen-durch-Tun, die Kunsthandwerksbewegung (Arts and Crafts Movement um Walter Crane), Dalcrozesche Eurhythmie, Selbstverwirklichung, freie Disziplin. Und was ist die fortschrittliche Schule? Manchen erscheint sie als ein Paradies für Missetäter, in dem sie rauchen, fluchen, Fensterscheiben zerschmeißen und sich der freien Liebe hingeben können; andere halten sie für eine Gemeinschaft von Weisen und Jugendlichen in kurzen Hosen und Sandalen, die im Einklang mit der Natur leben und Kühe melken; und wieder anderen erscheint sie als Ort für altmodische Orgien von Korbflechterei, Weben und Töpfern, gestützt auf Reformkost und mystische Visionen. Das Bild, das sich dabei abzeichnet, ist das einer zugleich primitiven und idealistischen, praktisch-realistischen und doch anscheinend weit vom Alltagsleben entfernten Bewegung. Aus welchen historischen und gesellschaftlichen Gegebenheiten konnte sie sich entwickeln? Welche Lebensphilosophie lag ihr zugrunde? Und kann man ein allen Richtungen gemeinsames Glaubensbekenntnis erkennen?

Die Antworten auf diese Fragen gibt die Geschichte der fortschrittlichen Schulbewegung. Vor etwa achtzig Jahren tauchten in England und auf dem europäischen Kontinent erzieherische Tendenzen auf, denen man umfassend den Namen Bewegung für die neue Schule (New School Movement) beilegte. Nach dem Ersten Weltkrieg folgte eine zweite Welle von «Neuen Schulen», eine dritte in den dreißiger Jahren. Sie alle vertraten etwas, was man vage mit «Neue Erziehung» umschrieb. Die meisten dieser Schulen waren Mitglieder der New Education Fellowship und hatten deren Zeitschrift, die *New Era*, abonniert. Doch worin genau bestand eigentlich die Neuheit dieser Erziehungsmethoden?

Dieses Buch befaßt sich mit dem Leben und den Vorstellungen dreier der bedeutendsten Pioniere der fortschrittlichen Erziehung: Cecil Reddie von Abbotsholme, Alexander Sutherland Neill von Summerhill und Kurt Hahn von Gordonstoun. Diese Männer können zu Recht die schöpferischen Köpfe der fortschrittlichen englischen Schulbewegung genannt werden. In gewisser Weise repräsentiert jeder von ihnen eine der Entwicklungsstufen fortschrittlicher Erziehung. Und alle drei sind auf ihre Art bemerkenswerte Persönlichkeiten, wodurch ihre Lebensgeschichte an Gewicht gewinnt.

Doch die fortschrittliche Schulbewegung ist nicht nur ein historisches Phänomen. Sie ist ein lebendiges Anliegen. Deshalb scheint es mir richtig, diese Darstellung mit einer kurzen Beschreibung zeitgenössischer fortschrittlicher Schulen zu eröffnen und ihre spezifischen Charakteristika herauszuarbeiten, bevor wir versuchen, ihre Ursprünge aufzuspüren.

Ich habe acht fortschrittliche Schulen besucht, die in etwa den repräsentativen Querschnitt der ganzen Bewegung darstellen, und habe in jeder ungefähr eine Woche zugebracht. Im folgenden gebe ich hauptsächlich meine Eindrücke bei diesen Besuchen wieder, die durch schriftliche Unterlagen – Schulzeitschriften usw. – untermauert werden. Der Text erhebt nicht den Anspruch, wissenschaftlich oder umfassend zu sein. So gab es zum Beispiel an den meisten Schulen Unterstufen, die ich weitgehend unberücksichtigt gelassen habe. Niemand könnte dem Anspruch widersprechen, daß die fortschrittliche Idee auf der Grund- und Mittelstufe gesiegt hat und weiterhin erfolgreich ist. Mich interessierte jedoch die Frage: wie sind die Erfolgschancen in der Oberstufe? – und so ergab sich der Kristallisationspunkt meiner Studie. Außerdem konzentrierte ich mich auf die mir wesentlich scheinenden spezifischen Merkmale dieser Schulen, statt auf Kriterien einzugehen, die sie mit jedem x-beliebigen Schultyp gemeinsam haben oder die in großem Umfang bereits in die konventionelle Schulpraxis integriert sind. Aus diesem Grund wird man hier verhältnismäßig wenig über die poetischen, dramatischen und überhaupt künstlerischen Aktivitäten der fortschrittlichen Erziehung finden. Nichts ist ärgerlicher, als begeisterte Berichte über die wunderbaren «Kunstwerke» oder Dramenaufführungen zu lesen, die Leute an fortschrittlichen Schulen gesehen haben, – in völliger Unkenntnis der Tatsache, daß ähnliche wunderbare «Kunstwerke» oder Theateraufführungen ständig an allen Schulen in ganz England produziert werden.

Abbotsholme School, am Ufer der Dove in Staffordshire gelegen, habe ich vorwiegend aus historischen Erwägungen besucht. Cecil Reddie gründete dieses Institut 1889; sie war die erste fortschrittliche Schule Englands. Heute ist sie nach zahlreichen Wechselfällen etabliert und gesichert, wenn sie auch nicht mehr besonders fortschrittlich genannt werden kann; sie hat 200 Schüler im Public School-Alter. Ihr berühmtester Ableger war Bedales, 1893 gegründet und ein paar Jahre später an seinen jetzigen Ort, Petersfield in Hampshire, verlegt. J. H. Badley, der erste Direktor von Bedales, starb erst 1968 im hohen Alter von 102 Jahren. «Reddie», sagte er, «hat mich gelehrt, was man tun muß und wie man es nicht tun darf.» Badley war der Urheber einer bedeutsamen Neuerung: der Koedukation, die ihm wahrscheinlich von seiner Verlobten als Bedingung für die Ehe aufgezwungen wurde. Heute hat die Oberstufe der Schule 250 Schüler, genau zur Hälfte Jungen und Mädchen. Ein umfangreiches Erweiterungsprogramm ist in Vorbereitung.

Auf diese erste Welle der fortschrittlichen Schulen geht auch die King Alfred School in Hampstead zurück: ihr Anfang als eine Gemeinschafts-Tagesschule fand 1897 statt, als ihre sieben Gründungsmitglieder ein Rundschreiben für eine «beabsichtigte Rationale Schule» publizierten. C. E. Rice, der erste Direktor, hatte bereits einige Jahre Naturwissenschaften in Bedales unterrichtet und so die Tendenz der fortschrittlichen Erzieher begründet, von einer fortschrittlichen Schule zur anderen zu wechseln. K. A. S. hat heute 170 Schüler beiderlei Geschlechts im Alter von zehn bis siebzehn Jahren.

Aus der zweiten Welle wählte ich zwei Schulen aus: Summerhill (1921) und Dartington Hall (1925), sowie eine dritte, Kilquhanity (1940), die, obschon später gegründet, den Einfluß Summerhills erkennen läßt. Summerhill wurde von A. S. Neill in Lyme Regis eröffnet, bevor die Schule im Jahre 1927 ihr derzeitiges Quartier in Leiston, Suffolk, bezog. Sie stellt den extrem freiheitlich-individualistischen Flügel der fortschrittlichen Schulbewegung dar, und dies ist genau der Grund ihrer allgemeinen Bekanntheit und ihrer Unfähigkeit, sich eine gesunde finanzielle Basis zu schaffen: die faszinierenden Bücher Neills haben viele Menschen zum «Prinzip Summerhill» bekehrt, doch die Praxis erscheint den meisten Eltern immer noch als zu radikal. Die Schule hatte 1969 sechzig Schüler beiderlei Geschlechts, die meisten davon waren Amerikaner.

Summerhill ist tatsächlich so etwas wie ein Mekka für amerikanische Touristen in England geworden – und A. S. Neill der Prophet einer kleinen, aber stetig wachsenden transatlantischen Glaubensbewegung. Vierzig bis fünfzig solcher Pilger finden sich in ihren Cadillacs oder per Eisenbahn an jedem sommerlichen Wochenende in der kleinen, ziemlich häßlichen ostenglischen Stadt Leiston ein, um mit eigenen Augen jene Freiheit und Glückseligkeit, von denen sie gelesen hatten, zu besichtigen, die Kinder zu fotografieren, den Sitzungen der Schulversammlung beizuwohnen und um dem Direktor die Hand zu schütteln. Für den inzwischen verstorbenen Neill war dies eine willkommene, wenn auch verspätete Anerkennung, und sie wurde ihm charakteristischerweise nicht aus seinem eigenen Land zuteil, sondern aus der traditionellen Heimat der Begeisterung, der Neuen Welt.

Dartington Hall war Teil eines bedeutenden Projekts landwirtschaftlicher Wiederbelebung, das von begüterten Grundbesitzern finanziert wurde. Die Schule sollte nur ein Element einer umfassenden Gemeinschaft sein, die sich der Landwirtschaft, den Künsten und dem traditionellen Handwerk widmen würde. Heute ist die Schule Teil eines riesigen Besitztums, das einen landwirtschaftlichen Betrieb, eine Textilfabrik, Werkstätten und eine Kunstschule umfaßt. Man verfügt über umfangreiches, teures Gerät und neue Gebäude; große sechseckige Platten aus Glas und Beton gegeneinander versetzt. Doch die Schüler interessieren sich nicht sehr für die Landwirtschaft, und so erregen die schönen Gärten mehr die Bewunderung der Touristen und Besucher als die der Kinder. Der erste Direktor, William Curry (er zog sich 1956 zurück), war ebenso wie Neill stark von Sigmund Freud beeinflußt, eine Tradition, die sich bei den nachfolgenden Leitern, Mr. und Mrs. Child fortsetzte.[2] Die Oberstufe der Schule, Foxhole, umfaßt derzeit 140 Jungen und Mädchen.

Kilquhanity, in der herrlichen Landschaft von Galloway in Schottland gelegen, ist die kleinste all dieser Schulen. Sie hat nur vierzig Schüler beiderlei Geschlechts. Ihr Gründer und derzeitiger Leiter, John Aitkenhead, ist ein leidenschaftlicher schottischer Nationalist.

Schließlich besuchte ich Gordonstoun (1934) und Atlantic College (1962). Es könnte vielleicht einiges Erstaunen hervorrufen, diese beiden Anstalten in einem Buch über fortschrittliche Erziehung vertreten zu sehen; doch Gordonstouns Verbindung mit Abbotsholme und ganz allgemein mit der deutschen Bewegung Neue Schule, die zum Teil von Abbotsholme inspiriert wurde, ist offensichtlich, und Atlantic College wiederum steht in enger Beziehung zu Gordonstoun. Mehr noch, das Konzept des «Outward Bound»[3], ein spezifischer Beitrag Gordonstouns, wird von zahlreichen fortschrittlichen Erziehern als wichtiger Schritt nach vorn in der modernen fortschrittlichen Schulbewegung angesehen. Gordonstoun wurde in Morayshire in Schottland von dem deutschen Emigranten Kurt Hahn als Weiterführung von Salem, seiner Schule in Deutschland, gegründet. Die Landschaft im Vorfrühling war karg und windgepeitscht, mit verblichenem Gras und Heidekraut. Die Schule ist von kleinen verstreuten Bauernhöfen umgeben; aus zehn Meilen Entfernung sehen die turmbestückten Bauten von Elgin wie eine Illustration zu Grimms Märchen aus. In dem etwas düsteren Hauptgebäude hängen Bilder von Erich Meissner, Hahns vertrautestem Freund und Kollegen. Sie wirken ein wenig verrückt, teutonisch, symbolisch. Eine ungewöhnliche und heidnisch aussehende Walhalla, die gerade im Bau war, sollte die neue Kapelle der Schule werden. Unter anderem waren es Gordonstouns Beziehungen zur königlichen Familie, die dieser Schule zu großem Erfolg verhalfen. Heute leben dort 400 Jungen.

Atlantic College war die Verwirklichung von Kurt Hahns Vorstellung von einer internationalen Sixth-Form-Schule, die auf den Prinzipien von Gordonstoun aufbauen sollte. Die Internationalität beschränkt sich weitgehend auf NATO-Länder, allerdings hoffen die Kuratoren, später einmal ähnliche Schulen in der ganzen Welt einrichten zu können. Die Schule ist auf dem Weg zur Koedukation. Sie liegt am Bristol Channel, ein paar Meilen von Cardiff entfernt. St. Donat's Castle ist zweifellos ein höchst eindrucksvoller Rahmen für eine Schule, ursprünglich handelte es sich dabei um ein Landhaus im Tudorstil aus dem 15. bis zum 17. Jahrhundert, das in eine Burg aus dem frühen 14. Jahrhundert integriert und teilweise erweitert, nun mittelalterliche Dächer, Kamine und Teilstücke anderer Häuser umfaßt. Die Erweiterungsbauten ließ der amerikanische Zeitungskönig William Randolph Hearst durchführen, dem das Haus von 1928 bis 1938 gehörte. Außerdem ließ Hearst eine Zentralheizung installieren und die Zahl der Badezimmer von drei auf fünfunddreißig erhöhen. Küchenchefs und Butler kamen aus dem Claridge und dem Savoy, kostbare Weine wurden besorgt, und überhaupt «schwelgten» die zahlreichen Gäste «in einem gewissen Maß von Ausschweifung»; ein bemerkenswerter Gegensatz zu dem recht spartanischen Regime, das heute dort herrscht.[4]

Von diesen acht Anstalten sind sieben Internatsschulen mit Kostensätzen, die sie weit außerhalb der Möglichkeiten der meisten Eltern stellen. (K. A. S. ist eine Tagesschule.) Im Falle des Atlantic College und Kilquhanitys sind Erläuterungen notwendig. In das Atlantic College werden die meisten englischen Jungen auf Grund besonderer Stipendien aufgenommen, die die Local Education Authorities (die örtlichen Erziehungsbehörden) und Privatunternehmen aussetzen. In Kilquhanity wird ein ungewöhnlich hoher Prozentsatz – nahezu ein Viertel – gleichfalls von den L. E. A.s unterstützt, da sie aus «zerrütteten» Familien kommen. Die Kostensätze rangieren von 500 Pfund in Abbotsholme, Atlantic College, Bedales, Dartington Hall und Gordonstoun bis etwa 300 Pfund in Kilquhanity und Summerhill. Im großen und ganzen stammt also die Anhängerschaft fortschrittlicher Schulen aus der gleichen Einkommensstufe und gesellschaftlichen Schicht wie die der exklusiven Privatschulen: aus den freien und akademischen Berufen und den kommerziellen Schichten.

Dennoch bestehen gravierende Unterschiede zwischen beiden Elterntypen. Die Tabelle auf S. 15 zeigt einen Vergleich zwischen den Berufen von Eltern, deren Kinder an einer normalen Public School sind, und den Berufen jener, deren Kinder drei fortschrittliche Schulen besuchen.

Die wichtigste Schlußfolgerung aus diesen Ziffern besteht darin, daß die fortschrittlichen Schulen einen viel höheren Prozentsatz von Eltern in freien und akademischen Berufen anziehen – und einen entsprechend geringeren Prozentsatz an Eltern mit kommerziellen Berufen –, als die Privatschule es tut. Der Begriff «schöpferisch» bezeichnet hier Eltern, die künstlerisch tätig sind: Musiker, Schriftsteller, Maler, Film- und Fernsehproduzenten, Unterhaltungskünstler usw. In Ardingly fehlt diese Kategorie vollkommen. K. A. S. ist eindeutig ein Sonderfall, die Spalte «schöpferisch» wird hier von Eltern aus Hampstead bestritten, die weitgehend mit der Unterhaltungsbranche, mit Funk und Fernsehen zu tun haben. Es ist auch nicht überraschend, daß die kommerziellen Berufe in London prozentual stärker vertreten sind als in den anderen fortschrittlichen Schulen. Sowohl in Bedales als auch in Dartington bilden offensichtlich Psychologen und Akademiker, besonders jene aus Oxford und Cambridge, den Hauptbestandteil der «freien und akademischen Berufe». Zusätzlich hat Dartington neunzehn Elternpaare (von 140), die

	Freiberuflich Tätige Ärzte usw.	Schöpferisch Tätige	Gesamt	Geschäftsleute	Wissenschaftler	Bauern	Andere	Gesamt
Ardingly* (1958)	25	–	25	49	8	4	14	100 (294)
Bedales (1967)	49	12	61	21	10	6	2	100 (240)
Dartington (1967)	50	9	59	19	5	10	7	100 (140)
K. A. S. (1963)	24	25	49	31	7	–	13	100 (246)

* Die Zahlen für Ardingly stammen aus G. Snow: ‹*The Public School in the New Age*›. S. 20; die anderen Zahlen wurden von den Schulen selbst geliefert. Die eingeklammerten Zahlen in der Spalte rechts außen geben die Gesamtzahl der Schüler an. Bei K. A. S. gelten die Zahlen für beide Schulzweige. Die Spalte «Andere» enthält bei Ardingly und K. A. S. hauptsächlich Witwen, bei Dartington ist sie nicht spezifiziert.

Architekten sind. Die Zahlenangaben aus Abbotsholme weisen darauf hin, daß die Struktur dort mehr der der Public School entspricht, als der der fortschrittlichen Anstalten, und das ist genau das, was man von einer Schule erwartet, deren Fortschrittlichkeit weitgehend historisch ist. Tatsächlich nimmt Richard Hodgkin, ihr Leiter, an, daß für die meisten Eltern Abbotsholme nur einfach die nächste zur Verfügung stehende Public School ist. Kilquhanity und Summerhill ähneln in groben Zügen Bedales und Dartington, allerdings sind im Fall Summerhill 70 Prozent der Eltern Amerikaner. Gordonstoun lieferte keine Unterlagen.

Eine Interpretation dieser Ergebnisse kann nur sehr vorsichtig erfolgen. Eltern mit kommerziellen Berufen werden wahrscheinlich eine mehr utilitaristische Vorstellung von Erziehung haben und den Erfolg an Hand von Prüfungen und Aufstiegschancen messen. Eltern mit freien, schöpferischen und akademischen Berufen dürften dagegen der Selbsterkenntnis und der Erfüllung in der Arbeit höheren Wert beimessen. «Schöpferische» Eltern haben häufig auch «schöpferische» Kinder und dürften wohl von dem Wert angetan sein, den eine fortschrittliche Erziehung auf die Entwicklung der kindlichen Vorstellungskraft und Phantasie legt; im gleichen Maß dürften sie sich wohl auch weniger von der Unkonventionalität in Ansichten und Bekleidung abstoßen lassen. Psychiater sind sicher an geistiger Gesundheit ebenso stark interessiert wie an geistigem Training und billigen folglich die größere *permessiveness*[5] der fortschrittlichen Schulen ebenso wie die dort vorherrschende Koedukation. Viele Eltern in freien Berufen stehen den charakteristischen Eigenschaften der Public School ablehnend gegenüber: der Geschlechtertrennung, dem Präfektensystem, der Prügelstrafe, der Sitte, daß jüngere Schüler älteren Dienste leisten müssen usw. Möglicherweise hatten sie wie der Dichter Robert Ranke-Graves, der seinen Sohn nach Bedales schickte, selbst unangenehme Erfahrungen mit Public Schools.[6] Andererseits aber ist es bei diesen Gruppen immer noch üblich, ihre Kinder in Internate zu stecken, da sie aus gesellschaftlichen und Erziehungsgründen das staatliche Schulsystem ablehnen. Die fortschrittlichen Schulen füllen hier eine offenkundige Lücke.

Ein anderer Aspekt der Zusammensetzung der Schülerschaft fortschrittlicher Schulen ist die Überlegung, ob Eltern ihre Kinder aus bestimmten psychologischen Gründen auf diese Schulen schicken, wobei der offensichtlichste Grund wohl gestörte Familienverhältnisse sind, die zu einer «mangelnden Anpassung» des Kindes führen. Schulen wie Summerhill rühmen sich therapeutischer Erfolge, die Eltern von «Problemkindern» sehr leicht verführerisch erscheinen könnten. Von den sechzig Kindern in Summerhill kommen neununddreißig aus «zerrütteten» Familien. In Kilquhanity lebt eine bestimmte Anzahl gestörter oder retardierter Kinder. Aus den zur Verfügung stehenden Angaben könnte man schließen, daß etwa 15 bis 20 Prozent der Kinder in Bedales und

Dartington aus «zerrütteten» Familien kommen – wobei der Begriff weit gefaßt ist und Fakten wie folgende einschließt: ein Elternteil oder beide tot, Verlassen der Familie oder Scheidung, kranke Mutter usw. Es ist jedoch nicht leicht, diese Angaben zu interpretieren. Möglicherweise wären solche Kinder in jedem Fall auf eine fortschrittliche Schule geschickt worden: es könnte auch einfach so sein, daß «schöpferische» Menschen sich einfach leichter scheiden lassen als andere. Und ist der entsprechende Prozentsatz höher als bei der Public School? Wir wissen es nicht. Meine Vermutung geht dahin, daß gestörte Familienverhältnisse an sich noch keinen ausreichenden Grund bieten, um Kinder auf eine fortschrittliche Schule zu schicken, außer vielleicht auf Schulen wie Summerhill, die den therapeutischen Aspekt betonen. Jedenfalls ist es keine logische Konsequenz, daß Kinder aus gestörten Familienverhältnissen ihrerseits gestört sein müssen, obwohl das natürlich auch der Fall sein kann. Eine viel wichtigere Gruppe stellen jene Eltern dar, die im Ausland leben oder beruflich zum Reisen gezwungen sind. Dreißig Prozent der Eltern von Gordonstoun-Kindern leben außerhalb Englands. Der Leiter von Bedales schreibt: «Ich bin fest davon überzeugt, daß eine beträchtliche Anzahl unserer Eltern es vorziehen würde, ihre Kinder nicht in ein Internat zu schicken, wenn sie fest an einem geographischen Punkt dieses Landes lebten.» Mit der Zunahme an internationalen Organisationen und dem Beitritt Großbritanniens zum Gemeinsamen Markt wird dieser Trend wahrscheinlich weiterhin anhalten und die Schülerzahl sowohl der fortschrittlichen wie der Public Schools in die Höhe treiben. Gebiete, auf denen die fortschrittlichen Schulen mit besonderem Erfolg rechnen können, sind ihre international orientierte Ausprägung, die auf kosmopolitische Eltern attraktiv wirkt, und, da die meisten fortschrittlichen Schulen Koedukation haben, der Wunsch nicht fest ansässiger Eltern, Bruder und Schwester beieinander zu lassen.

Schließlich wählen Eltern möglicherweise bestimmte fortschrittliche Schulen aus besonderen Gründen. Viele Eltern schicken ihre Kinder auf Public Schools, weil sie selbst auf eine Public School gingen, und häufig versuchen sie einen Platz an der gleichen Schule zu erhalten, die sie selbst besuchten. Dies gilt heute für die älteren und besseren unter den fortschrittlichen Schulen: 20 Prozent der derzeitigen Bedales-Schüler haben Eltern, die ebenfalls in Bedales waren. Oder es gibt vielleicht einen bestimmten Aspekt, eine bestimmte Tradition, die sie anzieht: Musik in Bedales, Kunsterziehung in Dartington, «Outward Bound» in Gordonstoun. Etwa 20 Prozent der Plätze in Gordonstoun sind jährlich für «langsamere Schüler» reserviert. Im großen und ganzen jedoch können es sich die meisten fortschrittlichen Schulen nicht leisten, bei der Auswahl ihrer Schüler allzu wählerisch zu sein. Eine Ausnahme bildet Bedales, das in Hinsicht auf die Intelligenz höchst selektiv vorgeht. Selbstverständlich stoßen die Schulen den einen Elterntyp ebenso ab, wie sie einen anderen anziehen. Man darf nicht erwarten, daß ein Vater einen Sohn mit einem Intelligenzquotienten von 140 nach Gordonstoun schickt; und Sportfanatiker neigen sicherlich dazu, einen großen Bogen um alle fortschrittlichen Schulen zu machen.

Die fortschrittlichen Schulen haben von den Public Schools einen zentralen Gedanken übernommen: daß nämlich Erziehung mit sehr viel mehr als nur mit Lernen zu tun hat. Doch sie verwandelten die vier traditionellen Grundprinzipien der Erziehung in Public Schools – klassische Fächer, Sport, Religion und das Präfektensystem – bis zur Unkenntlichkeit in der Hoffnung, sie könnten sie dadurch als Elemente eines zusammenhängenden Prozesses zu einer gemeinsamen Interrelation verschmelzen. Der Unterricht erhielt einen praktischeren und «moderneren» Akzent, um ihn den Eigeninteressen der Schüler und den heutigen Problemen besser anzupassen. Aber wichtiger war noch, daß die ersten fortschrittlichen Erzieher der Überzeugung waren, die alltäglichen Lebenserfahrungen – die Natur in all ihren Erscheinungsformen, mit den Händen verrichtete Arbeit – könnten mehr dazu beitragen, wirkliches Interesse zu wecken und instruktiv zu bilden, als Bücher oder wettbewerbsorientierte Spiele dies vermögen. Dann war da ja auch noch der gesamte Bereich der Phantasie, den das herkömmliche Schulsystem weitgehend vernachlässigte, da es sich mit dem Auswendiglernen von Fakten, Daten und Formeln befaßte, und der auch von religiösen Erfahrungen, wie sie der Gottesdienst vermittelte, weitgehend unberührt blieb. Schließlich war die Schule selbst eine Gemeinschaft, in der wichtige gesellschaftliche Lektionen aus gemeinsamen Problemen und Erfahrungen gelernt werden konnten, die jedoch weitgehend von der vollkommenen Ausschaltung des einen Geschlechts und der Übertragung von Macht auf eine überprivilegierte «Athletokratie» der Präfekten überschattet wurden.

Die folgende Welle fortschrittlicher Schulen brachte eine kräftige Dosis Freizügigkeit in diese Mischung ein. Man erkannte zwar an, daß das Gemeinschaftsleben Verpflichtungen und Beschränkungen auferlege, doch wurde versucht, die Gemeinschaftserfahrung auf der Basis der Gleichberechtigung und Demokratie zu verwirklichen. Da man die Erziehung mehr als einen Prozeß des «Herausholens» als des «Hineinstopfens» ansah, folgerte man, daß den «natürlichen» Neigungen des Schülers größtmöglicher Spielraum geboten werden müsse. Der Schüler sollte so wenig wie möglich störend beeinflußt werden: ein permissiver Kodex statt direkter Vorschriften war die Tagesparole.

Die dritte Welle fügte wieder etwas Neues hinzu. Sie strebte an, den Schüler nicht nur aus dem Klassenzimmer herauszuholen, sondern ihn auch aus der Schulgemeinschaft selbst heraus in die Welt der realen Probleme zu führen. Erziehung sollte sich in die Erfahrung des Dienstes am anderen verwandeln, und zwar in einer Weise, die die Vorstellungskraft des Schülers, sein Pflichtgefühl und sein Mitgefühl anspricht. Gordonstoun hat mit der «Weichlichkeit» der Vertreter der permissiven Erziehung nichts gemein, es betrachtet sie vielmehr als einen Irrweg. Das Ideal von Gordonstoun – jedenfalls wie man es dort sieht – ist das erwachsen gewordene Ideal von Abbotsholme.

2. Die Arbeit

Fortschrittliche Einstellungen gegenüber der Arbeit im Unterricht sind so verworren und widersprüchlich, daß man aus ihnen kaum eine zusammenhängende Theorie entwickeln kann. Wir können bestenfalls bestimmte vorherrschende Strömungen auswählen und sie an Hand der jeweiligen zeitgenössischen fortschrittlichen Praxis erläutern.

Die frühesten fortschrittlichen Erzieher wollten den Lehrstoff über den beschränkten klassischen Bereich hinaus ausdehnen. Reddie etwa antizipierte die künftige Wichtigkeit der Wissenschaften und der modernen Sprachen; er war ein Pionier der sexuellen Aufklärung (wenn auch auf eine ziemlich exzentrische Weise). Der Gedanke, der dieser veränderten Haltung zugrunde lag, war der, daß man den Lehrplan stärker auf die unmittelbaren Interessen der Schüler und auf eine moderne Lebensweise beziehen müsse. Die traditionelle Vorstellung war die eines Lehrplans, der nicht von weltlichen oder zeitlichen Erfordernissen, sondern von den ewigen Belangen des menschlichen Geistes – mit anderen Worten, von moralischen Belangen – bestimmt war. Die von Reddie und Badley geübte Kritik war teilweise empirisch, welche auch immer die hochfliegenden Ansprüche des alten Unterrichtssystems sein mochten, die einfache Tatsache blieb bestehen, daß ihm der «Konnex» mit dem «durchschnittlichen» Schüler, der ja schließlich das Objekt der Erziehung war, in den meisten Punkten nicht gelang. Diese Verbindung würde leichter herzustellen sein, wenn man die Nützlichkeit der Unterrichtsfächer demonstrieren konnte. Außerdem waren beide Pioniere der Überzeugung, daß Heuchelei und Prüderie bewußt die Frage der sexuellen Erziehung ausgeklammert oder hoffnungslos verzerrt hatten, wobei die Schüler in Unwissenheit gelassen wurden und deshalb auf diesem äußerst wichtigen und heiklen Gebiet menschlicher und moralischer Belange verletzlich blieben.

Spätere psychologische Erkenntnisse schienen diese frühen Beobachtungen zu untermauern. John Dewey und Susan Isaacs machten auf etwas aufmerksam, was heute selbstverständlich erscheint: daß Kinder in jungen Jahren sich bis zu einem erstaunlichen Grad selbst erziehen. Wenn es gelänge, auf irgendeine Weise die theoretische Erziehung auf der natürlichen Neugier des Kindes gegenüber seiner Umwelt aufzubauen, dann wäre das uralte Problem, wie man das Interesse des Schülers fesselt, seiner Lösung näher gerückt. Allerdings bedeutete dies, daß ein Großteil des traditionellen Lernpensums über Bord geworfen werden müßte, das – weit davon entfernt, beim durchschnittlichen Kind Neugier zu erregen – eine Abneigung gegen das Lernen hervorrief, die sich nur allzu oft als permanent erwies. Auch hier wieder führten wissenschaftliche Untersuchungen zu wachsenden Zweifeln an der Theorie des «Transfers von Bildungsinhalten». Bislang wurde das Curriculum von allgemeinen und abstrakten Themen beherrscht, von denen man glaubte, sie «schulten den Verstand». So studierte ein Kind zum Beispiel Latein, nicht etwa um die Sprache zu erlernen, sondern um «denken zu lernen». Besonders die Arbeit von Thorndike gab zu verstehen, daß Latein den Verstand nicht mehr zum Denken erziehe als Klempnerarbeit – und dabei weit weniger nützlich sei. Infolgedessen verloren die allgemeinen Lehrfächer stark an Prestige, und spezifische Fächer mit starker beruflicher oder unmittelbarer Anziehungskraft begannen sich im Lehrplan zu häufen.

Eine zweite Forschungsrichtung wies darauf hin, daß die Lernkapazitäten von Kindern in engem Zusammenhang zu ihrem intellektuellen, sozialen und emotionalen Entwicklungsstadium stehen. Damit war impliziert, daß Erziehungsinhalt und Erziehungsmethode altersmäßig und den Bedürfnissen und Fähigkeiten einzelner Schüler entsprechend variiert werden sollten. Derartige Vorstellungen entzogen dem Gedanken eines allgemein verbindlichen, für alle Kinder aller Altersgruppen gültigen Lehrsystems nach und nach den Boden. Jeder Schüler, erklärte Edward Thring von Uppingham, besitze irgendein Talent, irgend etwas, das er gut zu tun vermöge. Die modernen Stundenpläne mit ihren Wahlfächern und ihren verwirrenden Fächerkombinationen, sind in zunehmendem Maß darauf ausgerichtet, diese Talente – welche sie auch immer sein mögen – anzuregen und ihnen die Chance zu bieten, sich zu entfalten.

Es herrscht natürlich ein klarer Widerspruch zwischen diesen ziemlich inkohärenten Vorstellungen einer geistigen Selbst-Entwicklung und den strengen Anforderungen eines externen Prüfungssystems, das auf traditionellen Studienfächern an der Universität oder auf irgendeiner Konzeption gesellschaftlicher «Bedürfnisse» beruht. In den zwanziger Jahren drückte der Pädagoge Sir John Adams die Hoffnung aus, daß die Schulen bald von der Tyrannei externer (staatlicher) Prüfungen befreit sein würden: seitdem hat diese Tyrannei eine beständig wachsende Zahl von Kindern ihrem Einfluß untergeordnet.

Ein Ausweg aus diesem Dilemma war die Aufnahme zahlreicher nicht prüfungswürdiger Fächer, die traditionell als Hobbies abgetan werden, in den Stundenplan. In Dartington Hall zum Beispiel gehören Musik und Kunst zum regulären Pensum. Die meisten fortschrittlichen Schulen haben heutzutage, wie sie es bezeichnen, «Projekt-Morgen», durch die eine reiche Auswahl an obligatorischen individuellen oder Gruppenaktivitäten außerhalb des normalen Lehrplans angeboten wird. Eine Auswahl der Möglichkeiten in Dartington Hall umfaßt Fotografie, Bühnenbeleuchtung, Poesie und Jazz, das Sammeln von Schmetterlingen und die Reparatur von Maschinen. In Gordonstoun versuchte Kurt Hahn, dem Ansehen dieser «Projekte» aufzuhelfen, indem sie mit bestimmten Preisen bedacht wurden – das Trevelyan-Stipendium ist eines der Beispiele dafür. Im ganzen kann man jedoch kaum behaupten, daß der «Projekt-Morgen» eine sehr belebende Neuerung darstellt. Die meisten Schüler packen ihre Projekte keineswegs mit jener Lust an, mit der man nach Thrings Diktum gerechnet hätte. In Dartington Hall sind anscheinend die populärsten Projekte jene, die am wenigsten Anstrengung erfordern. Und der Verdacht läßt sich nicht von der Hand weisen, daß die meisten fortschrittlichen Erzieher insgeheim die externen Prüfungen begrüßen, weil sie ihnen die Entschuldigung dafür bieten, eine Disziplin vorzuschreiben, die sie ihrer theoretischen Überzeugung nach ablehnen müßten, und weil ihren Schülern dadurch ein Antrieb zu harter Arbeit gegeben wird, der anderenfalls nicht vorhanden wäre.

Obwohl die externe Prüfung offenbar stärker unter Kontrolle steht denn je zuvor, ist sie jedoch sehr viel flexibler geworden und gestattet eine große Vielzahl unterschiedlicher Wahl- und Austauschmöglichkeiten. Und dies wiederum erlaubt den Lehrern, das Arbeitsprogramm den Bedürfnissen und Fähigkeiten der Schüler sehr viel genauer anzupassen als es früher möglich war. Ein Unterscheidungsmerkmal der fortschrittlichen Schule ist die Mühe, die man sich macht, um diese Anpassung zu erreichen. Der moralische Druck wird erhöht oder gemildert, je nachdem, in welchem emotionalen Zustand der Schüler sich befindet. Wenn seine Arbeitsergebnisse schlecht ausfallen, versuchen die Lehrer herauszufinden, wo der Fehler liegt, denn in Schulen wie Bedales und Dartington mit ihren höchst selektiven Aufnahmebestimmungen können mangelnde Intelligenz oder Langeweile nicht als Erklärung für ein Versagen akzeptiert werden. In Dartington wollten die Lehrer drei Tage vor Beginn des Semesters die Schüler mit einem Unter-o-Niveau (nicht ausreichendem Notergebnis) zurückholen, damit «schwierige Entscheidungen, die ihre ganze Zukunft beeinflussen könnten, nicht überstürzt und unter Zeitdruck gefällt werden müssen». Dieses Ausmaß an individueller Aufmerksamkeit wird natürlich nur durch die sehr günstige Lehrer-Schüler-Proportion ermöglicht; es scheint auch den Nachdruck zu rechtfertigen, den fortschrittliche Erzieher auf gelöste und formlose Beziehungen zwischen Lehrern und Schülern legen, die zu aufrichtigen, nicht furchteinflößenden Aussprachen führen. Andererseits drückte eine Anzahl von Schülern, mit denen ich sprach, den Wunsch aus, ihre Lehrer möchten doch weniger Zeit und Energie darauf verwenden, ihre Probleme auseinanderzunehmen, sondern statt dessen sie zu bewegen, mit ihrer Arbeit weiterzukommen.

Tatsächlich scheinen fortschrittliche Erzieher ihre eigenen Motive und Ziele niemals mit der erforderlichen Klarheit und Ehrlichkeit unter die Lupe genommen zu haben. Sie waren hin- und hergerissen zwischen dem Wunsch nach einem effizienteren Lernprozeß und dem Wunsch, das Lernen leichter und angenehmer zu machen. Doch könnte es möglich sein, daß Schuldgefühle, Ressentiment und inneres Elend den Stachel aller wesentlichen Leistungen darstellen und daß im entgegengesetzten Fall die Eliminierung dieser Faktoren zu einem Rezept für wohlangepaßte Mittelmäßigkeit wird. Fortschrittliche Erzieher mit freiheitlich individualistischen Ansichten haben, ohne dazu triftige Gründe zu haben, angenommen, daß ihre Methoden den wahrhaft erstaunlichen neuen Menschen schaffen würden: das wohlangepaßte Genie.

Zusätzlich zu den Veränderungen am Inhalt des Lehrprogramms führten die fortschrittlichen Erzieher bedeutende Veränderungen in den Lehrmethoden – besonders bei kleineren Kindern – durch. Sie lehnten Memorieren und Auswendiglernen ab, statt dessen legten sie Wert auf Beteiligung und «Aktivität». Dies entsprang natürlich ihrer ursprünglichen Annahme, daß das Kind ein Organismus sei, der sich selbst erziehe, und nicht ein passiver Informationsempfänger. Im Klassenzimmer wurden historische Schauspiele aufgeführt; man baute Iglus, um die Lebensweise der Eskimos zu lehren; angehende Mathematiker wurden hinausgeschickt, um Länge, Höhe und Winkel von Gebäuden zu messen; Biologieunterricht wurde erteilt, indem man die Internatskuh melken ließ oder dem Ferkeln der Internatssau zusah. *Learning by doing*, das war die große Maxime.

Seltsamerweise gab es für ältere Schüler nur wenige vergleichbare Experimente. Eine Ausnahme bildete der Dalton-Plan, in dessen Rahmen jedes Kind einen individuellen Arbeitsplan in einem entsprechenden Arbeitsraum durchführte, dieses Prinzip ist mittlerweile jedoch im großen und ganzen aufgegeben worden. Viele fortschrittliche Erzieher würden Neills kühner Behauptung zustimmen: «Ich habe kein wirkliches Interesse daran, Lernstoffe durch moderne Methoden interessanter zu machen; ich wünsche mir vielmehr, die ganze Unmenge nutzloser und langweiliger Themen über Bord zu werfen.» Im allgemeinen brachten fortschrittliche Erzieher niemals großes Interesse dafür auf, den geistigen Appetit ihrer älteren Schüler direkt anzuregen, sondern konzentrierten sich in der Hauptsache darauf, wirkliche oder angenommene emotionale Hemmnisse zu beseitigen. Es lag ihnen nicht so viel daran, Lehrer einzustellen, die ihren Stoff beherrschten, als vielmehr Menschen mit freundlichem Wesen, die die Schüler Bob oder Bert nennen durften und die keine Autoritätskomplexe hervorriefen. Infolgedessen blieben die Klassenzimmer der älteren Schüler an fortschrittlichen Schulen recht konventionelle Orte, wenn sie auch etwas freundlicher geworden waren. Bert paffte vielleicht eine Zigarette, aber das Lehrbuch in seiner Hand war meist das gleiche, das auch in tausend anderen, eindeutig nicht fortschrittlichen Schulen im ganzen Land Verwendung fand. In der letzten Zeit standen die fortschrittlichen Erzieher keineswegs an der Spitze, wenn es um moderne Unterrichtsexperimente wie neue Mathematik, Sprachlaboratorien und programmiertes Lernen ging. Diese Experimente wurden an den Universitäten eingeführt und in gewöhnlichen Schulen erprobt. In Sevenoaks, einer Grammar School in Kent mit öffentlicher Förderung, an der die Lehrer Talare tragen und mit «Sir» angesprochen werden müssen, hat Gerd Sommerhoff eine technische Ausbildungsstätte eingerichtet, die als experimentelle Lehr- und Lernmethode weitaus interessanter ist als alles, was man in modernen fortschrittlichen Schulen finden kann.

Hier verfingen sich die fortschrittlichen Erzieher in einem weiteren emotionalen Widerspruch: dem, zwischen ihrem Wunsch, das Lernen effizienter zu gestalten, und dem Wunsch nach mehr Demokratie dabei. Ihre charakteristischsten methodologischen Neuerungen gehen in stärkerem Maße von einer freiheitlich-individualistischen Gesellschaftstheorie als von irgendeiner Studie über den Lernprozeß aus. So schafften sie zum Beispiel Belohnungen und Strafen, Preise, Noten und Klassenzimmerhierarchie ab, nicht hautpsächlich, um die Arbeitsqualität zu verbessern – obwohl sie hofften, daß auch dies sich ergeben werde –, sondern weil ihnen das Appellieren an den Konkurrenz- und Erwerbstrieb widerstrebte. Sie sahen Lernen als gemeinsames Handeln an, das um seiner selbst willen unternommen wird und seinen Lohn in sich trägt – ähnlich wie die Sozialisten die Arbeit der Erwachsenen betrachteten. Und sie versuchten die Mauern zwischen Schüler und Lehrer einzureißen, in erster Linie weil sie Autorität ablehnten. Für viele unter ihnen war die schulische Praxis ein Prototyp der gesellschaftlichen Beziehungen in einer reformierten Gesellschaft. Viele der von ihnen eingeführten Neuerungen basierten nicht auf festgestelltem Verhalten, sondern auf einem optimistischen Konzept der Natur des Menschen, das sowohl dem Liberalismus als auch dem Sozialismus entstammte. Zu ihrer Verteidigung muß gesagt werden, daß zahlreiche erzieherische Praktiken, gegen die sie rebellierten, Auswüchse unglaublich pessimistischer Einschätzungen der menschlichen Natur waren, insbesondere der strengeren Varianten der Hypothese von der Erbsünde. Wichtig ist dabei anzumerken, daß die fortschrittlichen Erzieher zwar in einem gewissen Maß Pionierarbeit geleistet haben, indem sie einen «wissenschaftlichen» Ansatz in das Lehren und Lernen einführten, daß jedoch in ihren Augen Wissenschaft immer metaphysischen Grundlagen untergeordnet blieb.

Das ergab sich ganz natürlich aus ihrem antiintellektuellen Vorurteil. Eines von Neills Büchern trägt den Titel ‹*Hearts Not Heads in the*

School›[7]. In diesem Titel kristallisiert sich die Ablehnung der fortschrittlichen Erzieher gegenüber dem Buchlernen, der bloßen Assimilierung von Fakten. Die traditionelle Arbeit im Unterricht bestand nach Ansicht eines ehemaligen Direktors von Bedales darin, daß «dünne Firnisschichten von Information über die Oberfläche des Verstandes gelegt werden». Die fortschrittlichen Erzieher suchten lebendigere und direktere Erfahrungen; sie stellten dem Rationalen das Imaginative und Intuitive voran; und dies führte sie unvermeidlich aus dem Klassenzimmer heraus. Hier war das Ideal der Public School mit seiner Betonung des Charakters gegenüber dem Verstand sehr ähnlich, allerdings sollte der «Charakter» an fortschrittlichen Instituten ein ganz anderer sein als der der traditionellen Schulen. In der Einstellung zum Lernen war der wirkliche Feind nicht etwa die Public School, sondern die Grammar School. Die fortschrittlichen Erzieher waren überzeugt, daß die wesentlichste Erziehungsarbeit außerhalb des Klassenzimmers stattfinde. Und wie die Public Schools benutzten sie den spezifischen Charakter eines Internats im Interesse einer umfassenden Erziehung. Aber dieser Antiintellektualismus, diese romantische Einstellung oder wie immer man es nennen möchte, beschränkte die «wissenschaftliche» Betrachtungsweise der Erziehung selbst in drastischer Weise. Man war fest davon überzeugt, daß bestimmte Vorstellungen und Wertmaßstäbe richtig seien, und war nicht über Gebühr beunruhigt, wenn die «Fakten» in eine ganz andere Richtung wiesen. Es ist also folglich ein großes Mißverständnis, wenn man die fortschrittlichen Schulen als reine Experimentieranstalten ansieht, die neuen Ideen völlig geöffnet sind, und beständig die Praxis angesichts neuer Fakten modifizieren. Sie repräsentieren vielmehr bestimmte festumrissene Erziehungs- und Lebenskonzepte, die im Verlauf dieser Untersuchung deutlich werden dürften.

Viele dieser widersprüchlichen Einstellungen zur Arbeit in der Klasse liegen der Summerhill-Praxis der freiwilligen Teilnahme am Unterricht zugrunde. (Dartington Hall hatte vor dem Krieg ebenfalls dieses System, jetzt ist es durch ein Arrangement ersetzt, bei dem für bestimmte Fächer auswärtige Lehrkräfte engagiert werden.) Einerseits spiegelt diese Einstellung die Überzeugung wider, daß freiwilliges Lernen zu einem besseren Lernergebnis führt, weil Kinder nur mitarbeiten, wenn sie interessiert sind, und daß die Lehrer gezwungen sind, den Unterricht anregend zu gestalten, einfach um die Aufmerksamkeit ihrer Schüler wachzuhalten. Diese Behauptung ist äußerst zweifelhaft. Bertrand Russell – ein sowohl intellektuell integrer wie idealistischer Mann – sah sich zu dem Schluß gezwungen, daß das Prinzip der Freiwilligkeit bestenfalls bei hochintelligenten Kindern funktioniere. Die anderen bleiben einfach weg. Und auch Neill verließ sich implizite mehr auf den disziplinarischen Druck, den die staatliche Bewertung «nicht ausreichend» ausübt, als auf irgendeine angeborene Neugierde, um seine älteren Schüler zur Teilnahme am Unterricht zu bewegen. Noch einmal, Freiwilligkeit leidet unter dem lähmenden, praktischen Einwand, daß einfach nur sehr wenige Lehrer fähig sind, sie effizient zu machen. Ihr Warenangebot ist einfach nicht attraktiv genug. In Summerhill werden manche Lehrer angesichts leerer Klassenzimmer schwer depressiv, fühlen sich als inkompetente Erzieher und gehen dann auch bald.

Freiwilligkeit wird als etwas an sich Gutes verteidigt: der Erwachsene besitzt nicht das Recht, seine Vorstellungen einem Kind zu oktroyieren. Effektiv bedingt die Vorstellung vom Kind als einem sich selbst erziehenden Wesen – wenn man sie ins Extrem treibt –, daß man dem Kind erlaubt, das zu tun, was es will. Lernen wird als eine rein persönliche Sache betrachtet, die in keinem relevanten Bezug zur Gesellschaft steht. Selbst wenn dies zuträfe, besteht daneben die weitere Behauptung, daß das Kind am besten über die Dinge urteilen könne, die es interessieren – eine Anwendung des wohlbekannten Arguments der Liberalen, das den liberalen Vorbehalt nicht zur Kenntnis nimmt und einschränkt: nur wenn das Kind Vernunft besitzt. John Stuart Mill schließt ausdrücklich Kinder und Primitive in seinen Überlegungen aus.

Schließlich versteckt sich in der Freiwilligkeit noch ein Vorurteil gegen das Lernen. Denn in Summerhill werden die Kinder *gezwungen,* anderes zu tun, etwa den Gesetzen der Gemeinschaft zu gehorchen, und dies bedeutet, daß gutes Verhalten höher bewertet wird als gute Lernleistung.

Es ist praktisch unmöglich, daß eine Klasse ein interessanter und aufregender Ort wird, es sei denn, es besteht eine gewisse öffentliche Verpflichtung zum Lernen. Dies ist möglicherweise der Grund dafür, warum der Unterricht in höheren fortschrittlichen Schulklassen ziemlich konventionell und langweilig ist: die Energien der Schüler und Lehrkräfte sind auf etwas anderes ausgerichtet; die Lehrkräfte werden nicht auf Grund pädagogischer, sondern wegen sozialer und seelsorgerischer Qualitäten ausgewählt. In der Praxis schicken natürlich Eltern nie ihre Kinder nach Summerhill, damit sie dort eine gute Erziehung im konventionellen Sinn erhalten. Sie geben sie auf diese Schule, damit sie dort emotional «zurechtgerückt» werden, und bringen sie dann rasch an «richtige» Schulen, an denen sie etwas lernen können. Tatsächlich scheint die Unterrichtsarbeit in Summerhill manchmal eine bloße Ausweitung der Gruppentherapie zu sein, wie man aus der folgenden Szenenbeschreibung eines dreizehnjährigen Mädchens in Summerhill schließen kann:

Carla überredete mich, an einer der Stunden teilzunehmen, die ‹Tagesereignisse› genannt wird. Wir hockten im Lehrerzimmer um die Gasheizung herum und rauchten, während Harry (der Lehrer) an einem Tisch saß und einige Artikel aus Zeitungen vorlas. Die meisten Mädchen hatten das Bein eines Jungen auf den Knien und schrieben mit Kugelschreiber alle Namen seiner Geliebten auf die Haut. (sic)

In Gordonstoun ist die Arbeit im Unterricht zweifellos frei von solchen amourösen Ablenkungen. Doch drückt sich hier das antiintellektuelle Vorurteil in dem Ansehen aus, das die «Outward Bound»-Aktivitäten wie Bergsteigen, Segeln, Lebensrettungsübungen, Expeditionen usw. genießen. Dabei ist nicht so sehr wichtig, daß sie die Zeit mit Beschlag belegen, die ansonsten wissenschaftlichen Studien gewidmet wäre, sondern eher, daß die ganze emotionale Stoßkraft der Schule sich auf sie ausrichtet, wodurch alles andere in eine untergeordnete Stellung verwiesen wird. Diese Tendenz hat sich nach Kurt Hahns Ausscheiden wahrscheinlich noch verstärkt. Hahn selbst kam dem Allround-Ideal sehr viel näher als sein Nachfolger, Major Chew, der den charakterbildenden Aspekt in Gordonstoun repräsentierte. Hahn, obgleich selbst kein Gelehrter, besaß eine außergewöhnliche Fähigkeit, denkende und kreative Lehrer an seine Schule zu ziehen, die ein Gegengewicht zu seinem starken Aktivismus bildeten. Man wird abwarten müssen, wieweit Chews Nachfolger in der Lage ist, das Gleichgewicht erneut nach der anderen Seite zu verschieben.

Atlantic College bietet ein komplizierteres Bild. Diese Schule ist ein internationales Oberstufen-College, dessen Schüler großenteils aus Großbritannien, Westdeutschland, Skandinavien, Nordamerika und Griechenland, einige sogar aus Asien und Afrika kommen. Allgemeiner ausgedrückt: es war leichter, Schüler aus einander politisch freundlich gesonnenen Ländern zusammenzubringen: der indische Botschafter erhob Einwände gegen Schüler aus China und der jordanische Botschafter drohte, jordanische Schüler von der Schule zu nehmen, wenn Israelis zugelassen würden.

Dieser internationale Charakter der Schule warf zahlreiche Unterrichtsprobleme auf, die eine kühne Lösung erforderten. Man hielt es für ebenso unmöglich wie unerwünscht, Lehrkurse in der jeweiligen Landessprache der verschiedenen Gruppen einzurichten, wie dies in einigen der extravaganteren Schweizer Internatsschulen versucht wird. Da es keinen wahrhaft internationalen Studienkreis gab, bestand die einzige Lösung in einem normalen Kursus nach englischem Muster in Verbindung mit Nebenkursen, in denen den einzelnen nationalen Gruppen eine gewisse Berücksichtigung eingeräumt wurde. Nach Vollendung einer zweijährigen Schulzeit am College hat jeder Schüler drei Prüfungen abgelegt und sechs andere Fächer studiert – ein bei weitem größeres Arbeitspensum, als es der durchschnittliche Schüler der Grammar School abzuleisten hat (man hielt für dessen Bewältigung ein Marathonsemester, von Januar bis Juni, in jedem der zwei Jahre für erforderlich). Die bisherigen Resultate sind sehr beeindruckend: die Versagerquote selbst bei den nichtenglischen Schülern, die ihr Hauptfach in einer Fremdsprache studieren mußten, liegt niedriger als die Versagerquote der gewöhnlichen englischen Grammar School, obwohl das möglicherweise mehr auf das hohe Niveau des Lehrkörpers am Atlantic College als auf bestimmte dort angewendete Unterrichtsmethoden zurückzuführen ist.

Alle ausländischen Schüler müssen ihr Englisch in kurzer Zeit auf einen guten Stand bringen; gleichermaßen wird von den englischen Schülern erwartet, daß sie eine Fremdsprache beherrschen. Das rasche Erlernen von Sprachen genießt deshalb Priorität und ist der Grund für den großzügigen Einsatz von Sprachlaboratorien an dieser Schule. Schließlich zielt das Atlantic College darauf ab, alle seine Schüler immatrikulationsreif zu machen. Sein Grundkurs mußte als Qualifikation für die Universitätszulassung in den Ländern, aus denen die Schüler stammen, akzeptiert werden. Doch das langfristige Ziel dieser Schule ist ein Internationales Abitur, das überall Gültigkeit besitzt. Dies ist echte Pionierarbeit, und sie eröffnet einmal mehr die interessante Aussicht auf den wandernden Scholaren in der großen europäischen Tradition des Mittelalters; eine Aussicht, die sich nach dem Beitritt Großbritanniens zur Europäischen Gemeinschaft sehr wohl verwirklichen könnte.

Haben die Vertreter des Gleichheitsprinzips recht, wenn sie gegen das Atlantic College Stellung beziehen? Ihnen erscheint die Erziehung nationaler Eliten in den Public und Grammar Schools schlimm genug, die Heranbildung einer internationalen Elite zur Beherrschung der Welt jedoch unendlich viel schlimmer. Die Tatsache bleibt dennoch unbestritten, daß die Welt einer internationalen Ordnung immer dann am nächsten kam, wenn kleine Elitegruppen, die durch Heirat und Verwandtschaft (die Monarchien) oder auch durch Religion (Katholiken, Juden) geeint waren, vordringlichen Einfluß auf die Führung der internationalen Angelegenheiten ausübten. Das Konzept des Atlantic College ist ein Versuch, einen meritokratischen (auf Verdienst beruhenden) Ersatz für die international orientierten Eliten des 19. Jahrhunderts zu finden, deren Einfluß durch das Entstehen der Demokratie und durch die weitverbreiteten Leidenschaften, die die Menschheit in zwei Weltkriege riß, weitgehend vernichtet wurde. Und genau wie die fortschrittlichsten Nationen den Versuch gewagt haben, durch Erziehung eine neue Basis für Autorität in ihren Gesellschaften zu finden, erscheint es logisch, daß eben dieser Versuch durch Erziehung auch im internationalen oder europäischen Rahmen unternommen werden sollte.

Obwohl, wie wir gesehen haben, die theoretisch-wissenschaftliche Ausbildung im Atlantic College äußerst ernst genommen wird, ist sie nicht der Daseinszweck der Schule. Die Elite, welche ihr Direktor, Admiral Hoare, der von der Marine und der Jugendarbeit kommt, anstrebt, ist sicherlich weder eine intellektuelle Elite noch handelt es sich dabei um eine «Aristokratie des Dienens» im Sinn des «Outward Bound» (obgleich mir bei meinem Aufenthalt dort ein Anschlag auffiel, der stark an Gordonstoun erinnert: «Die folgenden Schüler werden für den Klippenrettungsdienst benötigt . . . Dies hebt alle anderen Aktivitäten auf»). Das Atlantic College ist wie alle fortschrittlichen Schulen und wie auch alle Public Schools mehr als nur eine Schule, wie man sie sich üblicherweise vorstellt: ein Ort, an den Kinder gebracht werden, um bestimmte Fächer zu lernen und bestimmte geistige und berufliche Fähigkeiten zu erwerben. Das Internat zielt vielmehr ab auf eine allgemeine Erziehung zu Führungsaufgaben in der gegenwärtigen und zukünftigen Gesellschaft. Die Daseinsberechtigung dieser Schule ist mit anderen Worten ihre Gesellschaftsphilosophie, der alle anderen Bestrebungen an Bedeutung nachstehen. Sowohl Gordonstoun wie Atlantic College kann man vielleicht am besten als neuen Typ der Public School ansehen – meritokratisch (Reichtum ist nicht länger das Hauptkriterium für die Auswahl), realistisch und verwurzelt in den gesellschaftlichen Realitäten und Problemen des modernen Zeitalters, wie sie die Gründer dieser Schulen sehen. Auch andere Schulen unternahmen den Versuch, ein neues Erziehungsmuster für die Kinder aus Familien der Oberschicht zu bieten, als Antwort auf die dringenden Forderungen ihrer Zeit: Demokratie, Gleichheit, zunehmende Freizeit, internationale Brüderlichkeit. Kurt Hahn als Deutscher bezog zweifellos einen weniger optimistischen, viele würden behaupten realistischeren Standpunkt bezüglich der Geschicke der Menschheit als die meisten englischen fortschrittlichen Erzieher, die im goldenen Sommer des England unter Edward VII. und während der Zeit des liberalen Optimismus der größten saturierten Weltmacht der Geschichte herangewachsen waren.

Die wirklichen oder angeblichen Ziele einer Schule determinieren weitgehend, welche Lehrer und Schüler sich von ihr angezogen fühlen, und diese wiederum bestimmen die Qualität der schulischen Leistungen. Ein altes Ansehen stirbt nur langsam aus, und selbst wenn ein reformfreudiger Direktor versuchen würde, das Niveau der Klassenleistung zu heben, wird er feststellen, daß er nicht nur gegen das antiintellektuelle Image der Schule anzukämpfen hat, das die Eltern gescheiter Kinder davon abhält, diese in seine Obhut zu geben, sondern auch gegen eine bestimmte Tradition innerhalb der Schule, die seine neuen Vorstellungen beständig in Frage stellt. So wurde vor kurzem in Dartington Hall der Vorschlag des Direktors, den Namen «Freizeit» in «Arbeitszeit» abzuändern, um damit die Einstellung zur Arbeit zu verbessern, von dem Schulparlament mit großer Mehrheit niedergestimmt. Die Vorurteile Erwachsener sind noch schwieriger zu überwinden. Nur selten werden Kinder nach Summerhill geschickt, außer man glaubt, es sei etwas mit ihnen nicht in Ordnung. Ähnlich ist es ziemlich unwahrscheinlich, daß diese Schule einen, sagen wir, brillanten Geschichtslehrer anziehen wird. Tatsächlich kommen viele Lehrer, um selbst «geheilt» zu werden. Ein mir bekannter Oxford-Absolvent gestand, er habe einen seiner Söhne nach Gordonstoun geschickt, weil dieser nicht «akademisch» sei; einen anderen, intelligenteren hatte er in Eton untergebracht.

Im Gegensatz dazu besaß Bedales immer einen Ruf für gute Arbeitsleistung. Der Gründer, Badley, war ein beachtlicher, humanistisch gebildeter Gelehrter; und obschon die traditionellen Fächer mit Rücksicht auf den progressiven Nachdruck, der auf moderne Fächer gelegt wurde, an Gewicht verloren, gelang es doch einer Tradition des soliden Lernens, auf irgendeine Weise sogar das Auf und Ab des freiheitlich-individualistischen Experiments zwischen den Kriegen zu überdauern. Als Folge davon schreckte diese Schule nicht alle jene freiberuflichen Eltern ab, die für ihre Kinder eine aufgeklärte Erziehung wünschten, dabei aber Wert auf geistige Schulung legten. Es war das in Bedales herrschende außergewöhnliche Gefühl für Ausgewogenheit – die Vermeidung von Reddies Überspanntheit, Neills Macht-was-ihr-wollt-Einstellung und Hahns deutscher Unbeugsamkeit –, was dieser Schule in den Jahren zwischen den Kriegen den Ruf eintrug, eine der besten Schulen Europas zu sein. Und wenn heute selbst die fähigsten Akademiker bereit sind, ihre frühreifen Kinder auf diese Schule zu schicken, dann nicht wegen irgendwelcher fortschrittlicher Unterrichtsmethoden, sondern wegen der hohen Qualifikation und den breitgestreuten Interessen der Lehrerschaft und auf Grund der Überzeugung, daß ihre Kinder Bestandteil einer intelligenten und interessanten Gemeinschaft sein werden. Der Unterricht ist zu einem großen Teil zweifellos weniger gründlich als anderswo, die Schüler werden nicht übermäßig hart angetrieben und die Lehrbücher und Lehrmethoden sind in keiner Weise ungewöhnlich, doch die ganze Atmosphäre ist äußerst einsichtsvoll und kultiviert. Die Schüler aus Bedales drücken sich überraschend gewandt aus und sind gut informiert, das hat zur Folge, daß die Aufnahmeorgane der Universitäten an ihnen natürlich stark interessiert sind.

3. Das Spiel

Dem Kern der fortschrittlichen Schulbewegung kommen wir am nächsten, wenn wir uns aus dem Klassenzimmer hinauswagen. Wir dürfen nicht vergessen, daß die frühen englischen Wegbereiter allesamt ehemalige Schüler der Public Schools waren, und so richtete sich ihre Reaktion denn auch gegen die Erziehung an Public Schools. Da in den spätviktorianischen Public Schools der von einer Schüleraristokratie beherrschte Sportplatz eine eminent wichtige Rolle spielte, kann es kaum überraschen, daß diese Wegbereiter die heftigsten Salven gegen den Athletenkult abfeuerten. Dem Leser mag es heute absurd erscheinen, daß über diesen Streitpunkt so heftig debattiert wurde. Aber in den Public Schools waren Spiel und Sport nicht eine bloße Freizeitbeschäftigung: sie bildeten einen integralen und den ohne Zweifel wichtigsten Bestandteil der dargebotenen Erziehung. Die fortschrittliche Kritik entzündete sich an der Tatsache, daß die Standardkost von klassischen Fächern und Sport nur auf eine Minderheit wissenschaftlich und sportlich begabter Schüler anwendbar war, die meisten Schüler dagegen seien unbefriedigte Mitläufer und neigten leicht zu Langeweile und Tagträumerei. Überdies seien die sportlichen Aktivitäten irrelevant für eine moderne Lebensführung. Dem schloß sich eine weitere Angriffslinie an. Wettbewerbsspiele seien unannehmbar, und zwar aus dem einfachen Grund, weil sie auf Wettbewerb beruhten. Die Fortschrittlichen jeder Couleur hatten verschwommene paternalistische oder sozialistische Vorstellungen. Wettbewerbsspiele ebenso wie der Leistungswettbewerb im Lernstoff wurden als Vorbereitung auf die kapitalistische Wettbewerbsgesellschaft angesehen, die man für einen Fluch hielt. Das Problem war also für diese Erzieher, eine andere Art der Beschäftigung im Freien zu entwerfen, die auch für den durchschnittlichen Schüler attraktiv und ihrer Natur nach nützlich und kooperativ war.

Als Lösung für dieses Problem ergab sich die körperliche Arbeit. Die neuen fortschrittlichen Schulen waren im allgemeinen in alten verfallenden Häusern untergebracht, die inmitten verwilderter Felder lagen und denen überhaupt jegliche für eine Internatserziehung nötige Voraussetzung fehlte. In dem Erbauen neuer Häuser, dem Fällen von Bäumen, der Planierung und Säuberung des Geländes und dem Bau von Schwimmbecken wie in der mehr routinemäßig verlaufenden Instandhaltungsarbeit fanden die Fortschrittlichen naheliegende und willkommene Ventile für den Drang nach körperlicher Betätigung; willkommen auch deshalb, weil ihnen gänzlich die finanziellen Mittel fehlten, diese Aufgaben von bezahlten Arbeitern durchführen zu lassen. Es gab noch andere Gründe. Die meisten fortschrittlichen Erzieher liebten die Industriegesellschaft nicht gerade. Sie hielten ihre Schulen für Modelle einer wiedererweckten ländlichen und landwirtschaftlichen Gemeinschaft, die ihre eigenen Nahrungsmittel erzeugte und das traditionelle Handwerk pflegte. Aus diesem Grund legten sich die meisten Schulen eine Schulfarm zu, die Gelegenheit zu weiterer manueller Betätigung bot. Überdies bot das Leben auf dem Bauernhof Einblick in die «Geheimnisse des Lebens», die zu verpönt waren, als daß man sie im Unterricht hätte behandeln können. In der Nachfolge von Wordsworth betrachteten die fortschrittlichen Pädagogen die Natur als den einzigen wahren Erzieher, weil ihre Geheimnisse die ganze latente Neugierde des Kindes ebenso wie sein Gefühl für das Wunderbare und Schöne hervorriefen. Aber auch utilitaristischere Gesichtspunkte wurden keineswegs übersehen. Bäume zu fällen, so argumentierte man, war eine bessere Vorbereitung auf das Leben in den Kolonien als Rugbyspielen. Mag nun das Britische Empire auf den Sportplätzen von Eton gewonnen worden sein oder nicht, Reddie und Badley behaupteten beide, es gehe durch die Dekadenz an den zeitgenössischen Public Schools verloren und könne nur bewahrt werden, wenn die Angehörigen der Oberschicht in ihren aufnahmefähigsten Jahren durch ehrliche harte Arbeit gestärkt würden. Und in der Tat besaß die Art, in der die frühen fortschrittlichen Erzieher gegen die «Verweichlichung» und Dekadenz der oberen Klassen zu Felde zogen, etwas eindeutig Puritanisches. Unter dem Vorwand der Sorge um ihre Gesundheit verordneten sie geradezu enthusiastisch ihren Schülern Torturen wie eiskalte Duschen und Morgenläufe und bestanden auf äußerster Einfachheit, ja Kargheit in Nahrung, Kleidung und Unterbringung. In dieser Hinsicht zumindest enthielt ihre erzieherische Vorstellung weit mehr von Sparta als von Athen.

Viele dieser Vorstellungen sind in Kilquhanity noch sehr deutlich erkennbar. «Wir haben uns stets bemüht, die Dinge in Kilquhanity realistisch zu sehen», sagt der Leiter, John Aitkenhead. Realität bedeutet für ihn das Leben in der Gemeinschaft, auf dem Bauernhof mit seinen Tieren, die umliegende Landschaft, ihre Gewohnheiten, Bräuche und Feste. Nur zu oft «sind die Augen des Narren auf den Horizont gerichtet», und machen ihn blind für die unmittelbare Erfahrung. Nicht in der Erziehung, die darauf abzielt, «papageienhaft die formalisierten Gesetze vergangenen Wissens zu lernen», sondern in einer Erziehung durch Erfahrung sieht Aitkenhead eine mögliche Antwort auf viele soziale Probleme. «Die meisten Kinder können die geistigen Anforderungen des Oberstufen-Sekundärprogramms weder akzeptieren noch sich ihm anpassen. Das sind die revoltierenden Schüler . . . Sie sind die künftigen jugendlichen Straftäter.» Und bezüglich des Streiks der Seeleute im Jahre 1966: «Es ist durchaus möglich, daß die Heizer und Matrosen zu diesem Zeitpunkt nicht auf diese Weise gegen die Schiffseigner kämpfen würden, wenn die Erziehung realistischer wäre; wenn die Lehrer sich häufiger auf die Umstände ihrer Schüler einstellten; wenn mehr Kinder die schottischen Flüsse hinaufführen und sich ein bißchen intensiver an den Grenzen des County umsehen würden . . .» – ein seltsames Echo jener frühen fortschrittlichen Vorstellung, nach der die «realistische» Erziehung zur Lösung des Klassenkonflikts führen könne.

Angesichts dieser Einstellung kann man wohl nicht erwarten, daß auf den Klassenunterricht großer Wert gelegt wird, selbst wenn die Schule über eine große Anzahl «akademischer» Schüler verfügen würde – was nicht der Fall ist. Tatsächlich spielt der Unterricht im «Gesamtplan» von Kilquhanity eine sehr kleine Rolle, und die Lehrer betrachten das Unterrichten nur als ein unbedeutendes Anhängsel ihrer Hauptaufgaben. Entsprechend sind auch die Qualifikationen der Lehrer nur von minderer Bedeutung. Der Unterricht konzentriert sich in der Hauptsache auf die Farm und die Erhaltung des Besitzes.

Morgens um 7 Uhr (schrieb Smiddy, dreizehn Jahre alt) holen Mark Muirhead und ich die Kühe von der Weide und bringen sie zum Stall. Heute morgen war es fein. Es gab überhaupt keinen Wind. Ich stehe gern früh auf, aber man muß mich wecken. Wir gingen runter zu ihrer Weide und stellten uns hin an das geöffnete Gatter und wir riefen: «Suzy, Grishkin, Polly.» Und sie kamen auf das Gatter zu und gingen raus. Dann schloß ich das Gatter, und wir trieben die Kühe zum Stall zurück. Suzy ist schwer trächtig. Ihr Euter hängt ihr bis zu den Knien runter. Sie wackelt langsam dahin. Wir achten darauf, sie nicht anzutreiben.

Die Dinge, die Leben und Tod betreffen, werden direkt und treffend dargestellt:

Am Dienstag ferkelte eine von den großen weißen Sauen. Sie warf zehn Ferkel, aber eins starb. Andrew, Douglas, Mark und Jem haben sich um sie gekümmert und aufgepaßt, daß die Mutter keins davon zerdrückt.

Am Montag haben Mark, Sean, David, Johnny, Gordon und ich zugeschaut, wie Colin zehn Hähnchen geschlachtet hat. Wir mußten sie in die Küche bringen. Ich trug eins, dessen Kopf fast ganz ab war. Blut tropfte überall hin. Am Mittwoch bekamen wir Huhn zum Abendessen.

Ein Lehrer in Kilquhanity drückte es so aus:

Kanu – Segelboot – Schweine – Kühe – Hühner – Lieblingstiere – Theater – Werkstatt – das Fort – behelfsmäßige Spiele – Sitzungen der Schülerselbstverwaltung – Gemeinschaftsräume – Saubermachen – bezahlte Dienstleistungen – nützliche Arbeit – Töpferei – Malen – Ausflüge – Fischen – Klettern – Wandern – Gemeinschaftskasse beim Bridge – Ballett – Klavier – Hüttenbau – der Teich – Seilschaukeln – Lagerfeuer usw., usw. bedeuten für die Kinder in Kilquhanity mehr als bloße Worte. Es sind Symbole für einen Teil der Erziehung, der nur allzu oft übersehen wird.[8]

Die meisten der übrigen fortschrittlichen Schulen (mit Ausnahme von Gordonstoun und Atlantic College, mit denen wir uns weiter unten befassen werden) haben seit langem die Schulfarm aufgegeben, ja praktisch den gesamten körperlichen Bereich der Erziehung mit Ausnahme einiger täglich zu erledigenden Arbeiten im Schulgebäude. Ein paar Enthusiasten treiben Sport, aber ohne sehr großen Erfolg: man treibt Sport, wie mich ein Schüler in Dartington Hall informierte, um Spaß zu haben, aber nicht um zu gewinnen. Die Einstellung zu körperlicher Ertüchtigung ist in dem folgenden Kommentar aus dem *Bedales Chronicle* gut zusammengefaßt: «Die Jungs von Block 5 haben erneut Aufsehen erregt. Sie baten doch tatsächlich Bob Pullin um eine zusätzliche Turnstunde!» Während der freizügigeren Phase nach dem Ersten Weltkrieg griff die Freizeit in großem Ausmaß auf die Werkstunden über, und sobald die Schulen ihre erkennbare moderne Form gewonnen hatten, blieb nur sehr wenig manuelle Betätigung übrig. In unseren Tagen verbringt das Kind an einer fortschrittlichen Schule die unterrichtsfreie Zeit normalerweise entweder mit privaten Vergnügungen oder mit irgendwelchen künstlerischen, musikalischen oder elektronischen Betätigungen, statt hinter einem Ball über den Sportplatz herzulaufen oder

Bäume zu fällen und Dünger zu karren. Es ist wie ein ironischer Kommentar zu dem Ideal der fortschrittlichen Schulen, daß zwei junge Besucher von einer Hauptschule in Bedales schreiben konnten: «Sie haben hier einen Vorteil, und sie nutzen ihn nicht aus: die Landschaft.»

Ausnahmen aus diesem allgemeinen Trend bilden Gordonstoun und Atlantic College. In Gordonstoun beschränkte Kurt Hahn die Wettbewerbsspiele auf einen oder zwei Nachmittage pro Woche und förderte statt dessen Betätigungen wie Elementargymnastik, Körpertraining, Zelten, Bergsteigen, Segeln und die Ausbildung in verschiedenen Formen der Rettungshilfe. Körperliche Ertüchtigung war und bleibt weiterhin durch kalte Duschen und morgendliche Läufe gewährleistet. Am meisten wich Hahn jedoch durch eine andere Praxis der Lebensrettungsausbildung von den konventionellen fortschrittlichen Schulen ab. Er versuchte ein Dienstleistungsmodell nicht nur für seine Schule, sondern für die größere Gemeinschaft zu entwickeln, das zugleich die Neigung des Heranwachsenden zu Abenteuern und Leistung zufriedenstellen konnte. Er fand es in dem Konzept des «Outward Bound» der Rettungsdienste. Gordonstoun nimmt den Rettungsdienst gegenüber der Gemeinde tatsächlich sehr ernst, auch wenn die Gemeinde selbst weitgehend uninformiert über diese Absichten ist. Ein Haus in direkter Nachbarschaft der Schule fing Feuer; der Besitzer rief nicht die tüchtige und fähige Feuerbrigade von Gordonstoun, die genau für solche Notfälle ausgezeichnet ausgebildet ist, sondern statt dessen die Feuerwehr von Lossiemouth, das zehn Meilen entfernt liegt. Der Schüler, der mir diese betrübliche Geschichte erzählte, fühlte sich deutlich gekränkt, daß man seinen Hilfsdienst nicht in Anspruch genommen hatte.

Atlantic College hat das gleiche Programm wie Gordonstoun, jedoch in weniger demonstrativer Form. Der Schule ist es eindeutig unangenehm, mit dem Konzept des «Outward Bound» allzu eng identifiziert zu werden. Teilweise mag dies die übliche britische Verlegenheit gegenüber Hahns deutscher Überbetonung sein. Gordon Brooke-Shepherds Kommentar trifft vollkommen zu:

> Während man in Salem zum Beispiel den Eindruck hat, daß die «Outward Bound»-Moral nachdrücklich propagiert wird . . . verfolgt man im Atlantic College idealistische Ziele diskreter, und läßt keinesfalls zu, daß sie das akademische oder soziale Leben der Schule ersticken. Es handelt sich um die explizite kontinentale und die implizite britische Einstellung.[9]

Es lohnt sich, diesen «expliziten» kontinentaleuropäischen Aspekt, wie er sich in der Schulzeitschrift, dem *Gordonstoun Record*, darstellt, etwas genauer zu untersuchen. Gerade weil Gordonstoun sein intensives Engagement nicht verheimlicht, ist es eine so nützliche Informationsquelle. Tatsächlich ist ein übertriebener Haupttenor, in deutlichem Kontrast zu der Ironie und Frivolität, die man etwa im *Bedales Chronicle* finden kann und die aus dem offenkundigen Peinlichkeitsgefühl entstehen, daß eventuell irgendwelche jener «edlen Gedanken» sich einschleichen könnten, mit denen der *Gordonstoun Record* sich schmückt.

Die Zeitschrift Gordonstouns zögert nicht zu sagen, was vorsichtigere Leute in der Weise vielleicht nicht tun würden:

> Wenn also, wie viele annehmen, der moderne westliche Mensch den Kontakt zum fundamentalen Lebensrhythmus und zu den Wurzeln seines Seins verloren hat, dann drängt sich uns die dringliche Frage auf, was dagegen zu tun sei.

Der Herausgeber der Zeitschrift hat keinerlei Zweifel darüber, wie die Antwort lauten muß:

> Was uns teilweise nottut ist, von der Schöpfung in allen ihren Stimmungen ergriffen zu sein, in einem Maße, daß wir uns im Unbewußten in den Lebensrhythmus gefühlsmäßig und geistig einbezogen fühlen.

Die Übertragung dieses «Bedürfnisses» in ein praktisches Erziehungsprogramm war die Leistung Kurt Hahns:

> Dr. Hahn (verkündete H. Brereton, der Rektor von Gordonstoun, in einer Ansprache in der Schulkapelle) erkannte, daß die Zivilisation Menschen ihrer ererbten Fertigkeiten berauben kann, die von den Vorfahren im Entwicklungskampf mit dem Schicksal erworben worden waren, indem sie als Seeleute oder Bergsteiger ihren Verstand und ihre technischen Fähigkeiten einsetzten oder um das Feuer zu bekämpfen. Dr. Hahn führte absichtlich alle möglichen Erfahrungen in das Schulprogramm ein, denn er glaubte, daß neben den Fähigkeiten des Pfadfinders, Pirschjägers, Tischlers oder Feldarbeiters auch Einsicht und Seelenruhe einhergehen.

Die Schulzeitschrift ist bemüht, an diesen zentralen Zielen festzuhalten und wie der Herausgeber es ausdrückt, «bloße geschickte literarische Übungen zu vermeiden und statt dessen die Jungen zu ermuntern, über die Welt zu schreiben, wie sie sie kennen, und die Zeitschrift für die Verbreitung von Ideen offenzuhalten, die geeignet scheinen, die Ideale der Schule widerzuspiegeln». Wie es einer jener von Hahn und seinen Anhängern so geschätzten Aphorismen ausdrückt: «Der gelenkte Intellekt ist mächtiger als die gelenkte Rakete.»

Zweifellos, der *Gordonstoun Record* enthält kein einziges kritisches Wort bezüglich der «Ideale der Schule». Die Beiträge der Schüler bewegen sich meist innerhalb dreier Gruppen. Zunächst gibt es da die ziemlich mißbilligenden Kommentare über bestimmte Aspekte des modernen Lebens. «Eine Zeit der moralischen Dekadenz?» lautete die Überschrift über eine Sammlung von Beiträgen der sechsten Klasse. Die Fernsehsendung *That Was the Week That Was* erfuhr vernichtende Kritik in einem Essay, der David Frost in einen Gegensatz zu Aristophanes brachte. Aristophanes besaß «edle Motive», die das «eindeutige Thema der politischen und moralischen Kritik» sind, wohingegen es das einzige Ziel des modernen Satirikers sei, «sich bei dem Pseudo-Intellektuellen einzuschmeicheln, der seine Sendung genießt».

Die zweite Gruppe umfaßt Beiträge, die man Miniaturdissertationen nennen könnte. Sie behandeln offiziell gebilligte Themen: «Harris Tweed», «Planktonsammeln», «Weinbau an der Mosel», «Anglikanische Religionsgemeinschaften», «Insel und Stadt». Für diese einigermaßen langatmigen Beiträge wird eine sorgfältige Vorbereitungsarbeit geleistet: Fakten werden gesammelt, die richtigen Autoritäten konsultiert; die Auswertung bleibt jedoch auf ein Minimum beschränkt – dies ist im übrigen eine unvermeidliche Begleiterscheinung des gewählten Themas. Die Mühseligkeit der Faktensammlung und die Ehrfurcht vor der gedruckten Autorität wirken naturgemäß der Skepsis des spekulativen Intellekts entgegen. Doch selbst das beträchtliche Vermögen der Schüler in Gordonstoun, bloßes Informationsmaterial aufzusaugen, besitzt ihre Grenzen: ein Vortrag über die Entwicklung in der modernen Gasindustrie mußte aufgegeben werden, «weil zu wenige Interessenten kamen».

Die größte Gruppe der Artikel beschreibt Entdeckungs- und Forschungsreisen: «Mit 26 Pfund durch Indien», «Quer durch Kanada», «Eine Woche im Atlasgebirge», «Public Schools-Reisegruppe in die UdSSR», «Auf dem Treck in Australien»; auch Seereisen bilden beliebte Themen. Ehemalige Schüler von Gordonstoun schicken lange Berichte darüber, wie sie in Indien und Afrika Schulen nach den Prinzipien von Gordonstoun oder «Outward Bound»-Kurse eingerichtet haben. Es gab ein Wohltätigkeitsrennen nach London, um das nationale Interesse für das Problem der Aussätzigen wachzurütteln, und jemand anders berichtete von freiwilligem Hilfsdienst in Westafrika. Vielleicht sind es derartige Aktivitäten, die es den Zöglingen in Gordonstoun erlauben, sich «dem fundamentalen Rhythmus des Lebens» am nächsten zu fühlen.

Die Seiten dieser Zeitschrift verdeutlichen eine Verwirrung der Ziele, wie sie der inneren Struktur Gordonstouns, ja vielleicht sogar der gesamten fortschrittlichen Schulbewegung zugrunde liegt. Einerseits wird der Versuch unternommen, ein waches Bewußtsein für soziale Probleme zu schaffen (wachsame staatsbürgerliche Gesinnung ist Kurt Hahns Parole), zugleich zögert man jedoch, sich die Hände mit Politik, Sozialreform oder den normalen Problemen des täglichen Lebens schmutzig zu machen. «Sozialreformen», erklärte Mr. Le Quesne, der zweite Direktor, «beseitigen nicht das Übel, sie lenken es nur in andere Kanäle um.» Das Übel kann nur an der Wurzel ausgerottet werden, «in der Willenskraft des einzelnen». Um dies zu erreichen, muß das Individuum unberührt von den Übeln der Außenwelt erzogen werden. Doch ist es danach wirklich so überraschend, wenn dieses Individuum weiterhin in dieser Art Welt zu leben wünscht – der Welt Gordonstouns mit dem Meer, den Hügeln, den Abenteuern, fern von aktuellen Problemen, die «Wachsamkeit» erfordern? Ein Gedicht, das ein Junge während einer aufregenden und gefährlichen Fahrt auf einem Segelschiff schrieb, faßt dieses Verlangen nach Frieden und Unschuld zusammen, daß in einer verstädterten Welt niemals wieder erfüllt werden kann:

God speed thee Tall Ship Tawau,
God bless thee, boys and men,
May He sail with thee across the sea
And guide thee home again.

God give thee strength and courage
In trouble, storm and gale:
And may God make thee thankful,
When gentle winds prevail.

Far from the world of politics,
From Rocker and from Mod
But nearer to reality
And nearer much to God.

And nearer to each other,
Away from vice and strife,
In reliance and companionship
You'll find what's best in life.[10]

Neill pflichtete Hahn bei, daß das moderne Leben und die zur Vorbereitung darauf bestimmte Erziehung die vitalen Fähigkeiten und Bedürfnisse der Kinder verkrüppeln. Die unterschiedlichen Methoden, mit denen sie das Problem angehen, lassen sich am besten an der jeweiligen Erklärung für Kriminalität und der gegen sie vorgeschlagenen Abhilfe illustrieren – denn für beide Erzieher ist der jugendliche Kriminelle nur ein extremes Beispiel der Verkrüppelung, die die konventionelle Erziehung fast der gesamten heutigen Jugend zufügt. Überdies kann man die Struktur der Summerhill-Erziehung nicht richtig verstehen, wenn man sich nicht klarmacht, daß Summerhill ursprünglich eine Schule für kriminelle und schlechtangepaßte Kinder war. Gerade weil man sich dort mit «extremen» Fällen befaßte, konnten bestimmte fortschrittliche Ideen extrem weit vorangetrieben werden. Während fortschrittliche Erziehung im allgemeinen eine Art Therapie gegen bestimmte «verkrüppelnde» Trends im modernen Leben darstellte, lieferte die Erziehung in Summerhill eine Therapie für solche Kinder, die Pressionen erlegen waren, denen die meisten Kinder zumindest teilweise widerstehen konnten.

Daß Heilung selbst heute noch Hauptzweck in Summerhill ist, wird auf charmante Weise in zwei selbstbekennerischen Gedichten deutlich, die dem *Summerhill Chronicle*, der Wandzeitung der Schule, entnommen sind:

Das ist die Geschichte von einem Bär. Er lebte in dem Teil des Dschungels, in dem sich keine Elefanten aufhalten durften. Dieser Bär war ein schlimmer Bär gewesen; er hatte den Kranich vergiftet und krank gemacht, und er hatte seiner Schwester Stechpalmen ins Bett gelegt. Wenn seine Mutter mit ihm schimpfte, schnitt er ihr Grimassen. Es war unmöglich, ihn dazu zu bringen, daß er anständig lebte. Darum schickten ihn seine Eltern nach Summerhill, und dort war er eines von den Kindern in Janes Haus.

(Ein achtjähriger Junge)

I once knew a boy called Chris
Who had to have his every wish
Or else he'd sulk and throw a pout
Or give some younger kid a clout
He always had to be dead right
And if by chance he picked a fight
Twas always with a kid much smaller
He couldn't tackle someone taller.
If caught doing something wrong
And charged: My God, what a song!
Excuses poured out by the score,
«It's not my fault» he'd implore.
The truth he simply couldn't take
And these excuses he would make
Because this fact he had to hide
He was weak and frightened down inside.[11]

(Ein dreizehnjähriger Junge)

Hahn und Neill sind der Überzeugung, daß der jugendliche Kriminelle ein Beispiel dafür darstellt, wie gute Eigenschaften durch konventionelle Schulung und Erziehung unterdrückt werden. Für Hahn stellt Kriminalität die Folge einer Art Enthusiasmus dar, von einem Willen zum Erfolg, dem ungenügender Spielraum geboten wird; seine Heilmethode sind die Abenteuerkurse des «Outward Bound». Für Neill ist Kriminalität das Produkt eines moralisierenden Angriffs von Erwachsenen auf die spielerischen und sexuellen Impulse der Kindheit; die Heilungsmethode besteht darin, dem unterdrückten Begehren die Zügel schießen zu lassen, indem Zwang und Mißbilligung seitens Erwachsener ausgeschaltet werden. Hahns Theorie führte zu einem pfadfinderhaften Aktivismus beim Lehrer; Neills zu Freizügigkeit und Stillhalten. Hahns Lehrer tritt als Führer in waghalsigen Unternehmungen auf; Neills als der Therapeut, der dem Kind gestattet, seine Probleme «auszuleben». In der Terminologie der Psychologie könnte man sagen, Hahn sei ein Adlerianer, Neill ein Freudianer. Für Hahn ist der Wille zur Macht der dominierende Trieb im Menschen. Sein Problem ist es, diesen Trieb ohne Schaden für andere zu befriedigen. Bergsteigen ist für diesen Zweck ideal geeignet. Es liefert «ein Eroberungserlebnis ohne die Erniedrigung des Besiegten». Für Neill ist der grundlegende Trieb primär sexuell. (Die Summerhill-Zeitschrift für ehemalige Schüler und für Freunde des Internats heißt *Id.*) Für ihn besteht die wichtigste Aufgabe nicht so sehr darin, positive Ventile für sexuelle Freiheit und sexuellen Erfolg zu schaffen, als vielmehr das gesamte Repressionssystem zu beseitigen, das sie unterdrücken möchte. Seine Rolle ist nicht die des Führenden, sondern die des ermunternden Zuschauers; also eher passiv als aktiv.

Wir verstehen nun, wieso es in der Erziehungsstruktur von Summerhill nie eine «aktive» Seite gegeben hat. Neills Theorie zufolge wäre jeder Versuch, das Kind zu bestimmten Dingen zu zwingen, so wünschenswert sie auch an sich sein mögen, eine bloße Fortsetzung der zwanghaften und moralisierenden Pressionen, auf die die Kriminalität des Kindes in erster Linie Reaktion war. Obgleich Neill seine eigenen Ziele und Wertvorstellungen hatte, die in vieler Hinsicht den «aufgeklärten» Ideen der meisten fortschrittlichen Erzieher ähnlich sind, versuchte er doch stets, sie sehr stark im Hintergrund zu halten. Er war völlig frei von jenem kulturellen Evangelisierungsdrang, der Schüler dazu zwingt, vor dem Frühstück eine halbe Stunde lang Bach zu hören oder Bäume «zum Nutzen der Gemeinschaft» zu fällen. Kinder in Summerhill sind weitgehend ihren eigenen Neigungen überlassen. Langeweile ist eine der unvermeidlichen Folgen davon; ein gewisser Mangel an Entschlußfähigkeit im späteren Leben mag eine zweite sein. Der Pädagoge David Holbrook schreibt: «Neills ‹Produkte› verfügen oft über schöpferische Fähigkeiten und Gefühlswärme – doch sie bringen es nicht fertig, morgens aufzustehen und sie einzusetzen.» Selbst wenn Neill diese kritischen Bemerkungen akzeptiert hätte, würde er sie doch nicht für besonders wichtig gehalten haben, verglichen mit der Befreiung von sexuellen Ängsten und Neurosen, zu der seiner Überzeugung nach seine Methoden führen. Tatsächlich bin ich durchaus bereit, zu glauben, daß die Summerhill-Diät für bestimmte gestörte und schlechtangepaßte Kinder, die man vom Rand des Wahnsinns und der Verzweiflung zurückgeholt hat, absolut ideal ist. Doch ob sie einen brauchbaren allgemeinen Erziehungsplan darstellt, ist eine ganz andere Sache.

Der Unterschied zwischen dem aktiven und dem nichtaktiven Aspekt des fortschrittlichen Schulideals symbolisiert sich in der Kleidung, die Schüler an fortschrittlichen Schulen tragen. Die alten Pioniere revoltierten gegen die «feine» Kleidung des viktorianischen Gentleman, die ein Symbol dafür war, daß er niemals seine Hände benutzte, und so entwarfen sie eine Schultracht, die für das rauhe Leben im Freien geeignet war. Formelle Kleidung erinnerte an so vieles, was sie verabscheuten: Salongeschwätz, unterdrückte Gefühle, schmallippige Respektabilität. Kleider sollten ihrer Überzeugung nach Ausdruck für das «natürliche» Kind sein, das sie von den Ketten der «künstlichen» Gesellschaft zu befreien gedachten. Dies war die Zeit der offenen Hemdkragen, der kurzen Hosen und Sandalen. Die liberaleren fortschrittlichen Erzieher in den Jahren zwischen den Kriegen billigten viele dieser Ansichten, doch da sie die individuelle Selbstverwirklichung stärker betonten als die kollektive Arbeit, glaubten sie, es ruhig dem einzelnen Kind überlassen zu dürfen, sich die Kleidung zu wählen, die am besten zu seinem «natürlichen» Selbst paßte.

In Abbotsholme verlief ein so großer Teil des Lebens im Freien, daß Reddie und seine Nachfolger unvermeidlicherweise eine Alternative zu den grauen Flanellhosen und steifen Hemdkragen entwickeln mußten, die damals obligatorisch waren; und da es damals noch nicht Mode war, Jeans und Pullover zu tragen, steckten sie ihre Schüler in kurze Hosen und Hemden mit offenem Kragen. Dies geschah hauptsächlich der Bequemlichkeit zuliebe, doch es hatte auch Symbolcharakter – es war ein Hinweis darauf, daß der Unterricht im Klassenzimmer nicht mehr im Mittelpunkt der Erziehung stand. Hahn in Gordonstoun übernahm diesen Anzug, vielleicht hat er ihn auch vom deutschen «Wandervogel»[12] übernommen. Gegenwärtig tragen die Jungen in Abbotsholme grüne Pullover, hellbraune Shorts und braune Socken; in Gordonstoun graue Shorts und hellblaue Pullover. Etwas zeitgemäßer präsentiert Atlantic College seine Zöglinge in Bluejeans, blauen Hemden und Pullovern. Alle drei Internate verzichten während des Alltags auf die Krawatte. Obgleich Jeans wohl die strapazierfähigste moderne Kleidung sein dürfte, haben die Jungen in Gordonstoun anscheinend nichts gegen ihre Shorts, wenn sie auch eingestehen, daß sie «in Elginshire ein bißchen doof aussehen».

Diese drei Institutionen haben Uniformen, wenn auch unkonventionelle. Bedales, zwischen alt und neu hin- und hergerissen, versucht das Beste aus beidem zu machen. Von den Mädchen erwartet man, daß sie zum Unterricht grüne Pullover und graue Röcke tragen; bei den Jungen sind es graue lange Hosen und graue Hemden und Pullover (allerdings sind «schickliche» Alternativen erlaubt). Für formelle Anlässe wird von den Jungen Jacke und Krawatte erwartet, von den Mädchen, daß sie «anständig aussehen» (nach anfänglichem Widerstand wurden Miniröcke zähneknirschend erlaubt). Während der übrigen Zeit dürfen Mädchen und Jungen zwanglose Kleidung tragen, Jeans sind allerdings nur an drei Nachmittagen pro Woche gestattet, und «verrückte modische» Kleidung wird heftig abgelehnt. Tatsächlich weiß niemand genau, was erlaubt ist und was nicht; es bleibt ganz der «Vernünftigkeit» der Schüler überlassen – eine typisch fortschrittliche Konzeption. «Unsere einzige Uniform», bemerkte einer der Lehrer, «ist Aufklärung.»

In Dartington Hall herrscht vollkommene Entscheidungsfreiheit bezüglich der Kleidung. Das Ergebnis ist (1965) eine saloppe Standarduniform, bestehend aus Jeans und Pullovern. Schüler beiderlei Geschlechts tragen recht häufig das Haar schulterlang. Wie die meisten Teenager tragen auch die Mädchen in Dartington wenig oder überhaupt kein Make-up, dafür aber ist Schmuck, besonders Ringe und Armreifen, sowohl bei Jungen wie bei Mädchen allgemein verbreitet. Die etwas jüngeren Kinder in Summerhill und Kilquhanity sind weniger modebewußt. Sie tragen zwar gleichfalls Jeans und Pullover, doch sie eifern den

Dartington-Schülern an Modebewußtsein nicht nach.

Die alte Besorgnis, daß die Freiheit der Kleiderwahl die finanziellen Unterschiede bloßlegen und die Mädchen den anhaltenden Traumata der Entscheidung aussetzen würde, übersieht anscheinend, was der moderne Teenager ist und welche Rolle seine Umgebung für ihn spielt. Einerseits sind Kleider im allgemeinen sehr viel billiger, als das früher der Fall war, und andererseits neigen heute die meisten Teenager zu viel größerer Schlampigkeit als früher und denken sich nichts dabei, den ganzen Tag in Jeans, Hemd und Pullover (der Standarduniform) herumzulaufen, besonders in gemischten Schulen, wo sie sich nicht um einen unmittelbaren dramatischen Eindruck auf das andere Geschlecht bemühen müssen. Vielleicht geben sie sich bei Tanzveranstaltungen größere Mühe, aber ich bezweifle dies.

4. Koedukation

Gemeinschaftserziehung stellt wahrscheinlich jene Erneuerung dar, für die die fortschrittlichen Schulen am meisten berühmt sind, wenn auch Abbotsholme diese Praxis nie übernahm und Gordonstoun weiterhin ohne Reue eine reine Jungenschule bleibt. Obwohl heute in Tagesschulen allgemein verbreitet und in Schottland längst eingeführt, bevor es überhaupt eine fortschrittliche Schulbewegung gab, bleibt doch die Koedukation in den Internaten, in denen die traditionelle Geschlechtertrennung der Public School nach wie vor herrscht, die Ausnahme.

Die historischen Gründe für Koedukation sind verschiedenartig. Ein Leitziel war es, die homosexuelle Atmosphäre in den Internaten mit Geschlechtertrennung zu beseitigen. Ein weiteres Ziel war es, die Unterdrückung, Geheimnistuerei und Unwissenheit aufzuheben, die in bezug auf Sexualität herrschte. Auch hatte die Gemeinschaftserziehung einen Bezug zur Frauenemanzipation. Mädchen und Jungen sollten so ähnlich wie möglich erzogen werden: daher die altbekannte Stichelei, daß Koedukation maskuline Frauen und feminine Männer hervorbringe. Und schließlich waren die fortschrittlichen Erzieher der Meinung, daß eine Gemeinschaft, die eines der Geschlechter ausschließe, notgedrungen eine unrealistische und künstliche Vorbereitung auf das Leben in der Erwachsenengesellschaft bieten müsse.

Skeptiker glaubten, Koedukation könne nur zur Promiskuität führen. Aber nichts hätte den Intentionen der meisten Befürworter der Koedukation ferner liegen können. Sie sahen in der Koedukation eine Möglichkeit, den Sexualtrieb durch die Einschränkung romantischer Assoziationen im Zaum zu halten. Der Schulmeister von Bedales drückte das mir gegenüber so aus:

Die Jungen können Mädchen sehen und die Mädchen die Jungen, und zwar als Menschen, statt als Wesen vom anderen Geschlecht. Man will ja nicht die Romantik aus dem Leben fortnehmen, aber wenn die Jungen von den Public Schools mit Mädchen beim Tanzen, bei Tennisparties usw. zusammentreffen, dann sind die Umstände übertrieben romantisiert, und das macht die Sache nur noch schlimmer. Ich behaupte, nur wenn man auch die anderen Situationen herstellen kann – gemeinsam den Frühstückstisch decken, nebeneinander im Unterricht arbeiten –, dann kann man wirklich eine Ausgewogenheit erzielen.

Das Erziehungsideal der Koedukation zielte auf Kameradschaft, nicht auf sexuelle Partnerschaft ab. Es wurde stark an den Idealismus und das Moralempfinden der Jugend appelliert. Die Lehrer versuchten das Interesse ihrer Schüler auf die «höheren Dinge» zu lenken – Gemeinschaftssinn, die gute Sache usw. –, um damit die «niedrigeren» Versuchungen zu beseitigen. (In Gordonstoun erfüllt das Ideal des «Outward Bound»-Dienstes neben den Begleiterscheinungen des körperlichen Trainings noch immer diese Rolle.) Als hilfreich erwies sich dabei die familiäre Herkunft der Kinder – sehr idealistische –, oftmals Quäker- oder Nonkonformistenfamilien. Die Folge war, daß sich in einer Anzahl von Vorkriegsschulen antisexuelle Traditionen einbürgerten, die sich als sehr lebenskräftig erwiesen: Sex, erklärte mir ein ehemaliger Schüler, sei für sehr «unbedalianisch» gehalten worden.

Mit Hilfe dieser Denkmechanismen gelang es den fortschrittlichen Erziehern, an der beruhigenden Meinung festzuhalten, daß Sexualität wirklich etwas sei, das erst nach Schulabschluß beginne, außer vielleicht in einer scheuen und naiven Form. Sexuelle Frühreife hielt man – und tut es noch heute – für ein Symptom psychischer Gestörtheit. So schreiben etwa die derzeitigen Leiter von Dartington Hall: «Wenn die Beziehung zwischen einem Jungen und einem Mädchen beginnt, Anlaß zur Sorge zu bereiten, dann ist es nahezu sicher, daß der der Situation zugrunde liegende Faktor emotionale Instabilität bei einem oder beiden sein wird, die auf einen Zusammenbruch der familiären Situation zurückzuführen ist ...»[13] Vor dreißig Jahren wäre ein solcher Kommentar angebracht gewesen, heute jedoch täuschen sie sich selbst – oder die Eltern.

Natürlich waren die Fortschrittlichen nicht so naiv anzunehmen, daß der Appell an den Idealismus allein genügen werde. In den Anfangsperioden erhielt der Idealismus durch die Verordnung unentwegter Beschäftigung Unterstützung. Die Lehrer an Public Schools wußten seit langem, daß im Müßiggang ein beträchtliches Potential an Versuchungen liegt. Ein Schulleiter drückte es so aus: «Meine Vorbeugungsmaßnahmen gegen bestimmte unsaubere Bakterien bestanden darin, die Jungen todmüde ins Bett zu schicken.» Die handwerkliche und landwirtschaftliche Arbeit an fortschrittlichen Schulen (wie in etwas traditionellerem Rahmen die «Outward Bound»-Aktivitäten in Gordonstoun) erfüllten eine ähnliche Funktion wie der Sport an den Public Schools. Tatsächlich richtete sich Reddies Kritik an sportlicher Betätigung hauptsächlich gegen die Tatsache, daß die Jungen hinterher eben *nicht* todmüde ins Bett fielen: die meisten Schüler hatten sich im Gegenteil sterbensgelangweilt.

Das System der Schlafsäle mit gemischten Altersgruppen in Bedales hält man gleichfalls für einen Schutzmechanismus, wobei man die älteren Schüler ermuntert, verantwortlich den jüngeren zu raten und zu helfen. Die ständige Zirkulation der Schüler an der Schule – sie verbleiben selten länger als ein Trimester innerhalb derselben sozialen Einheit – zielt darauf ab, Cliquen zu zerbrechen und die Konzentration «schlechter» Einflüsse zu verhindern. Von noch größerer Wichtigkeit ist es, daß sich Koedukationsschulen auf «starke und vertraute Beziehungen zu Erwachsenen» verlassen. Die gesellschaftliche Konvention steht Lehrer-Schüler-Beziehungen bei weitem nicht so feindlich gegenüber, wie dies an den meisten Public Schools praktiziert wird, mit dem Ergebnis, daß die Lehrer ihre Schüler recht genau kennenlernen und gefährliche Gedanken in unverfänglichere Kanäle ablenken können. In Bedales drückt sich diese Zwanglosigkeit symbolisch in einer abendlichen Zeremonie aus, bei der die Lehrer sich aufstellen, um den Schülern die Hand zu reichen, wenn diese nach der Abendversammlung aus der Halle ziehen. Badley pflegte stets zu behaupten, er könne nach einem Blick in die Augen eines Schülers sagen, ob etwas «nicht in Ordnung» sei.

So jedenfalls sah die Theorie aus. Wie steht es nun mit der heutigen Praxis? Schlafen Jungen und Mädchen miteinander? Die Antwort lautet natürlich, daß sie es tun; es wäre heutzutage wirklich sehr überraschend, wenn sie es nicht täten. Der Prozentsatz ist möglicherweise ziemlich gering, doch gibt es keinen Grund für die Annahme, daß er niedriger sei als der Landesdurchschnitt bei dieser Altersgruppe. Gelegenheiten gibt es im Übermaß, besonders in Dartington Hall, wo die Mädchen und Jungen separate Arbeits- und Schlafzimmer in gemischten Wohnblocks haben. Die folgende Geschichte, die ein sechzehnjähriger Schüler von Dartington erzählt, leuchtet die Kluft zwischen Theorie und Wirklichkeit aus:

> Wissen Sie, wir müssen alle um zwölf Uhr in unserem Zimmer sein. Also, ich war da gerade mit diesem Mädchen zugange, als sie merkten, daß ich nicht in meinem Zimmer war, und es begann ein Riesengetue . . . Die Childs wurden geholt (sie leben ein paar Meilen von der Schule entfernt). Ein Freund kam und warnte mich, und ich schlich mich raus ins Gelände und kam um vier Uhr morgens ganz ruhig zurück. Mrs. Child fragte mich, wo ich gewesen sei, also sagte ich, ich hätte seit längerem solche Anfälle von Depression gehabt und brauchte Nachtluft. Sie arrangierten einen Besuch bei einem Seelenbohrer in London für mich . . .

Vor etwa zwei Jahren gab es in Bedales nach der Entdeckung von leeren Whiskyflaschen und benutzten Verhütungsmitteln auf dem Dachboden über dem Hauptsaal eine große «Säuberungsaktion». Ohne Zweifel werden auch Abtreibungen hin und wieder diskret arrangiert. Man muß damit rechnen, daß der Umfang dieser Geschehnisse künftig weiter anwachsen wird und daß er in zunehmendem Maß zu einem Problem für Internate mit Koedukation werden dürfte.

Es ist eine traurige Tatsache, daß die derzeitige Revolution der Teenager die fortschrittlichen Schulen weit hinter sich zurückgelassen hat. Hauptfaktoren waren die gestiegene Kaufkraft der Teenager und der gesamte Bereich der Teenager-Unterhaltung und -Mode, der zusammen damit in Erscheinung trat, das Aufkommen freiheitlicher und permissiver Wertbegriffe, die einem wirklichen Verlust der Kontrolle der Erwachsenen über die heranwachsende Generation führten und schließlich möglicherweise ein Gefühl der Sinnlosigkeit angesichts der Atombombe. «Was würdest du tun, wenn du hörtest, daß die Bombe kommt?» wurde ein Junge gefragt. «Mit Brenda schlafen», lautete die Antwort.

Man kann das ganze Phänomen umfassender als eine extreme Reaktion auf den repressiven Puritanismus früherer Zeiten ansehen. Seltsamerweise waren die meisten fortschrittlichen Erzieher Angehörige der puritanischen Generation. Natürlich griffen sie Schuldgefühle und Erbsündenvorstellungen an und ebneten so den Weg für die völlige Ablehnung der puritanischen Ethik. Doch hofften sie gleichzeitig, sie durch eine Art kulturelles Evangelium ersetzen zu können, das gleichermaßen Verirrungen ausschloß. Sie setzten voraus, daß die Jugend von Natur aus edel, rein und ästhetisch sei. Folglich war strenge Repression unnötig. Sie brauchte nur aufgehoben zu werden, und jene Eigenschaften würden in aller Pracht erblühen. Viele dieser Erzieher haben heute das Gefühl, daß sie ein Ungeheuer losgekettet haben. Ihr Erbe war die Pot- und Pop-Kultur. Heutzutage versichern sie den Eltern, daß ein ausgefülltes, abwechslungsreiches Programm in ländlicher Umgebung die «lebenslustige» Welt noch ein paar Jahre fernhalten könne. Tatsache aber ist, daß in den meisten Internaten das Programm nicht mehr attraktiv genug ist, um mit Carnaby Street und den Diskotheken konkurrieren zu können. Für viele heutige Teenager an fortschrittlichen Schulen hat das Popidol den bärtigen Sandalen tragenden Propheten einer schönen neuen Zivilisation ersetzt.

Die fortschrittlichen Erzieher stecken in der Falle. Sie suchen verzweifelt nach Erklärungen. Mr. und Mrs. Child schreiben:

> Unsere kommerzielle Welt hat herausgefunden, wie man mit diesem fundamentalen Trieb mehr Geld denn je zuvor verdienen kann, und es ist ihr gleichgültig, auf welche Weise sie es verdient. Junge Menschen sind einer unablässigen Flut von Sexpropaganda in der Presse, im Film, im Theater, in der Werbung, in erotischen Romanen ausgesetzt, die zu einem großen Teil die sexuelle Befriedigung als das wichtigste Vergnügen des Menschen preisen. Wenn man außerdem noch bedenkt, daß billige Empfängnisverhütungsmittel nahezu überall erhältlich sind, dann kann es kaum verwundern, daß die Kräfte, die im Hinblick auf eine liberalere sexuelle Moral gegen sexuelle Unterdrückungsmechanismen ankämpften, auf dem Rückzug sind.[14]

Zweifellos würde Mrs. Mary Whitehouse, berühmt für ihre Kampagne «Sauberes Fernsehen», von ganzem Herzen beipflichten!

Und sogar Neill bekennt seine Verwirrtheit angesichts der «neuen seichten Blasiertheit» der Jugend. (Ein Artikel im *Weekend Telegraph* bezeichnete die Dartington-Zöglinge als «lebenslustig bis zum Überdruß».) Neill schreibt in seinem jüngsten Buch:

> ... Die Jungen durchschauen jetzt die heuchlerische Moral der älteren Generation. Sie erkennen, daß man sie belogen und betrogen hat ... Nicht die Jugend hat die Atombombe gemacht, sondern die Alten. Aber die Jugend weiß, daß sie machtlos ist ... Heute rebelliert die Jugend, allerdings in einer unzulänglichen Weise. Ihre Beatlefrisuren, ihre Lederjacken und Bluejeans, ihre Motorräder sind Symbole ihrer Rebellion, aber es bleibt bei den Symbolen ... In den entscheidenden Dingen ist die Jugend immer noch gefügig, gehorsam und einflußlos; sie stellt die Dinge in Frage, auf die es nicht ankommt ...[15]

Natürlich ist Summerhill die Schule, die am häufigsten mit sexueller Freizügigkeit in Verbindung gebracht wird, doch in Wirklichkeit ist sie sehr viel «moralischer» als Bedales wie auch Dartington Hall. Das Leben in Summerhill findet weitgehend öffentlich statt, und die durch die geringe Zahl ermöglichte direkte Demokratie entwickelt ein starkes Gemeinschaftsgefühl. Hinzu kommt noch, daß die Mehrzahl der Kinder sehr jung ist: zur Zeit, da ich dies schreibe, gibt es nur ein halbes Dutzend Schüler, die über fünfzehn Jahre alt sind. Das Image von Summerhill ist hauptsächlich auf die in Neills Büchern vertretenen liberalen Ansichten zurückzuführen. Er fragt: wieso hat Gott der Jugend einen Sexualtrieb gegeben, wenn er nicht will, daß er eingesetzt wird? Doch Neill war viel zu vorsichtig, seine Lehre unter den Augen der Öffentlichkeit in die Praxis umzusetzen, obgleich er gelegentlich bereit war, einer Liebesgeschichte gegenüber blind zu sein. In Kilquhanity erzwingen die geringe Schülerzahl, das geringe Alter und eine ausgeprägte Familienatmosphäre ähnliche Zurückhaltung. Außerdem ist dies eine sehr viel aktivere Schule als manche der anderen.

Der Gesamtkomplex der Koedukation wird mittlerweile in der Internatserziehung umfassend diskutiert. Atlantic College möchte eine Gemeinschaftsschule werden: sogar einige Public Schools unternehmen behutsame Experimente in dieser Richtung. Wie ist Koedukation also zu bewerten?

Die Verfechter der Koedukation an Internaten sehen sich einem sehr realen Dilemma gegenüber. Denn damit Koedukation wirklich sinnvoll wird, muß sie mehr darstellen als nur eine Geschlechtertrennung, die durch sorgfältig überwachte «gemischte» Begegnungsmöglichkeiten unterbrochen wird. Doch eine echte Integration unter Bedingungen wie Ungestörtheit und Freiheit, wie sie heutzutage vorzuherrschen scheinen, muß dazu führen, daß Jungen und Mädchen im Internat miteinander schlafen. Die imponierende Prämisse der frühen Verfechter der Koedukation, daß dies nicht geschehen werde, ist heute illusorisch geworden. Und da die meisten Lehrer keineswegs bereit sind, diese Eventualitäten zu akzeptieren, bedeutet die Einführung der Koedukation für jede Schule zugleich die Einführung eines ganzen neuen Katalogs von beunruhigenden Konflikten. Und in der Tat weist die fortschrittliche Schule im Koedukationsrahmen derzeit viele der Charakteristika der traditionellen Public School mit Geschlechtertrennung auf: verbotener, heimlicher Sex, die Entdeckung, die Verweisung von der Anstalt – alles Fakten, die den Anspruch der fortschrittlichen Erzieher ad absurdum führen, sie hätten zwischen Kindern und Erziehern neue Bande des Vertrauens und der Ehrlichkeit geschaffen. Der äußerst traditionalistische Charakter dieses Rituals, das sich deutlich von den Zielen der fortschrittlichen Erzieher unterscheidet, wird in der platten Erklärung Childs kaum verhehlt: «. . . wir sagen, daß auf diesem Gebiet wie auf vielen anderen Zurückhaltung der Preis der Freiheit ist, und . . . wenn jemand dazu nicht fähig ist, dann kann Dartington nicht der richtige Ort für ihn oder sie sein.»[16]

Es gibt noch andere Argumente gegen die Koedukation. Reddie von Abbotsholme liefert eine scharfe Kritik, wenn er sie als ein «hervorragendes Beispiel» dafür sah, «wie Bedingungen, die für Erwachsene gelten, auf Kinder angewendet werden» – ein recht unfreundlicher Hieb, da dies genau die Anschuldigung war, die die fortschrittlichen Pädagogen gegen die konventionelle Erziehung erhoben. Eine weitere kritische Äußerung findet sich in einem Beitrag im *Bedales Chronicle*: «Ich hatte das Gefühl, daß Jungen in Bedales, die glaubten, daß sie bei Mädchen keinen Erfolg hatten (und vice versa), zu jung waren, als daß ihnen die daraus resultierenden Zweifel zugemutet werden dürften.»[17]

Schließlich ist es äußerst zweifelhaft, daß die zeitgenössischen Public Schools tatsächlich Homosexualität fördern, wie dies von ihren frühen Kritikern behauptet wurde. Diejenigen, die sich als Jungen äußerst aktiv homosexuell betätigen, entwickeln sich möglicherweise zu stark ausgeprägten Heterosexuellen[18]; und die mönchische Abgeschlossenheit, die früher die von Robert Ranke-Graves als «Pseudo-Homosexualität» etikettierte verzögerte Adoleszenz hervorrief, verschwindet rapide.

Ein Lehrer in Bedales vor dem Krieg, Geoffrey Crump, argumentierte, daß Koedukation «tatsächlich eine beständige Unterströmung von Unruhe und Aufregung zu verursachen scheint, die die Konzentration erschwert . . .» Damit erhebt sich die Frage nach der Funktion der Schule. Sollte eine Schule es darauf anlegen, sich dem «wirklichen Leben» so dicht wie möglich anzunähern? Oder sollte sie ein Ort sein, der für bestimmte Zielsetzungen so weit wie möglich isoliert sein sollte? Diese Unterscheidung ist gewichtig. Wenn ich an einem Sprachkursus teilnehme, dann bestehe ich nicht darauf, daß er koedukational stattfindet, weil das für das Ziel irrelevant wäre. Wenn ich andererseits tanzen gehen möchte, erwarte ich natürlich, daß ich dabei Mädchen treffen werde. Die Public School zielte immer darauf ab, ein Lebens-Mikrokosmos zu sein, der alle für die gesunde Entwicklung notwendigen Zutaten lieferte. Sie hatte Geschlechtertrennung, weil man den Kontakt zum anderen Geschlecht in diesem Alter für unnötig hielt. Die fortschrittlichen Erzieher waren der Meinung, daß dies nicht zutreffe. Die Antwort lautet natürlich, daß es nötig *ist*, daß männliche und weibliche Teenager zusammentreffen; möglicherweise spielt es keine Rolle, ob sie auch zusammen schlafen; es erscheint jedoch nicht notwendig, daß sie das in der Schule tun. Das Internat sollte also, in einem Wort, ein paar seiner totalitären Ansprüche aufgeben. Eine mögliche Lösung könnte eine «Wochenschule» sein. So erlaubt zum Beispiel Atlantic College seinen Zöglingen ausgedehnte Wochenendurlaube ohne Überwachung. Das ist wohl sehr viel vernünftiger als die Einrichtung einer Mädchenabteilung auf jenen einsamen Klippen in Wales, und damit die Einführung eines grundlegend unlösbaren Problems in die Schule.

5. Selbstverwaltung

Das wohl deutlichste Merkmal der Public School war ihr System der Selbstverwaltung, das Präfektensystem. Ursprünglich als praktische Lösung für das Problem der Aufrechterhaltung von Ordnung und Überwachung in großen Internatsgemeinschaften mit nicht ausreichendem und inkompetentem Personal entwickelt, wandelte es sich zu einer bewußten Ausbildungstechnik für zukünftige Inhaber von Verwaltungsfunktionen im Empire. Von diesem Gesichtspunkt aus kann man die Erziehung an der Public School im Grunde genommen als Vorbereitung auf die Aufgabe des Regierens einer imperialen Gesellschaft ansehen.

Die frühen fortschrittlichen Erzieher griffen die Prinzipien, die diesen Einrichtungen zugrunde lagen, nicht an. Auch sie glaubten an die Ausbildung einer Führungsschicht. Doch gingen sie von der Voraussetzung aus, daß die derzeitigen Führer nicht fähig waren. An allen Stellen der Regierung sahen sie Unfähigkeit, Selbstsucht und Faulheit. Es war kein Wunder, daß eine «Arbeiterfrage» entstanden war, wo das Land von verwöhnten Aristokraten und selbstsüchtigen Plutokraten regiert wurde. Man führte diese Mißgeschicke auf falsche Erziehungsmethoden zurück. Und in der bestehenden Struktur des Präfektensystems entdeckte man die stärkste Ursache des Mißstandes. In den Augen der frühen fortschrittlichen Erzieher wies die hedonistische Athletokratie, die die spätviktorianischen Public Schools beherrschte, alle jene lasterhaften Züge der Privilegiertheit ohne Verantwortlichkeit auf, die sie für die soziale Unruhe in der Erwachsenenwelt verantwortlich machten. Sie zielten darauf ab, die Privilegiertheit abzubauen und das Verantwortungsgefühl zu stärken. Dadurch hofften sie, ihr Ideal einer geläuterten leitenden Klasse für die Herrschaft über die Nation zu verwirklichen.

Doch die frühen Fortschrittlichen waren nicht bloße Tory-Demokraten, obschon dieser Zug in Reddie und effektiv auch in Hahn ziemlich kräftig vertreten war. Sie glaubten auch an «Mitbeteiligung». Dies erforderte nicht nur die Betonung von Verantwortlichkeit, sondern auch die Verteilung von Verantwortlichkeit. Die Public School war in ihren Augen aufgespalten in die «Erfolgreichen» – die begabten Köpfe und Athleten, um die sich alles drehte – und in die «Versager», deren mögliche Begabungen niemals entwickelt wurden. Jedem, so glaubten sie, müsse die Chance geboten werden, seine persönliche Leistung zum Leben der Gemeinschaft beizutragen. Den Schülern sollten vom niedrigsten Alter an bestimmte Aufgaben und Verantwortlichkeiten übertragen werden; sie sollten in den Betrieb der Schule eingegliedert werden. Obwohl die fortschrittlichen Erzieher also einerseits darangingen, die Qualität der Führungsklasse zu verbessern, zielten ihre übrigen Neuerungen – Beseitigung der Privilegien und Streuung der Verantwortung – darauf hin, den Unterschied zwischen «Führenden» und «Geführten» zu beseitigen und den Weg für eine demokratischere und gleichberechtigtere Form der Selbstverwaltung zu ebnen.

Die liberalen Fortschrittlichen führten diese Bewegung bis zu ihrem logischen Ende. Sie behaupteten, nur eine demokratische Gemeinschaft könne wahrhaft harmonisch und kooperativ sein. Was gefordert wurde, war nicht nur die Verteilung der Verantwortlichkeit, sondern gleichfalls auch die Verteilung der Beschlußfassung. Dies paßte weit besser zu der optimistischen und demokratischen Denkströmung in der Periode nach 1918. Es war die Blütezeit der «Selbstregierung». In öffentlicher Abstimmung wurden die Schüler für ein Amt gewählt, Schulparlamente arbeiteten Gesetze aus, und die Disziplin wurde von Gerichten überwacht. Echte Freundschaft sollte die Beziehung zwischen Führer und Geführtem ersetzen, die in den Augen der fortschrittlichen Erzieher zwangsläufig auf Gewalt oder Betrug beruhe. «Die Großen haben mich verhauen, also habe ich die Kleinen verhauen; das ist fair», erklärte ein Zehnjähriger Bertrand Russell und lieferte damit eine Parodie dessen, was die Fortschrittlichen für das Grundprinzip des Präfektensystems hielten.[19] Der gegensätzliche Gesichtspunkt wurde rührend im *Summerhill Chronicle* beschrieben:

> Wir geben uns große Mühe, Kinder durch Liebe zu erziehen, damit sie dann, wenn sie älter werden, auch ihrerseits nicht nur ihre Familie und ihre Freunde lieben, sondern eine so große Liebe in sich tragen, daß dieser Verrücktheit, genannt Krieg, ein Ende gesetzt werden kann.

Diese Vorstellung vom Leben in der Schule war offensichtlich mit körperlicher Bestrafung unvereinbar. Sowohl die frühen wie die späteren fortschrittlichen Erzieher lehnten sie ab. Über diese Frage wurde ebenso viel Tinte vergossen wie über die der Wettbewerbsspiele. Die früheren Fortschrittlichen gingen in ihrer Ablehnung nicht so militant vor. Sie hielten körperliche Bestrafung für die Folge eines ungenügend interessanten Erziehungsprogramms, das die Schüler beständig zu Unfug herausfordere. Wenn das dargebotene Programm die Energien und Neigungen des Schülers völlig absorbieren könnte, würde die Notwendigkeit körperlicher Züchtigung verschwinden. Es gab noch einen weiteren subtileren, wenn auch verwandten Grund. Menschen wie Reddie und Hahn waren große Charakterbildner. Äußerliche Konformität genügte ihnen nicht: sie wollten die innere Zustimmung. Prügel zielten darauf ab, das richtige *Verhalten* sicherzustellen, das richtige *Motiv* konnten sie nicht einpflanzen. Dieser Grund für die Ablehnung der Prügelstrafe hat alle fortschrittlichen Erzieher mehr oder weniger beeinflußt, außer vielleicht Neill, der es überhaupt nicht darauf anlegte, irgend jemanden zu beeinflussen. Er hatte einen besonderen Grund, körperliche Strafen abzulehnen. Die meisten seiner «schlimmen» Schüler waren ihr Leben lang geprügelt worden, um ihr Verhalten zu bessern. Beständige Prügel führten dazu, daß sie sich höchstens noch schlechter aufführten. Es war klar, daß körperliche Bestrafung in Neills Therapieschema keinen Platz finden konnte.

Neill war stark von Freud beeinflußt, und freudianisches Denken hat das Prinzip der körperlichen Strafe weiterhin in Mißkredit gebracht. Im wesentlichen ist der Therapeut der Freudschen Schule der Überzeugung, daß die einzige Möglichkeit der Beseitigung von Symptomen darin besteht, ihre Ursachen aufzudecken: wenn man die Ursache behandelt, wird das Symptom verschwinden. Körperliche Bestrafung gehört im Gegensatz dazu in die Nähe der «Aversions-Therapie», die das Symptom zu beseitigen versucht, ohne sich groß um die Ursache zu kümmern, die nach dieser Ansicht sowieso unzugänglich ist. Die moderne Psychologie scheint die alten Vorstellungen der Public School gewissermaßen zu unterstützen, nämlich daß für die meisten kindlichen Vergehen Prügel die rascheste und simpelste Methode seien, «die Sache aus der Welt zu schaffen».

Ein weiteres Argument war von großem Einfluß auf alle fortschrittlichen Erzieher. Es entstammte der ablehnenden Haltung der Quäker gegenüber jeder Art von Gewalt, was in der Politik zum Pazifismus führte. Grundsätzlich glaubten die Quäker, daß es Sünde sei, mit Gewalt gegen irgendeine von Gott geschaffene Lebensform vorzugehen: daß Gewalttätigkeit Gewalttätigkeit hervorbringe und so alle Beziehungen verrohen lasse und Kriege unvermeidlich mache. In ihrer optimistischen Psychologie glaubten sie, daß der Appell an Liebe, Freundlichkeit und

Vernunft zu jenen Ergebnissen führen werde, die unter Zwang naturgemäß nicht erreicht werden konnten. Diese Denkweise wurde in der weitgehend pazifistischen Dekade nach dem Ersten Weltkrieg sehr populär. Um weitere Kriege zu verhindern, schien es nötig zu sein, die Gewalttätigkeit aus Familie und Schule zu entfernen. Für die liberaleren Erzieher stand also die Ablehnung der körperlichen Züchtigung im Zusammenhang mit der Zurückweisung einer schulischen Autorität, die letztlich auf Gewalt beruhte. Gewalt war ausprobiert und für unzulänglich befunden worden: man brauchte einen neuen Weg.

Die Ziele Gordonstouns leiden, wie wir gesehen haben, nicht an zurückhaltender Darstellung. Wer außer Hahn hätte es wagen können, seinen Klassenersten als «Der Wächter» zu bezeichnen – und damit durchzukommen? Hahn sah die Bezeichnung und die Funktion im Sinne Platos – als eine Person von überragender Tugend, die zugleich Hüter und Beschützer ist. So sah er auch gern den ganzen Präfektenkader, den er in «Helfer» umbenannte. In den niederen Rängen ist die Verantwortung auf nicht weniger als 19 Leiter, 8 Vorsteher der Diensteinrichtungen und acht weitere Funktionäre verteilt. Die Bemühung, so vielen Jungen wie möglich etwas zu tun zu geben, ebenso wie eine charakteristische Prahlerei, spiegelt sich in einigen der Titel wider: Leiter der Fundsachen, Leiter der Wäschekammer, Leiter der Fahrräder und ein noch merkwürdiger klingender Leiter der Gäste. Ich nehme an, daß in einer Schule, die im hintersten Winkel von Nordschottland versteckt liegt, niemandem die Widersinnigkeit solcher Benennungen auffällt.

Wir haben gesehen, wie die fortschrittlichen Schulen sich bemühten, die Vorstellung abzuschütteln, daß Beförderung von sportlichen Heldentaten abhängen muß. Die zufällige Fähigkeit, einen Ball bis an den Rand des Spielfelds zu schlagen, wurde von Hahn (mit Recht) als ein viel zu unzureichender Beweis für die erforderlichen Fähigkeiten zu Menschenführung und Hingabe angesehen. Auch sollten intellektuelle Fähigkeiten nicht wie im Konzept Arnolds der entscheidende Faktor sein. Nein, das Kriterium der Beförderung sollte Tugend sein. Die Leiter der Schüler «sollten flink und mutig und dabei freundlich und wahrheitsliebend sein», so drückte es der Direktor von Gordonstoun aus.

So wird also der Junge in Gordonstoun vom Augenblick seiner Aufnahme ins Internat an mit Tests und Hürden konfrontiert, die er bestehen und überwinden muß, wenn er nach Höherem trachtet. Tatsächlich läßt sich das Leben in Gordonstoun als ein einziges langes Hindernisrennen beschreiben. Die Tests sind dazu bestimmt, den Charakter für größere Prüfungen zu stärken. Nach etwa einem «Prüfungs-Trimester» erhält der Junge das «Privileg», die Schuluniform, so dürftig sie auch ist, tragen zu dürfen. Zu diesem Zeitpunkt stößt er auf die erste große Hürde in Form des «Übungsplans». Man verlangt von ihm einen täglichen Rechenschaftsbericht über seine Leistung bzw. sein Versagen in bestimmten Aufgaben, für die er voll verantwortlich ist. Das wird «Training zur Ehrlichkeit gegenüber sich selbst» genannt. So muß er jeden Tag seine Zähne putzen, heiß und kalt duschen, seinen Morgenlauf machen, Liegestütze ableisten und sechzigmal seilhüpfen. Dann gibt es die «Großen Versuchungen», denen zu widerstehen ist, besonders eine die E. B. M. (Eating Between Meals = Essen zwischen den Mahlzeiten) genannt wird. Der Hausobere kann von Zeit zu Zeit weitere Versuchungen auf die Liste setzen, wobei die privateren mit einer Chiffre gekennzeichnet werden. Durch den absichtlichen Aufbau von Schuldgefühlen wird der Junge zur Gewöhnung an Selbstdisziplin erzogen, die für die nächste Etappe seines Aufstiegs nötig ist.

In den Augen seiner Bewunderer ist es Hahns größtes Verdienst, brüchig gewordenen Institutionen frisches Leben eingehaucht zu haben. Die Public Schools haben viele Jahre lang «Farben» für Leistungen in den verschiedensten Sportarten verliehen. Das waren etwa besondere Blazer, Streifen, Bänder, Quasten usw. Hahn hat, nach den Worten Breretons, «die überbewerteten Farben genommen . . . und sie auf eine neue Art verwendet. Die würdigsten Repräsentanten der Schule sollten sie tragen, doch würden dies nicht unbedingt die schnellsten Läufer oder die besten Torschützen sein . . .»

Der erste Punkt der Anerkennung ist ein weißer Streifen quer über den Pullover. Er signifiziert die Würdigkeit, für die Auswahl als Farbenträger-Kandidat in Betracht gezogen zu werden. Mit einem weißen und violetten Streifen wird ein Junge zum echten Farbenträger-Kandidaten; und aus dieser Gruppe wird der Rat der Farbenträger ausgewählt, aus dem wiederum der Direktor seinen «Wächter» und die Helfer auswählt. Der Rat der Farbenträger wählt sich in Anlehnung an die Eton Pop Society selbst (eine weitere Art, alten und verbrauchten Institutionen neues Leben einzuflößen). Doch hier hört die Ähnlichkeit mit dieser ein wenig frivolen Organisation auch bereits auf, da das Gordonstoun-Modell mit der Aufrechterhaltung der moralischen Atmosphäre an der Schule belastet ist. Die Aktivitäten sind in jenes Geheimnis gehüllt, das man für eine Körperschaft von solch hehrer Berufung für angemessen erachtet:

Die plötzliche Ankündigung, es gebe gar keine Geheimnisse bei den Farbentragenden, kam also für eine Reihe von Leuten überraschend. Es vertrieb viele alte Philister, Gespenster und Spinnweben. Durch die Aufforderung, Fragen über die Satzung zu stellen, die unsere Schule lenkt, fanden die Leute heraus, daß das mysteriöse Salem-Dokument (auf das früher jene anspielten, die nichts Besseres wußten, als zu behaupten, es erfülle eine mystische, halbsakrale Rolle bei der geheimnisvollen Einweihungszeremonie der Farbenträger) nichts anderes war als ein äußerst umfangreiches und schwülstiges Dokument von wirklich sehr geringer Bedeutung. Weil derartige Mythen nun beseitigt sind . . . ist es möglich, einen Artikel wie diesen zu schreiben und zu veröffentlichen, der im letzten Schuljahr noch als Sakrileg und beinahe als Blasphemie angesehen worden wäre.[20]

Wie wir angeführt haben, ist Hahn ein großer Charakterbildner. Er hat es unternommen, Reddies Maxime, nach der jeglicher Aspekt im Leben des Internatsschülers die offiziellen Wertbegriffe und Ziele der Schule widerzuspiegeln hat, in die Praxis umzusetzen. An den meisten Public Schools gibt es zwei verschiedene Ebenen, auf denen sich das Leben abspielt. Es gibt die offizielle Ebene des «was die Schule repräsentiert» (Unterricht, Gottesdienst, Sport, Vereinigungen usw.), und es gibt die inoffizielle oder «subkulturelle» Ebene des Alltagslebens der Schülergesellschaft mit den üblichen Dingen wie Slang, kleinlichen Hierarchien, Unterscheidungen und Konventionen (einschließlich des ewigen Intelligenzkriegs mit den Autoritäten). Dieses «Doppelleben» der Schüler ist zugegebenermaßen nicht sehr angenehm oder erbaulich, zudem setzt es den totalitären Ansprüchen des formenden Lehrers eine sehr starke Barriere entgegen. Dies ist der Bereich des Tyrannen und des Betrügers. Er bietet auch dem Rebellen Schutz, jedem, der sich nicht konform verhalten will. Es war diese Privatsphäre, die von den meisten der fortschrittlichen Erzieher gehaßt wurde, von keinem mehr als von Kurt Hahn. Sie sahen jedoch nur ihre schlechten Seiten: die Grausamkeit, die Primitivität, die Amoralität. Sie führten ihr Vorhandensein darauf zurück, daß die offiziellen Wertmaßstäbe für die Schüler nicht anziehend genug waren. Wenn es nur gelänge, die natürlichen Neigungen und Begierden, die diese halbkriminelle Subkultur nährten, auf würdige Ziele abzulenken und diese aufrührerischen und widerspenstigen Geister auf edlere Gedanken, große Taten und schöne Gegenstände hin zu orientieren! Dies war der Traum nahezu aller fortschrittlichen Erzieher seit Reddie. Hahn führte das mit typisch deutscher Gründlichkeit durch. Im wesentlichen tat er nur, was Arnold in den dreißiger Jahren des 19. Jahrhunderts bereits versucht hatte, nämlich die Übernahme eines hierarchischen Wertschätzungssystems, das die Schüler selbst entwickelt hatten und das ihre Wertbegriffe widerspiegelte, und in das er seine eigenen hochgespannten Ziele der moralischen Führerschaft mit einbrachte.

Ob ihm dies gelang ist weniger sicher. Während er an der Schule war, hauchte er, ähnlich wie Arnold es tat, seinen papierenen Statuten sein eigenes Leben ein und erfüllte die ganze Gemeinschaft mit seinen nachdrucksvollen Absichten. Sobald er weggegangen war, entstand etwas weitgehend Mechanisches. Die Zöglinge von Gordonstoun, mit denen ich sprach, äußerten sich ziemlich zurückhaltend über den Übungsplan und das ganze Farbenträgersystem. Möglicherweise hatten sie das Gefühl, das sei peinlich. Dennoch stellt es einen Tribut an den formenden Einfluß der Schule dar, daß diese Einrichtungen nur sehr wenig Respektlosigkeit oder Kritik hervorrufen.

Wird Hahn als ein zweiter Arnold in die Geschichte eingehen? Es ist sicherlich denkbar. Sein unbestrittener Erfolg bei den seriösesten Vertretern des englischen Landadels weist auf ein unerwartetes Phänomen hin: das immer wieder auftretende Bedürfnis der Briten, ihre unvollkommenen und verschwommenen Bestrebungen mit einer Kühnheit, Deutlichkeit und Größe artikuliert zu sehen, die nur ein Ausländer oder zumindest ein seinem Temperament nach sehr unenglischer Mensch zu bieten vermag. In diesem Sinn kann man Gordonstoun für den logischen Endpunkt des Public School-Systems halten. Es markiert die endgültige Umformung der anarchischen Jungen-Republik, der Arnold begegnete, in ein diszipliniertes System, das von einem hohen Ideal getragen ist. Ob die Zeit für eine zweite Arnoldsche Revolution reif ist, ob Hahn als interessante Kuriosität in die Geschichte eingehen wird oder als der Vorläufer eines neuen Impulses in der Erziehung, das kann nur die Zukunft zeigen.

Das Atlantic College führt uns wieder zu solidem englischem *common sense* zurück. Während Gordonstoun sich bemüht, sowohl den Körper wie die Seele des Schülers einzufangen, begnügt sich Atlantic College damit, daß der Schüler sich an einem sehr anspruchsvollen Erziehungsprogramm beteiligt, ohne daß man sich unnötigen Skrupeln darüber hingibt, was er denkt und ohne daß man versucht, eine moralische Zensur auszuüben. Da das Eintrittsalter über sechzehn liegt, nimmt man an, daß Jungen, die hierhin kommen, in gewissem Maß mit den Zielen der Schule sympathisieren. Das höhere Alter der Schüler und der internationale Charakter der Schule zwangen zur Aufgabe vieler typischer Praktiken der Public School – des Präfektensystems, der Pflichtteilnahme am Gottesdienst u. a. m. –, und es gab keinen Versuch, Übungspläne oder einen Rat der Farbenträger einzuführen. Es gibt ein Wahlsystem für alle wichtigen Posten, und alle internen Angelegenheiten außer denen, die die Lehrerschaft betreffen, werden gemeinsam vom Direktor und dem Schülerrat diskutiert. Dieses System der «Führungsdemokratie» scheint von Natur aus den Bedürfnissen der Altersstufe und der internationalen Schülerschaft am Atlantic College angemessen zu sein. Es wurde nicht *a priori* mit Rücksicht auf die festgelegte Konzeption eines Gründers eingeführt und ist demzufolge in seiner Funktion weit weniger befangen als vergleichbares an vielen anderen fortschrittlichen Schulen, an denen man ideologische Verpflichtungen eingegangen ist, die zuweilen den Bedürfnissen oder Wünschen der Schüler wenig angepaßt erscheinen.

Es herrscht also am Atlantic College in gewissem Maße Selbstverwaltung, ohne daß das Schlagwort jemals verwendet worden wäre. Die liberaleren fortschrittlichen Schulen haben diesen Begriff theoretisch zum Hauptprinzip erhoben. In der Praxis aber machten sie recht wenige echte Fortschritte in dieser Richtung, und zwar aus Gründen, die von

Anfang an hätten offenkundig sein müssen. Der Leiter der Schule stellt weiterhin höchste Autorität dar. Zulassung, Lehrerbestallung, Lehrplangestaltung und Gesundheitsfragen gehören insgesamt zu seinen Befugnissen. Keine Schule, die diese Sorgepflichten ihren Schülern überließe, hätte eine echte Überlebenschance. Zusätzlich muß der Leiter sich mit den rechtlichen und sozialen Beziehungen zwischen der Schule und der größeren Allgemeinheit befassen. Er könnte demgemäß also bestimmte Aktivitäten verbieten, weil sie der öffentlichen Meinung zuwiderlaufen oder zum Eingreifen der Justizbehörden führen würden. Unabhängigkeit könnte zwar zu einem breiteren Spielraum für Experimente führen, aber keine Schule kann es sich leisten, der öffentlichen Meinung zu weit voraus zu sein, und die radikalste Schule vermag nur so radikal zu sein, wie die Eltern der Schüler es zulassen. Alle diese Erwägungen schränken natürlich die Funktion der Selbstverwaltung ein.

In der Tat gewinnt man heutzutage oftmals den Eindruck, daß es mehr die Idee als die Realität sei, die die Selbstverwaltung am Leben erhält. Sie ist so sehr Teil des fortschrittlichen Glaubensbekenntnisses, daß es als unvorstellbarer Verrat erscheinen würde, wollte man sie über Bord werfen. Überdies ist sie der Öffentlichkeitsarbeit nützlich. Die Sitzungen der Selbstverwaltung in Summerhill zum Beispiel üben auf Besucher eine große Anziehungskraft aus, deren Beitrag von fünf Shilling einen beachtlichen Batzen des Einkommens der Schule ausmacht. Ein Mitarbeiter des *Bedales Chronicle* bemerkte zu einer nicht endenwollenden Sitzung: «Aber sie hat ihren Zweck erfüllt. Nun kann der Direktor zu Besuchern sagen: ‹Ja, natürlich haben wir eine Schülerselbstverwaltung.›»

Summerhill und Kilquhanity sind sehr kleine Schulen: die Schülerzahl bewegt sich um die fünfzig. Folglich wird an ihnen direkte Demokratie möglich, auch wenn die jüngeren Kinder vielleicht nicht genau wissen, was dabei vor sich geht. Jede Woche wird an diesen zwei Schulen eine Versammlung der gesamten Gemeinschaft abgehalten (Lehrer ebenso wie Schüler), bei der die seit dem letzten Treffen aufgetauchten Probleme besprochen werden. Zuerst erfolgt der Bericht des Gerichts über Vergehen und die entsprechenden Strafen, dabei haben die Angeklagten das Recht, an die Vollversammlung zu appellieren. Die meisten Vergehen sind recht trivial – unbedeutender Unfug, den ein Kind einem anderen oder einem Lehrer zumutete. Die Opfer berichten von diesen Verstößen vor dem Gericht, das nur auf Grund bestimmter Beschwerden tätig wird, da man den Grundsatz verfolgt, daß nur ein Verhalten, das Anlaß zu Beschwerde bietet, der Aufmerksamkeit der Gemeinschaft wert ist. Im allgemeinen fragt man das Opfer, was seiner Meinung nach geschehen soll, und es nennt im allgemeinen eine Geldbuße, eine öffentliche Verwarnung oder den Ersatz des beschädigten oder «ausgeborgten» Eigentums. In beiden Schulen mißbilligt das Sozialgefühl Schülertyrannei stärkstens, und wer darunter leidet, wird bei seiner Beschwerde vor dem Gericht oder der Vollversammlung vorbehaltlos unterstützt. Und da die Beschwerde vor der Gemeinschaft selbst geführt wird und nicht gegenüber der Lehrerschaft, besteht auch kein Verdacht auf Kriecherei oder Petzen.

Tatsächlich besteht eines der Hauptargumente für die Abgabe der Disziplinarbefugnis seitens des Lehrkörpers darin, daß die traditionelle Feindschaft zwischen Lehrern und Schülern aufgehoben wird und daß die Lehrer auf diese Weise in die Lage versetzt sind, Bescheid zu wissen, was vor sich geht und ein gut Teil der Schikanen und üblen Vorkommnisse zu verhindern, die an konventionellen Schulen weitgehend unentdeckt bleiben. Andererseits herrschte in Bedales, wo Lehrer und Schüler sehr freundschaftlich miteinander verkehren, jahrelang ein traditionelles Verfahren der Initiation und Schikane, das dem jeder Public School durchaus vergleichbar war. Neue Schüler mußten sich der «Bürstentortur» unterziehen, die im *Bedales Chronicle* als «brutale Brustmassage mit einer hartborstigen Haarbürste» beschrieben wird, und dem *agg-agg,* der entsprechenden Behandlung der Handknöchel. Überraschender waren Berichte über Antisemitismus, wenn zum Beispiel ein Junge wegen seiner jüdischen Nase oder seines jüdischen Akzents geneckt wurde. Es hat den Anschein, daß die Effizienz der engen Lehrer-Schüler-Beziehung an Wirksamkeit proportional zur Größe der Schule abnimmt . . .

Ein charakteristisches Gerichtsprotokoll in Summerhill liest sich wie folgt:

> Paul gegen Earl wegen Streichhölzerwerfen. Earl zu einer Buße von Sixpence verurteilt. Alice gegen Julie, weil sie Rosinen herumwirft. Julie bekommt nächste Woche keine Rosinen. Emile gegen Mort, weil er ihn beim Abendessen geschlagen hat. Mort muß die ganze Woche sein Abendessen als letzter einnehmen. Lou gegen Ben, weil er ihm Schuhcreme auf den Leib geschmiert hat. Mit einer strengen Verwarnung abgelehnt.

In diesem besonderen Fall plädierte Earl gegen sein Urteil, und es ergab sich die folgende Diskussion:

Earl: Ich glaube, meine Buße ist zu hoch.
Gerichtsvorsitzender: Trage deine Argumente vor.
Earl: Ich habe die Streichhölzer nicht absichtlich auf ihn geworfen, und außerdem brannten sie nicht.
Ger.: Das hat nichts damit zu tun, Earl. Angezündet oder nicht, es ist eine blöde Idee, so etwas zu machen.
Earl: Ich habe ihn dort jedenfalls nicht gesehen.
Paul: Er hat mich verdammt noch mal gesehen und die Dinger nach mir geworfen.
Earl: Hab ich nicht.
Ger.: Kein Durcheinandergerede hier. Wie hoch sollte deiner Meinung nach deine Buße sein?

Earl: Threepence.

Neill: Und was sollte er zahlen? Ich kann dich nicht verstehen . . .

Ger.: Er wurde zu einer Buße von Sixpence verurteilt, weil er Streichhölzer nach Paul geworfen hat, und nun möchte er die Strafe auf Threepence herabgesetzt haben. Allright. Wer ist dafür, daß Earl Threepence statt Sixpence Buße zahlt? Wer ist dagegen? Deine Buße beträgt immer noch Sixpence.

Earl: O verflucht![21]

In Kilquhanity «erhielt Sean eine ernste Verwarnung, nicht weiter Hillary Grimassen zu schneiden», und der Protokollführer notierte «ein Ersuchen, Mike keine Spottnamen zu geben». «Spottnamen außer Kakaobohne werden mit einer Buße von 6 dime bestraft.» In Kilquhanity gibt es weit weniger Bußen als in Summerhill, aber andererseits werden alle Vergehen wöchentlich in der Schulzeitung, dem *Broadsheet*, veröffentlicht, also betrachtet man vielleicht dies als ausreichende Abschrekkung. Besondere Empfindlichkeiten werden respektiert. «Jeremy: Ich wünschte, die Leute würden nicht so oft fluchen. Ernste Verwarnung an Stephen.»

Viele dieser Probleme ergeben sich aus dem Mangel an Privatleben. Das eine große Diskussionsthema – Schlafenszeiten –, das die Schulversammlungen in Summerhill anscheinend seit beinahe vierzig Jahren mit Zündstoff versorgt, würde einfach gar nicht auftreten, wenn die Kinder wie in Dartington Hall ihr eigenes (Schlaf-)Zimmer hätten. Die fehlenden Gelegenheiten für derartige soziale Konflikte machen aus dem *Moot*, der Vollversammlung, in Dartington eine weit weniger zentrale Einrichtung, als es die Gegenstücke in Summerhill und Kilquhanity sind.

Dort nämlich stellt die Selbstverwaltung weitgehend ein Beschwerdesystem dar, das besonders den Bedürfnissen kleinerer Kinder angepaßt ist, die sich nicht selbst schützen können und für sich und ihren Besitz den Schutz der Gemeinschaft nötig haben. Diese Schulen haben überhaupt keine Schüler der Oberstufe, die zweifellos ein derartiges Verfahren lästig und trivial finden würden. Überdies steht es den Schulgerichten nicht zu, über wirklich ernste Verstöße gegen die Schulregeln oder hartnäckiges asoziales Verhalten zu entscheiden, in diesen Fällen muß der Direktor hinzugezogen werden.

Die Funktion der Schülerparlamente bezüglich der Aufstellung von Regeln sind von weit geringerer Bedeutung. In Kilquhanity werden von der Versammlung fast nie Regeln aufgestellt oder verändert: der einzige diesbezügliche Versuch in den letzten zwei Jahren betraf eine Lockerung der Verordnung über das Rauchen und wurde überwältigend niedergestimmt. In Summerhill werden bei der wöchentlichen Versammlung Schlafenszeiten, Rauchen, Verhalten beim Stadtausgang und dergleichen Themen diskutiert, und es herrscht ein beachtlicher Spielraum für Experimente, doch auch hier scheinen die Entscheidungen «maßgeblichen Erwägungen» zu unterliegen, die der Leiter der Schule vorbringt.

Neill sprach zu seiner Schulversammlung in Summerhill über Schlafenszeiten wie folgt:

> Ich weiß, wir haben darüber bereits gesprochen, aber ich glaube, ich muß einfach noch einmal darauf zurückkommen ... Ihr Kinder lauft zu allen Tages- und Nachtzeiten hier durchs Haus, und wie ich vorher schon gesagt habe, wird das allmählich ein gesundheitliches Problem, nicht eins der Verwaltung. Meine Pflicht ist es, für die Gesundheit der Kinder zu sorgen. Und wenn ihr die Gesetze, die ihr macht, nicht einhalten könnt, dann werden die Lehrer über die Schlafenszeiten entscheiden, und wir werden eine strenge Schule werden. Ist es das, was ihr wollt? Ich kann es mir einfach nicht leisten, daß Kinder krank werden. Man könnte mir deswegen die Schule schließen.

Im Verlauf der Jahre hat der Gesundheitsbereich mehr und mehr auf das Gebiet der Verwaltung übergegriffen. Das deutlichste Beispiel dafür ist das Rauchen. Sowohl in Summerhill wie in Kilquhanity ist es unter sechzehn Jahren verboten, in Dartington Hall auf die Zimmer der Schüler beschränkt. Neill verhehlt nicht, daß es sich um eine «Regierungsentscheidung» handelt:

> Zu Beginn dieses Schuljahres (1962) machte ich ein Gesetz über das Rauchen unter sechzehn. Ich erließ dieses Gesetz, weil die Regierung allen Schulen aufgetragen hat, gegen das Rauchen bei Kindern vorzugehen, und Summerhill kann nicht als einzige Schule Englands die Ausnahme spielen ... Aber trotzdem raucht eine ganze Menge von euch unter sechzehn, und das ganz öffentlich ... Also, ich will euch mal was sagen. Ihr müßt entscheiden, ob ihr hier rauchen wollt oder nicht. Wenn ihr hier rauchen wollt, dann werdet ihr nicht mehr hierher zurückkommen ... Ich kann euch nicht bestrafen. Nur die Gemeinschaft kann strafen, aber ich kann sagen, fein, wenn ihr nicht auf die Summerhill-Weise leben wollt, dann werdet ihr eben nicht mehr zurückkommen ... Glaubt also nicht, ihr könnt hierher kommen und tun, was ihr wollt. Ihr könnt es nicht.

Man könnte behaupten, daß die Selbstverwaltung der Schüler sogar in diesem begrenzten Umfang nichts erreicht, was nicht von wohlwollenden Erwachsenen besser getätigt werden könnte. Wenn Lehrer erwachsen genug sind, sind sie auch ausreichend dazu befähigt, zwischen notwendigen und unnötigen Regeln zu unterscheiden; überdies können Erwachsene mit Beschwerden viel weniger offiziell und viel rascher fertig werden. Dagegen lassen sich drei Einwände erheben. Das von den Kindern selbst geregelte Beschwerdesystem bringt offenbar Schikanen, Verspottungen und andere Arten von ärgerlichem Verhalten ans Licht, die sonst wegen des Tabus der Petzerei unentdeckt bleiben würden. Erwachsene mögen noch so freundlich und verständnisvoll sein, zwischen ihnen und Kindern gibt es eine Barriere: Kinder in jüngeren Jahren identifizieren sich ganz besonders mit ihrer Bande und nicht mit dem Erwachsenen. Aus dem gleichen Grund auch scheinen die Entscheidungen und Strafen der Gemeinschaft weit weniger Ressentiment hervorzurufen, weil das Kind von Menschen be- und verurteilt wird, die annähernd die gleichen

Ansichten und Wertmaßstäbe haben wie es selbst, und nicht von anderen, deren Entscheidung in ihren Augen stets verdächtig sein muß. Und letztlich stellt die Selbstverwaltung eine sehr gesunde Kontrolle der Selbstherrlichkeit und des Machtmißbrauchs von Erwachsenen dar. In Gordonstoun etwa rühmt sich ein Hausvorsteher wegen der perfekten Ordnung und Sauberkeit seines Machtbereichs: alles hat seinen Platz, und alles liegt an seinem Platz. Nirgends war ein Staubkorn zu entdekken. Dergleichen ist ein Beispiel für eine ganz besondere Erwachsenen-einstellung, die für Heranwachsende ganz unnatürlich ist, im übrigen auch für die meisten Erwachsenen. Indem man Kindern eine gewisse Entscheidungsfreiheit darüber gibt, wie sie ihr Leben gestalten wollen, vermeidet man, daß Kinder derartigen kleinlichen Manien von Erwachsenen unterworfen werden: kein Kind würde nämlich auch nur im Traum daran denken, ein solches System entweder sich selber oder seinen Kameraden aufzuzwingen.

In Summerhill und Kilquhanity wird die Selbstverwaltung durch die geringe Anzahl der Schüler funktionsfähig erhalten, die eine direkte Demokratie, eine «Beschwerde-Abteilung», welche den Hauptinhalt der meisten Versammlungen liefert, und eine starke Unterstützung durch die Schulleitung ermöglicht. In Dartington Hall und an der King Alfred School in Hampstead ist die Lage anders. In Dartington verhindert die Einrichtung der privaten Arbeits-Schlafzimmer einen Großteil der persönlichen Reibereien, zumindest in Foxhole, der «Seniorenabteilung» der Schule (Kinder über dreizehn). Bei 140 Schülern ist zwangsläufig die direkte Demokratie zum Teil einem Repräsentantensystem gewichen, das sich aus gewählten Komitees – z. B. für Tagesordnung, Speisesaal, Verpflegung und Gemeinschaftsraum – zusammensetzt, die das Gemeinschaftsleben verwalten. King Alfred's ist eine Tagesschule, darum hat der Schülerrat weit weniger Aufgaben. Auch hier haben wir ein partielles Repräsentantensystem mit gewählten Delegierten aus jeder Altersgruppe und einigen älteren Kindern. An beiden Schulen mangelt es an Themen, die das Interesse beständig wachhalten können. In Dartington Hall kam ein Antrag, «daß die Schule künftig keine südafrikanischen Erzeugnisse mehr kaufen soll», mit einundsechzig zu einer Stimme durch; in King Alfred's lieferte die Leiterin ein leidenschaftliches Plädoyer zugunsten einer unterstützungswürdigen Wohltätigkeitsorganisation. Aber dergleichen ist kaum der Stoff, aus dem eine blühende Schülerselbstverwaltung erwächst. In Dartington hat man Schwierigkeiten, die Komitees zu besetzen, außerdem treten sie auch nur in Abständen zusammen; der *Moot* selbst ist für einen langen Zeitraum in den Ruhestand getreten: der private Lebensraum scheint mehr individuelle als gemeinschaftliche Interessen zu fördern.

Dennoch hat in diesen beiden Schulen der Schülerrat eine klar-definierte Funktion, die darin besteht, traditionelle Freiheiten und Bräuche gegenüber neuerungsbeflissenen Direktoren zu verteidigen. Wie wir gesehen haben, wurde in Dartington Hall der Vorschlag, die Freizeit als Studienzeit zu bezeichnen (um die Einstellung gegenüber der Arbeit zu verbessern), mit großer Mehrheit abgelehnt. Ebenso abgelehnt wurde der Antrag, die Sportstunde zur Pflicht zu machen; und obwohl der *Moot* gezwungen war, einen Antrag (Dezember 1964) zu akzeptieren, demzufolge das Rauchen auf die Privatzimmer der Schüler beschränkt wurde, gelang es ihm doch, Bußen für die Mißachtung der Verordnung zu verhindern. Die Furcht vor Veränderungen an der King Alfred School zeigt sich deutlich im Protokoll einer Schülerversammlung:

Dann fragte Andrew Elton den Vorstand, ob es möglich sei, den Schülerrat *vorher* von etwaigen beabsichtigten Veränderungen an der Schule zu informieren. Dieser Antrag scheint vernünftig genug zu sein, denn er würde es dem Rat gestatten, diese Vorschläge zu diskutieren und die Gründe dafür und dagegen anzuhören. Erstaunlicherweise hatten die Schulleiter Einwände dagegen und behaupteten, damit würden ihre Aufgaben und Pflichten beschränkt; das trifft jedoch eindeutig nicht zu, denn Elton forderte nur die Diskussion und nicht das Recht für den Rat, die Entscheidungen der Vorsteher verändern zu dürfen. Die Vorsteher gaben an, daß eine Diskussion zu Mißstimmungen führen würde, doch weit größere Mißstimmung würde ohne Zweifel entstehen, wenn eine Veränderung der Schule plötzlich aufgezwungen würde, anstatt daß man Gründe dafür anhören und diskutieren kann. Der Rat schloß sich dieser Ansicht an und bestand darauf, daß der Schulvorstand ihn informiere . . .[22]

In vielen fortschrittlichen Schulen bewirkte das Eintreffen eines neuen Schulleiters eine «verschärfte» Kontrolle. Die äußerst liberalen und zuweilen romantischen Schulleiter der dreißiger und vierziger Jahre sind von mehr gegenwartsorientierten Managern ersetzt worden, die es darauf anlegen, bessere schulische Leistungen zu erzielen, das Rauchen einzuschränken und das Benehmen zu verbessern. Wenn der Schülerrat ihre Pläne behindert, dann führen sie diese feindselige Haltung auf einen gedankenlosen Konservativismus zurück und setzen die verschiedensten Kriegslisten ein, um ihre Meinung durchzusetzen, wodurch wiederum die Wirksamkeit der Selbstverwaltung unterminiert wird.

In Bedales stimmte der Schülerbeirat für seine eigene Auflösung, kurz nachdem der neue Schulleiter, Timothy Slack, an die Schule gekommen war. Er kommentierte dies so:

Ich weiß nicht, inwieweit ich das beeinflußt habe – ich habe meine Vorstellungen nicht publik gemacht, aber es war bekannt, daß ich das für eine ziemlich nutzlose Einrichtung hielt, auf dem Niveau eines Winkeladvokaten, der dauernd über die Verfassung redet . . . Jetzt haben wir eine weniger offizielle Versammlung, zwei- oder dreimal pro Schuljahr, und da lade ich die Schüler ein, hierher in diesen Raum zu kommen, und wir diskutieren dann alles, was sie auf dem Herzen haben.

Zweifellos empfand es der neue Leiter, der zuvor in keinerlei Verbindung zum Internat gestanden hatte, als besonders verbitternd, wenn auf «die Art, wie in Bedales die Dinge gehandhabt werden», angespielt wurde. Er glaubte, die beste Lösung sei es, den Schülern begrenzte Verantwortungsbereiche zu übertragen – so etwa über die Kasse oder über irgendwelche Klubveranstaltungen –, aber im übrigen die Kontrolle in der Hand zu behalten. «Es gibt nichts Unehrlicheres», sagte er, «als Menschen den Eindruck zu geben, es handle sich um ihre Entscheidung, wenn man weiß, daß man selbst die Entscheidungsbefugnis hat.» Und in der Tat ist es eben diese Vortäuschung, daß der Schülerrat die Verantwortung trüge, während doch der Schulleiter im Grunde gar nicht daran denkt, Entscheidungen zu akzeptieren, die seinen Wünschen zuwiderlaufen, die für die meisten Versuche, eine Schülerselbstverwaltung funktionsfähig zu halten, den Ruin bedeutete.

Fortschrittliche Internatsleiter neigen stark dazu, vom «richtigen Einsatz der Freiheit» zu sprechen, was in der Praxis bedeutet, daß die Schule entsprechend den Vorstellungen des Leiters, wie eine Schule zu verwalten sei, verwaltet wird. Es ist äußerst zweifelhaft, ob eine solche Art der Selbstverwaltung bei selbstbewußten intelligenten Kindern durchführbar ist; und wenn auch Neill in Summerhill mehr Freiraum als jeder andere Schulleiter zugestand, so ist doch einer der Gründe für den relativ guten Erfolg der Selbstverwaltung in Summerhill die Jugendlichkeit und Unerfahrenheit der Bürger dieses Gemeinwesen.

Auch hier fällt es sehr schwer, den Ablauf interessant zu machen. Nicht nur deswegen, weil es einfach nicht genug für den Schülerrat zu tun gibt, sondern weil Administration ganz allgemein langweilig ist. Wo es repräsentative Einrichtungen gibt, wird die ganze Arbeit von den paar Kindern erledigt, die daran Geschmack finden; der einzige Anlaß für alle Kinder, sich zu beteiligen, ist, wenn eine gewichtige Streitfrage, die ihre Freiheiten direkt betrifft, zur Diskussion steht. Diese frustrierende Langeweile hat noch stets die liberalen Ziele einer auf Beteiligung angewiesenen Demokratie zunichte gemacht. Weite Bevölkerungsteile, Erwachsene und Kinder, beteiligen sich anscheinend nur in Krisenzeiten.

Andererseits hat es den Anschein, daß Schüler es begrüßen, das Recht zu besitzen, gefragt zu werden und ihre Meinung äußern zu dürfen, wenn wichtige Fragen zur Debatte stehen. Kurz gesagt, die wahre Aufgabe des Schulparlaments liegt darin, die Regierung und Verwaltung der Schule zu kritisieren, und nicht darin, selbst Gesetze und Verordnungen zu erlassen oder die Verwaltung zu übernehmen.

Teil II

Reddie und Abbotsholme

6. Erziehung an einer Public School

Die fortschrittliche Schulbewegung in England wurde in der Phantasie eines schüchternen, idealistischen Jugendlichen geboren, der in den siebziger Jahren des vergangenen Jahrhunderts Internatszögling an der Fettes Public School war. Cecil Reddie entstammte einer schottischen Familie der Mittelklasse – sein Vater war Verwaltungsbeamter und brachte es bis zum Stellvertretenden Rechnungsprüfer der Marinezahlmeisterei. Mit dreizehn Jahren ließ der Tod beider Eltern Reddie als Vollwaise zurück, und so wurde während der nächsten sechs Jahre die Schule sein ganzer Lebensinhalt.

Die englische Public School hinterläßt wahrscheinlich im Charakter ihrer Zöglinge eine tiefere Prägung als irgendeine andere Erziehungsanstalt. Ihr Geheimnis ist einfach. Die Adoleszenz ist eine Zeit heftiger Emotionen, der heftigsten möglicherweise, die Menschen jemals erleben. Die Leidenschaften sind entflammt, aber noch nicht unter Kontrolle. Die Public School verstärkt und konzentriert sie zugleich. Sie verstärkt sie dadurch, daß sie Menschen in engen und intimen Beziehungen zusammenführt und eine rasche Folge von emotional belasteten Ereignissen und Erfahrungen bietet; sie konzentriert sie, indem sie diese Leidenschaften an einem Ort und in einer kleinen Gemeinschaft zusammenzieht. Man verläßt seine Schule vielleicht mit Liebe- oder Haßempfindungen, aber man verläßt sie wohl selten mit Gleichgültigkeit ihr gegenüber.

Es herrscht nicht nur diese intensive Konzentration an Gefühlen in einer abgeschlossenen Gemeinschaft, auch die Ausdrucksmöglichkeiten für sie innerhalb der Gemeinschaft sind äußerst beschränkt. In der spätviktorianischen Public School gab es hauptsächlich drei: Gottesdienst, Sportplatz und schöne Knaben. Dr. Arnold hatte die Kapelle aus einem Ort, an dem die Jungen Ratten losließen, in ein äußerst wirksames Organ moralischer und ästhetischer Inspiration verwandelt. Mit der Privatkapelle der Public School (der Chapel) standen alle jene großen Begriffe in Verbindung, die die viktorianischen Erzieher so liebten: Schönheit, Wahrheit, Ehre, Loyalität, Reinheit, Gehorsam usw. Ergänzt wurde diese Geisteskultur durch das Muskelchristentum der Sportplätze. Organisierte Spiele zielten ursprünglich darauf ab, die Jungen tagsüber beschäftigt und nachts müde zu halten: aus diesen praktischen Anfängen erblühte der Athletenkult, der sich später zur Religion an den spätviktorianischen Public Schools entwickelte. Der schöne Knabe war ein Geschlechtsersatz in einer Zeit, in der die normalen Probleme des Kontakts zwischen Jungen und Mädchen in der viktorianischen Gesellschaft noch durch die totale Absonderung während der Adoleszenz verschärft wurden. Die Romanze zwischen Junge und Mädchen wurde in der Public School in die «romantische Freundschaft» zwischen dem älteren und jüngeren Knaben umgemünzt, die das Kernthema so vieler Romane über die Public School liefert. Daß auch die weniger edlen Triebe sich eines beträchtlichen Spielraums erfreuten, beweisen die zahlreichen Zuschriften im spätviktorianischen *Journal of Education.* Die Spannung zwischen dem platonischen Ideal und den allzu häufigen Beweisen für seine Entstellung wirkte auf Generationen künftiger Erzieher und Geistlicher formativ, darunter auch auf Reddie.

Psychologen würden zweiffellos Reddies Laufbahn als eine erfolgreiche Sublimierung seiner körperlichen Leidenschaft für junge Knaben in den Versuch, ihnen zu dienen, interpretieren, wobei er seine Zöglinge gleichzeitig vor den Versuchungen bewahren wollte, denen er selbst unterworfen war. Der unterdrückte Päderast tauchte als der Apostel des platonischen Ideals in der Erziehung wieder auf. Diese Schlußfolgerung gewinnt durch die Lektüre der Jugenderinnerungen Reddies an Wahrscheinlichkeit. Er schrieb sie, ehe Freud die Selbsterkenntnis notwendig und Verheimlichung wünschenswert machte.

B. M. Ward, der Biograph Reddies, gibt an, daß seine «höchst empfindsame Natur durch die Prüfungen der Adoleszenz heftig verwirrt» worden sei. Doch Reddie selbst liefert uns einen etwas ausführlicheren Bericht über seine Schwierigkeiten:

> Wir hatten tatsächlich, soweit wir uns zurückerinnern können, die Neigung, nicht nur den Abwesenden, sondern auch den Gegenwärtigen zu idealisieren. Und inmitten unserer neuen Umgebung wuchs diese Tendenz rasch, und wir errichteten in unserer Phantasie unablässig einen Olymp von Heroen, der sich aus den vollkommensten Vorbildern zusammensetzte, die um uns waren und die für uns zu Objekten der Verehrung und Anbetung wurden.

Als er älter wurde und Verantwortung als Präfekt erlangte, kamen ihm Zweifel an seinem Olymp. «Wir wurden kritischer», vermerkt er. Seine Götter «waren einer nach dem anderen . . . von den Piedestalen gestürzt, auf die sie jugendlicher Überschwang gestellt hatte, es blieben indes Erinnerungen an Augenblicke früherer aufrichtiger Anbetung, die niemals vergessen werden sollten».

Die Enttäuschung über die Kameraden wurde noch verstärkt durch Zweifel am Lehrplan. Statt «schöner Erzählungen von römischen und griechischen Helden», die seine Vorstellung von klassischer Erziehung ihn hatte erwarten lassen, servierte man ihm eine Diät aus «holperndem Lesen und halb-englischer Übersetzung der griechischen und lateinischen Literatur im Unterricht» und «endlose Exkursionen nach langweiligen Grammatikregeln». Als Reaktion wendete er sich den Naturwissenschaften zu, fand sie aber «zu rein intellektuell und kalt».

Sein metaphysisches Verlangen hätte vielleicht von der Religion befriedigt werden können, doch «die Göttliche Figur, die man uns vorsetzte . . . schien mit dem England des neunzehnten Jahrhunderts oder mit dem Leben im Knabenalter nur wenig Verbindung zu besitzen».

Überall rief die schreckliche Kluft zwischen Ideal und Realität «Tag für Tag ein Gefühl der hoffnungslosen Trennung und Mißstimmung hervor». «Unsere Enttäuschung», fährt er fort, «drohte Zynismus und Gleichgültigkeit zu bewirken.» Doch in diesem kritischen Augenblick nahte Rettung. Der junge Reddie begegnete zufällig einer «Verwandten, etwas älter als wir. Ihre frauliche Intuition . . . zerstreute den sich ansammelnden Trübsinn». Danach fühlte er sich seiner selbst und seiner Aufgabe sicherer.

Da es ihm mißlungen war, unter seinen Altersgenossen «das perfekte Ideal, das wir suchten» zu finden, wendete er sich «der jüngeren Generation zu, entschlossen, wenn es möglich sein sollte, günstiges Material zu finden, in den formbareren Knabenjahren das Ideal heranzubilden, das in den älteren Jugendlichen verkörpert zu sehen uns mißlungen war».

Doch die «formbare Knabenzeit» widerstand offenbar lange seinem Versuch, sie nach seinen Vorstellungen zu gestalten. Er erinnerte sich an eine «Periode der Untätigkeit». Er gibt zu, daß seine jungen Gefährten das Gespräch mit ihm «lästig» fanden. «Sie und wir lebten in verschiedenen Welten, wenn auch im gleichen Zimmer.» Wieder einmal tauchte die Lösung für seine Schwierigkeiten «plötzlich und unerwartet» auf.

> Die Freundschaft zu einem Knaben lieferte das nötige Bindeglied. Unser Wunsch, ihn zu erziehen, entwickelte in uns eine Wißbegier, die wir zuvor nie empfunden hatten . . . Und dieser Zufall entschied wirklich über die Zukunft . . . Denn es war dieser Knabe, der uns Jahre später zu dem Versuch überredete, Erzieher zu werden.

Man kann sich die Szene gut vorstellen. Das knisternde Kaminfeuer im Studierzimmer, die Teetassen; wie der hochgewachsene dunkle, und leidenschaftliche Präfekt der Senioren, die Augen mit der Glut der Begeisterung über seine Mission erfüllt, zwanghaft über Idealismus, Vollkommenheit und Reinheit spricht und der aufgeweckte, frohgemute Knabe sich fragt, was das alles zu bedeuten hat und sich vielleicht in die ihm angemessenere Gesellschaft seiner Kameraden verdrücken möchte, aber doch so seltsam bewegt ist von der hypnotischen Kraft dieser Augen und von der leidenschaftlichen Intensität des Gesagten. Auf diese Weise verbrachte Reddie, nun endlich glücklich und zufrieden, sein letztes Jahr in Fettes. «Wir verlieren einen äußerst nützlichen, wenn nicht den nützlichsten Präfekten am College, wenn er uns nun verläßt», schrieb sein Hausvorsteher im letzten Bericht im Sommer 1878. «Ich rechne damit, daß er in der Zukunft Erfolg haben wird.»

7. Die Vorstellung nimmt Gestalt an

Reddie wandte sich in erster Linie der Erziehung zu, weil er sich mit der Mission betraut fühlte, Heranwachsende vor dem sexuellen Laster beschützen zu müssen. Dieses Ziel stand in seiner erzieherischen Laufbahn stets an erster Stelle, doch wurde es in einem Zusammenhang zu dem größeren Ziel der Reformierung der gesamten Gesellschaft gesehen. Beides war in seinem Denken niemals deutlich voneinander getrennt. Er wollte seine Jungen aus der Oberschicht nach einem Heroenideal formen: sie sollten schön, tapfer und rein sein. Und welche Aufgabe war geeigneter für Helden als die Führung des Landes? Der amerikanische Dichter Walt Whitman hegte die gleiche fixe Idee mit seinen «Kameradengemeinschaften». Beides waren Phantastereien von Heranwachsenden, die sich als Ansätze einer Politik der sozialen Erneuerungen verkleideten.

Reddies Wunsch, die Gesellschaft zu reformieren, war ebenso wie seine Überzeugung, daß dies am besten durch die Schule geschehen könnte, keineswegs ungewöhnlich. Die Viktorianer neigten zu dem Glauben, daß alle Probleme letztlich durch bessere Erziehung gelöst werden würden. Dieser Glaube hat sich praktisch unverändert bis zum heutigen Tage lebendig erhalten, trotz mancher Berechtigung für eine gegenteilige Ansicht.

Reddies Erfahrungen mit der Public School verstärkten zusätzlich seine Vorliebe für eine Sozialreform durch Erziehung. Die Public School verkörperte die Idee der Schule als Gemeinschaft. Der Internatscharakter spielte dabei eine wichtige Rolle. Da die Public Schools Orte waren, an denen die Schüler tatsächlich lebten, anstatt sie nur zu einem besonderen Zweck zu besuchen, betrachtete man sie allmählich als Miniaturgesellschaften: alles was mit dem Leben in der Kindheit zu tun hatte, war ihre legitime Aufgabe – geistiges Lernen, soziale Bezüge, moralische Entwicklung. Für Lehrer an Public Schools war es selbstverständlich, in Begriffen wie «Erziehung des ganzen Menschen» zu denken, und sich nicht nur um die geistige Erziehung zu kümmern; es war ihr stolzer Ruhm zu behaupten, sie brächten eine bestimmte Art von Mensch hervor, den man sofort erkennen könne und der besonders geeignet für Führungspositionen in der Industrie und im Empire sei.

Reddie übernahm ohne Zögern diese sehr weitgesteckten Ziele der Public School-Erziehung, doch einige Methoden begann er in Zweifel zu ziehen. Er stellte sich die Frage: Wenn die umfassende Entwicklung das Ziel war, warum konzentrierte man sich dann so stark auf den Sport und schloß etwa handwerkliche Betätigung oder ästhetische Studien aus? Einige Reformer, die in diesem Schulsystem arbeiteten, begannen bereits ähnlich gerichtete Kritik zu äußern. Edward Thring zum Beispiel, der Schulleiter von Uppingham, argumentierte, daß es dem durchschnittlichen Schüler gegenüber in großem Maße unfair sei, das gesamte System nach den Bedürfnissen des Gelehrten und des Athleten auszurichten, die die Minderheit darstellten. Nach Thring «besaß jeder Junge, wie wenig vielversprechend er auch wirken mochte, irgendein verborgenes Talent . . . war zu irgend etwas fähig»[1]. Es war also die Aufgabe der Schule, dieses Etwas herauszufinden und ihm eine Ausdrucksmöglichkeit zu schaffen. Diese Ansicht knüpfte an eine Erfahrung Reddies an seiner eigenen Schule an: an die Tatsache nämlich, daß trotz der grandiosen Ziele der Schule die meisten Jungen ihre Schulzeit weitgehend unberührt von den offiziellen Zielvorhaben und Aktivitäten hinter sich brachten. Der Public School fehlte das Geheimnis, wie man die Neigungen des durchschnittlichen Schülers für das Unternehmen Erziehung gewinnen konnte. Religion war «zu abwegig». Die Klassiker waren außer für künftige Pedanten bedeutungslos; den Sport genoß nur die Handvoll begabter Athleten.

Während der Entwicklung der fortschrittlichen Schulbewegung war die Kritik noch weitgehender. Badley, einer von Reddies Jüngern, erhob die Frage: Wenn man die Schule als einen Mikrokosmos der Gesellschaft versteht, wie kann es dann sein, daß man selbst in einer fortschrittlichen Gesellschaft eines der Geschlechter ausschließt; wie ist dies zu rechtfertigen? Er führte an seiner Schule, Bedales, die Koedukation ein. Nach dem Ersten Weltkrieg begannen die Schulreformatoren eine weitere Reihe von Fragen zu stellen: Machte nicht der beständige Schießunterricht aus dem Zögling an der Public School einen gefährlichen Militaristen? Wurde er durch die Körperstrafe nicht brutalisiert? War das Präfektensystem die richtige Vorbereitung auf eine demokratische Gesellschaft? Sicherlich benötigte die Nation doch mehr Individualismus und weniger von jenem Mannschaftsgeist, der sie blind in das flandrische Blutbad geführt hatte? Aber das gemeinsame Charakteristikum all dieser Fragen im Zusammenhang mit dem Gesichtspunkt Public School ist die implizierte Übernahme der Vorstellung, daß es wirklich die Aufgabe der Schule sei, den Gesamtbereich erwünschter individueller und gesellschaftlicher Befähigungen zu entwickeln, den «ganzen Menschen» zu erziehen – wenn auch eine neue und verbesserte Ausgabe dieses Menschen.

An der Universität von Edinburgh, an der er Medizin und Chemie studierte, las Reddie Disraeli, Carlyle und Ruskin. Er begegnete dem Dichter Edward Carpenter und wurde von ihm in die Schriften Walt Whitmans eingeführt, außerdem sympathisierte er für eine kurze Zeit mit den Ansichten von Sozialisten wie Hyndman und William Morris. Kurz, er kam mit einer Gedankenwelt in Kontakt, die man als «romantisch» bezeichnen könnte.

Es überrascht nicht, daß Reddie sich zum Romantizismus hingezogen fühlte. Der emotionale Bereich seines Charakters war, wie er selbst eingestand, in seiner Schulzeit unbefriedigt geblieben; er war ein Mann mit starken Leidenschaften und Gefühlen, die im allgemeinen eisern unter Kontrolle gehalten wurden. Während er gewissenhaft an einer Chemie-Dissertation von monumentaler Trockenheit arbeitete, suchte sein eingesperrter Geist Erlösung in den ungestümen Visionen der romantischen Dichter und Künstler, die die Doktrin von der Stärke und der Freiheit des Menschen verkündeten, über die lähmenden Beschränkungen von Gesellschaft und Dasein hinauszuschreiten. «Der Mensch ist in Freiheit geboren, doch er liegt überall in Ketten», hatte Rousseau verkündet. Indem er seine persönliche seelische Einkerkerung einem Erziehungssystem zuschrieb, das die tiefsten Sehnsüchte seiner Adoleszenz verkrampft, unterdrückt und verzerrt hatte, beschwor Reddie eine Schule herauf, die die Kinder frei machen würde; zugegebenermaßen nicht in dem Sinne, daß sie von der Leitung durch Erwachsene frei wären, sondern frei, die Stärke in sich selbst zu erkennen, frei, Selbstvertrauen, Sicherheit, Gottähnlichkeit in ihren Reaktionen auf die Umwelt zu gewinnen.

Im Interesse der Romantiker lag an erster Stelle die Freisetzung der dem Individuum innewohnenden Kraft, damit es sein herrliches Geschick erkennen lerne. Blake und Rousseau hatten beide von dem göttlichen Potential des Kindes gesprochen, das durch falsche und «unnatürliche» soziale Einrichtungen wie Schule, Elternhaus, Kirche oder politische Struktur zerstört würde. Doch, und darin unterschieden sich die Romantiker von den Philosophen der Aufklärung, sahen sie diese freizusetzende Kraft nicht primär als intellektuelle, sondern als eine der Seele und der Phantasie.

In der Tat mußte Rousseaus Gleichsetzung des intellektuellen Lebens mit seelischem Verfall einem jungen Mann zwangsläufig als attraktiv erscheinen, der sich mühsam durch Bücher über die industriellen Verwendungsmöglichkeiten von Salpeter kämpfte. «Das Studium», schrieb Rousseau, «verdirbt die Moral des Menschen, ist seiner Gesundheit abträglich, vernichtet sein Gemüt und vermindert oft seine Einsicht.» Er ersetzte Verstand durch Gefühl – «*cogito, ergo sum* wird verdrängt von *je sens, donc je suis*»[2]. «Ein aufrichtiges Herz», erklärte Rousseau, «ist das vornehmliche Organ der Wahrheit», und er fuhr fort und stellte eine ästhetische Theorie der Tugend auf, die auf die frühen fortschrittlichen Erzieher großen Einfluß gewinnen sollte: «Das Gute ist nur das Schöne in Aktion übertragen . . . Wieviel Geschmack wir besitzen, hängt stark von der Verfeinerung unserer Gefühle ab.» Seine Kritik an den Schulmeistern – «der Lahme lehrt andere gehen» – fand bei späteren Reformatoren ein starkes Echo, die den Lehrer als einen bornierten Pedanten charakterisierten, der danach strebe, seine unfruchtbaren Begriffskategorien dem lebendigen, suchenden Geist des Kindes aufzuzwingen.

Auf Rousseau lassen sich nicht nur die lebendigen und befreienden Elemente im Denken der Romantiker zurückführen, sondern auch das, was Benedetto Croce dessen «Perversionen» genannt hat – besonders die Altertümelei und Nostalgie, die sich in dem Versuch ausdrücken, das mythische Goldene Zeitalter der Vergangenheit wiederzufinden, sei es im Kult des «Edlen Wilden», in einer pietistischen Mittelalterverehrung oder der übertriebenen, romantischen Ansicht von einer «Ur-Unschuld».

Der Eskapismus steht in merkwürdigem Gegensatz zu dem Hauptcharakteristikum des Optimismus, der ein Erbe der Aufklärung war und durch die neuen Evolutionstheorien Darwins gestärkt wurde. In zunehmendem Maße wird der Optimismus von Dingen, die die Gesellschaft direkt betreffen, getrennt und verwandelt sich in etwas Transzendentes – in eine Rückkehr zum «natürlichen» Leben, einen Rückzug von der aktiven Beteiligung an gesellschaftlichen Verbesserungen in eine Art romantisiertes Christentum ähnlich der Theosophie (mit der wir uns später noch befassen werden), oder er spezialisiert sich auf die Errichtung utopischer Gemeinschaften mit dem Ziel der Verwirklichung von eigenen Vorstellungen in ländlicher Umgebung. Die schulische Reformbewegung hat in gewissem Ausmaß an all diesen «Perversionen» teil. Fortschrittliche, wie Romantiker, waren Männer, die der Überzeugung waren, es sei ihnen die Gnade einer blendenden und einmaligen Erleuchtung zuteil geworden. Sie glaubten, sie hielten die Schlüssel zu einer wundervollen Zukunft in Händen. Unseligerweise erwies sich die schwere Bürde der überkommenen Bräuche und Gewohnheiten als weit schwieriger abzustreifen, als sie sich vorgestellt hatten; die verschiedensten unerwarteten Probleme traten zutage. Wenn sich die Dinge veränderten, dann anscheinend in die falsche Richtung. Der Eskapismus war das Produkt der Enttäuschung über gesellschaftliche Vorgänge; seine natürliche Folge war die wachsend abwegige und unrealistische Suche nach einer «Abkürzung» auf dem Weg zu Fortschritt und Glückseligkeit. Diese Elemente waren mehr oder weniger bei allen Autoren vertreten, die Reddie las, und sie sollten seinen eigenen Zielen und Methoden jene charakteristische «Wunderlichkeit» aufprägen, die später ein so deutliches, wenn auch liebenswertes Kennzeichen der fortschrittlichen Schulbewegung werden sollte.

Sollte die Erneuerung der Gesellschaft von der Spitze oder von der Basis kommen? Es gab zwei Gruppen, die man in gewissem Maße als frei von der vorherrschenden «Korruption» der liberalen Industriegesellschaft hätte bezeichnen können: der Adel und die Arbeiterschaft. Die Arbeiter waren unterdrückt, der Adel war verärgert. Beide Quellen sozialer Unzufriedenheit konnten für das nationale Erneuerungsprogramm nutzbar gemacht werden. Die Entscheidung der Reformer zugunsten der traditionellen herrschenden Klasse entschied über die weitere Entwicklung der Bewegung in England. Sie wurde damit zunehmend auf Randgruppen übertragen. Als Reddie im Jahre 1909 seine Doktrin einer erneuerten führenden Klasse erklärte, kommentierte Sir Robert Morant, einer der höchsten Beamten im Erziehungsministerium, Reddie habe seine Rede auf «die Bildungsbedürfnisse einer aussterbenden Klasse» beschränkt. Reddies Wahl war gewissermaßen zwangsläufig: zum einen war er ein Produkt jener Welt der Public School, und zum anderen war Erziehung und Bildung für die Massen um 1880 noch eine sehr ungewohnte Vorstellung. Dennoch ist das Konzept einer Erneuerung mit Hilfe einer regenerierten Aristokratie – in scharfem Gegensatz zu dem damals vorherrschenden Streben nach Demokratie und Gleichheit – eines der Beispiele für jene eskapistische Tendenz im Denken der Romantiker, von der wir soeben sprachen. Noch deutlicher wird dies, wenn wir die Inhalte der für die herrschende Klasse vorgesehenen Erziehung untersuchen.

Der Gegensatz zu Amerika ist interessant. Dort zielte die Reformbewegung von Anfang an darauf ab, das *nationale* Erziehungssystem zu verändern. Kulturelle Unterschiede waren hier entscheidend. In den USA war eine Erziehung für die Massen bereits Wirklichkeit geworden, in England jedoch noch Wunschtraum geblieben. Überdies hatte der Unterricht für die Massen in den USA angesichts des Problems der Integration verschiedener rassischer Gruppen durch das Schulsystem sich gemäß jenen nichtintellektuellen Gesichtspunkten und nach den jeweiligen Vorstellungen der Gemeinden entwickelt, die ein offensichtlicher Nährboden für fortschrittliche Ideen sind. Im Gegensatz dazu war in England die Public School das einzige Schulsystem, mit dessen Hilfe der fortschrittliche Reformer vernünftigerweise tätig werden konnte. Während also John Dewey in Zusammenarbeit mit den örtlichen Behörden in Chicago die amerikanische Reformbewegung ins Leben rief, borgte sich Reddie zweitausend Pfund von einem Freund, um ein elisabethanisches Landhaus mit gotischen Anbauten mitten auf dem Land in Staffordshire zu kaufen.

Sicher dachte er nie an eine andere Alternative. Alle seine Erfahrungen hatte er mit Heranwachsenden aus der Oberschicht gemacht; er wußte wenig über die Masse, außer daß sie widerspenstig war. Er war ein vollkommener Autokrat, der nie daran zweifelte, daß manche Menschen zur Herrschaft und andere zum Gehorchen geboren seien; niemals hätte er geduldet, daß die örtlichen Behörden sich an der Kontrolle über sein «Miniaturkönigreich» beteiligten. Sein Besitzinstinkt war so ausgeprägt, daß er sich vor Freude im Gras wälzte, als die Hypotheken für das Gebäude endlich abgetragen waren. Er glaubte an Ordnung, Methodik und Effizienz, zu denen Führer paßten, aber keine Komitees; er war überzeugt, daß die Erneuerung der Nation von der Spitze her erfolgen müsse, nicht von der Basis.

Spätere Reform-Schulleiter wie Neill von Summerhill und Curry von Dartington Hall hätten es wohl vorgezogen, mit gewöhnlichen Kindern zu arbeiten. Das staatliche System jedoch ließ ihnen keinen Spielraum für Experimente. Also waren sie gezwungen, Schulgebühren zu erheben, und das hieß wiederum, daß auch sie, wenn auch ungern, die herrschende Klasse erzogen. So gerieten sie und andere Schulen, die ihnen folgten, in eine verwirrende Situation: demokratische Institutionen, die sich um eine Elite bemühten. Reddies Position litt nicht an einem derartigen Widerspruch. Abbotsholme und jene Schulen, die davon weitgehend inspiriert waren – Bedales, Gordonstoun und späterhin Atlantic College – waren von dem leidenschaftlichen Glauben erfüllt, daß es ihre Aufgabe sei, die Oberschicht für die Erneuerung des Lebens der Nation moralisch aufzurüsten.

Wie sollte dies geschehen? Die «Young England»-Bewegung Disraelis in den vierziger Jahren des 19. Jahrhunderts war als politische Erneuerungskraft ein zu offensichtlicher Schwindel, da sie sich aus verderbten adligen Dandys zusammensetzte. Es war klar, daß der Adel selbst reformiert werden mußte, ehe er dem antikommerziellen Geist glaubwürdig politischen Ausdruck verleihen konnte.

Dieses Programm der Erneuerung des Adels wurde in Carpenters These von der «Vereinfachung des Lebens» zusammengefaßt. Ruskin lieferte mit seinem Angriff auf die vorherrschenden Grundsätze der Wirtschaftspolitik den theoretischen Ausgangspunkt.

Keynes notierte, daß England im 19. Jahrhundert «gesellschaftlich und wirtschaftlich so organisiert war, daß die maximale Kapitalakkumulation garantiert gewesen sei». In seinem Buch ‹*Unto This Last*› (erschienen 1862) griff Ruskin die Lehre von der Akkumulation an. Reichtum sei nur gerechtfertigt, wenn er «dem Leben Nutzen bringt». Damit ist die erste Definition von Reichtum gegeben: Dinge, die Gebrauchswert haben. Doch muß ihr Besitzer ohne Zweifel über die Fähigkeit verfügen, sie gut zu nutzen. Folglich läßt sich Besitz nicht von Tugend trennen. Reichtum, sagte Ruskin, «ist der Besitz des Wertvollen durch den Wertvollen».

Jenen Teil des Wohlstandes, der bloß auf der Sucht, Kapital anzuhäufen, beruht, nannte Ruskin *illth* (Wohlstand = wealth, also wohl: illth = Übelstand; d. Übers.). Es war der Übelstand – nicht der Wohlstand, der gesellschaftliche Konflikte verursachte.

Ruskins erster Schritt bestand darin festzustellen, daß Wohlstand in seiner wahren Bedeutung unabhängig von Quantität sei. Doch war eine bestimmte Einstellung zum Besitz vonnöten, sollte dieser Standpunkt akzeptiert werden. Schließlich hatte ja der Besitz wertvoller Kunstschätze eine beträchtliche Kapitalakkumulation zur Folge: doch der Zweck derartiger Akkumulation würde eher Nutzung als Investition sein, Verwendung eher als Besitz, und somit würde es sich eher um Wohlstand denn um Übelstand handeln.

Ruskin griff diese Rechtfertigung für Akkumulation mit dem Argument an, daß großer Besitz die menschliche Freiheit einschränke. Die Ketten, in denen nach Rousseau die Freiheit liegt, seien die Konventionen einer «unnatürlichen» Gesellschaft. Freiheit kann in der Rückkehr zu einer mehr «natürlichen» Existenz gefunden werden, «frei von allen zivilisatorischen Annehmlichkeiten», wie es Sir Isaiah Berlin ausdrückte. In seiner Satire ‹*Sartor Resartus*› (1838) greift Carlyle die extravagante Kleidermode des Klassizismus an. «Der Anfang aller Weisheit», schreibt er, «besteht darin, stetig mit durchdringendem Blick sich die Kleidung zu betrachten, bis sie transparent wird.» Denn erst wenn ein Mensch sich selbst im Zustand der Nacktheit sieht und von anderen so gesehen wird, erhält er einen Eindruck von allen seinen Möglichkeiten:

Was ist für das Auge der vulgären Logik der Mensch? Ein allesfressender Zweifüßler, der Breeches trägt. Und was ist er im Blick der Reinen Vernunft? Eine Seele, ein Geist ... Rings um sein geheimnisvolles Selbst liegt unter all diesen Wollhadern ein Gewand des Fleisches (oder der Sinne), das auf dem Webstuhl des Himmels gewoben wurde ...

Kurz, der Kult der Äußerlichkeiten (wie Kleidung und anderer Besitz) versteckt vor dem Menschen sein «höheres» Selbst und zerstört Freiheit und Zufriedenheit, die der Selbstverwirklichung entspringen.

Die Erkenntnis dieser Prinzipien, so hoffte Ruskin, werde die Menschen dazu veranlassen, nicht größeren Wohlstand, sondern schlichteres Vergnügen zu suchen, nicht höheres Glück, sondern tiefere Zufriedenheit. Seine Adeligen der Zukunft sollten ein Leben voll gesunder manueller Arbeit führen:

Früher einmal lehrten wir sie, lateinische Verse zu verfassen, und wir nannten sie gebildet; jetzt lehren wir sie, zu springen und zu rudern, einen Ball mit einem Schlagholz zu schlagen, und wir nennen sie erzogen. Können sie pflügen, können sie säen, können sie zur rechten Zeit pflanzen oder mit sicherer Hand bauen?

Getreu diesen Richtlinien führte er Erstsemester in Oxford «eine Zeitlang zum Straßenbau und ähnlichen gemeinnützigen Aufgaben, den Spaten und den Hammer in der Hand, mitten durch das erstaunte Gelächter der britischen Spießbürger». Er behauptete, er habe nie besser malen können als damals, wo er zwar mit eigener Hand und auf den Knien die Holztreppe des Schweizer Hotels, in dem er wohnte, geschrubbt hatte. Ruskin glaubte, daß körperliche Arbeit eines der wesentlichen Ziele im Leben sei und daß der Mensch durch sie etwas Fundamentales in seinem Wesen erfülle. Die falsche Definition des Gentleman als einer Person, die niemals ihre Hände benutzt, entstand seiner Meinung nach «aus der Tatsache, daß Arbeit – Arbeit mit den Händen noch nicht ausreichend mit ... Kultur identifiziert wird». Damit versuchte Ruskin eine frühere Deutung des Begriffs «Kultur», die eine umfassende Lebenseinstellung und nicht nur als die Beschäftigung mit bestimmten ästhetischen und intellektuellen Aktivitäten einschloß, wiedereinzuführen.

Bei seinen Bemühungen, die Seele auf die wahre Glückseligkeit hinzulenken, legte Ruskin großes Gewicht auf die Schönheit. Wie Rousseau glaubte auch er, daß die Seele durch das Schöne sich zum Guten erhebe. Das Adeln der Seele sollte durch die Kultivierung des guten Geschmacks erreicht werden, den er als «die sofortige Bevorzugung des Edlen gegenüber dem Gemeinen» definierte. Ruskins ästhetische Erziehung war also ihrer Zielsetzung nach moralisch. Die Funktion des Schönen in allen seinen Erscheinungsformen bestand darin, die edleren Gefühle des Menschen zu befreien und zu bestärken.[3]

Schönheit sollte man nicht nur in Verbindung mit der Natur und in geläuterten sexuellen Beziehungen (den Früchten der «Vereinfachung des Lebens») suchen, sondern auch in der Verbesserung der urbanen Umgebung – diesem Motiv entstammen die ein wenig bizarren gotischen Zusätze in den deprimierenden Industrievierteln.

Wie körperliche Arbeit förderte man auch das ästhetische Verständnis, da es ein «mehr an persönlichem Erleben» hervorbringe. Doch der utilitaristische Zweck stand stets im Vordergrund. Ruskin setzte die Bourgeoisie mit Habsucht gleich. «Als Nation haben wir fortwährend die Literatur verachtet, die Wissenschaft verachtet, die Kunst verachtet, die Natur verachtet, das Mitgefühl verachtet und uns mit aller Macht auf das Geschäftemachen konzentriert.» Wahre geistige Verfeinerung würde niemals die materielle Häßlichkeit und den Schmutz der riesigen Industrieslums gestattet haben. Aber sobald die Besitzgier durch ein «richtiges Verständnis vom Sinne des Lebens» geschwächt würde, würde die Harmonie in der Gesellschaft erneut wiederhergestellt sein. «Die Erziehung, die die Menschen in sich selbst am glücklichsten macht», schließt Ruskin, «macht sie auch für andere am nützlichsten.»

Im Jahre 1885 kehrte Reddie als Hilfslehrer für Naturwissenschaften nach Fettes zurück und begann seinem Biographen B. M. Ward zufolge, sofort einen Plan aufzustellen und umfassende Sexualaufklärung für jüngere Knaben in die Wege zu leiten; zu diesem Zweck gründete er einen Geheimbund mit dem Namen Lorbeergilde. Möglicherweise war dies der Grund dafür, daß Dr. Potts, der Schulleiter, Reddie nachdrücklich ersuchte, sich eine neue Stellung zu suchen. 1887 wurde er Lehrer im Clifton College in Bristol.

Ungefähr ein Jahr zuvor war er dem Dichter Edward Carpenter begegnet, und 1888, nach seinem Ausscheiden aus Clifton, verbrachte er mit ihm sechs Monate in Millthorpe bei Sheffield, wo dann der Entwurf für eine neue Schule endgültig formuliert wurde. Der Einfluß Carpenters auf Reddie war so groß[4], daß einige erklärende Worte über ihn notwendig sind.

Andere redeten vom «Neuen Leben», Carpenter verwirklichte es. Sein Vater, ein Amateurphilosoph und hoher Beamter in Brighton, lebte das Leben eines angesehenen Rentiers mit den dazugehörigen Zielen und

Idealen, ein Leben, das Carpenter später in seinem Gedicht ‹*Towards Democracy*› als «tödliche Ehrbarkeit» beschreiben sollte, «die am Abendbrottisch sitzt, ihren Wein hinunterschüttet und über Hausse und Baisse der Aktien diskutiert . . .»

Seine Jugendzeit am Brighton College Ende 1850 ist der Reddies ziemlich ähnlich. Er sehnte sich «nach der Liebe der Kameraden» und drückte sich gern im Gedränge eines Rugbyspieles unbemerkt an die Körper seiner Heroen oder ließ sich wie zufällig von einem von ihnen beim Hockeyspiel verletzen. Doch dieser «Vorrat an romantischen und intensiven Gefühlen . . . der sich in so vielen Jungen findet und der selbst zu heroischem Ausdruck fähig ist» wurde niemals nutzbar gemacht, die Sehnsucht nach Freundschaft nie befriedigt. Der Lehrstoff war gleichermaßen enttäuschend. Die Unterrichtsthemen waren alles andere als gefühlsbetont. Es wurde Grammatik und Satzbau gelehrt; «niemals . . . wurde auch nur der geringste Versuch unternommen, uns den Gegenstand oder die Handlung oder die literarische Qualität» von Homer, Vergil oder den griechischen Dramen verständlich zu machen, die für Stipendien so eifrig gebüffelt werden mußten.

In Cambridge, wo er Tutor in Mathematik wurde, ergaben sich ähnliche Zweifel bezüglich des Wertes des akademischen Lebens – «diese Gesellschaften mit ihrem seichten Geplauder, diese unbedeutenden Parties am Abend, dieses Herumhocken beim Wein nach dem Dinner im Gemeinschaftsraum, wo alles, was Gott und Welt betrifft, diskutiert wurde, mit der vollkommenen Freiheit des Akademikers, zu denken und sich zu äußern, aber gleichzeitig mit seinem völligen Mangel an praktischem Wissen und seiner Unfähigkeit, seine Theorie irgendwie praktisch anzuwenden». Wie dem auch sei, Carpenter bemerkte in diesem Zusammenhang: «Wozu ist das Hirn gut, wenn das Herz so viel verlangt . . .?» Er fand Zuflucht bei dem amerikanischen Dichter Walt Whitman. Im Jahre 1868 las er seine ‹*Leaves of Grass*› und später die ‹*Democratic Vistas*›. «Von diesem Zeitpunkt an», erinnert sich Carpenter, «setzte ein grundlegender Wandel in mir ein.»

Whitman repräsentiert die amerikanische Variante der Revolte gegen den vorherrschenden Handelsgeist. An Stelle des «unfruchtbaren» intellektuellen Lebens forderte er die einfache Gesundheit und das Wohlbefinden, das körperliche Arbeit ermöglichte; eine Vision des ewigen Primitiven, der im Einklang mit der Natur steht. «Ich will zum Ufer gehn am Wald, und ich will nackt werden und meine Verkleidung abwerfen, ich bin wild darauf, von ihr (der Natur) berührt zu werden.» Whitman wurde oft als Dichter der Demokratie bezeichnet, aber er war eher der Dichter einer physischen Aristokratie, einer Gemeinschaft der Kameraden, die schön und tapfer waren und die Gesellschaft läutern würden.

Carpenter gab seine Stellung an der Universität bald auf und kaufte, nachdem er einige Jahre lang Volkshochschulkurse gegeben hatte, in

Millthorpe einen kleinen Landbesitz, auf dem er seine Vorstellungen vom einfachen Leben realisieren und als Gemüsegärtner arbeiten wollte. «Ich verspürte . . . das Bedürfnis nach körperlicher Arbeit, nach einem Leben in freier Luft und nach Anstrengung – nach etwas Primitivem, um meiner angegriffenen Gesundheit Erholung zu bieten.» Er schrieb dort zahlreiche Bücher und Aufsätze, darunter einen mit dem Titel ‹*The Intermediate Sex*›.

Seine Anschauungen stellen eine merkwürdige Ansammlung von Gedanken von Whitman, Thoreau[5], Ruskin, Carlyle und Hyndman dar. In ‹*England's Ideal*› (1887) startet Carpenter einen bitteren Angriff auf die höheren Klassen und drängt sie, ihr Leben «auf die allereinfachste Grundlage» zu setzen. Der englische Gentleman schaffe allüberall «entsetzliche Armut» durch seinen parasitären Lebensstil. Er «trägt eine Kleidung, die es ihm unmöglich macht, irgendeine gewöhnliche nutzvolle Arbeit zu erledigen» und leidet an «aufgeblasenen Manieren und eisiger Sprechweise». Als Folge des Geldbesitzes findet er sich wieder in einem «Dschungel von idiotischen Pflichten und schmallippiger Ehrbarkeit». Das nutzlose Eigentum schleppt er wie ein Klotz am Bein mit sich herum. Und diese Lebenshaltung wird von seiner Erziehung nachdrücklich bestärkt: «. . . eine billige Dutzenderziehung, eine Erziehung, die aus glatten Phrasen, Lehrbüchern und der Kunst, den Schein zu wahren, besteht und die in keinem Zusammenhang zu seiner Umwelt steht – der wirklichen humanen und ehrlichen Welt des Alltagslebens, der Welt der majestätischen Natur und der wunderbaren Rätsel und Antworten der Seele . . .»

Carpenter war überzeugt, daß das konventionelle Leben der Oberschicht ein Gefängnis darstelle: «Einfache Nahrung, frische Luft, Widerstandsfähigkeit gegen Sonne und Wind, das sind Dinge, die einer derart komplizierten Lebensführung praktisch unzugänglich sind. – Kein Individuum und keine Klasse», schließt er, «kann sich von dem ursprünglichen Leben der Rasse weit entfernen, ohne daß sie der Schrumpfung, der Korruption, dem Verfall unterlägen . . .»

Ruskin, Carpenter und Whitman waren Dichter und Künstler; sie hüllten das Programm der Erneuerung der Nation in eine Art romantischen Schleier. Reddie hingegen war sowohl Romantiker als auch Positivist, er versuchte dieses Programm auf wissenschaftlicher Grundlage aufzubauen. Von Edinburgh war er an die Universität Göttingen gegangen, um seinen Doktor in Chemie zu machen. Das Leben in Deutschland beeindruckte ihn sofort sehr stark. «Wohin man sich wendet», schrieb er, «fand man Methodik, Klarheit, Organisation . . . An jedem Tag, den man in Deutschland verbrachte, spürte man, wie der Geist sich weitete und die Nebel verschwanden.» Man muß sich daran erinnern, daß das Deutschland jener Zeit weithin als Musterbeispiel für die künftige Entwicklung des Industriestaates galt. Man glaubte, Bismarck habe die soziale Frage durch die von ihm praktizierte Verbindung von starker Regierungsgewalt und sozialen Reformprogrammen «gelöst». Die deutsche Kultur wurde in scharfem Gegensatz zum britischen Philistertum gesehen, und die paternalistischen Landjunker schienen vielen ein Modell für eine erneuerte englische Aristokratie zu liefern. Die «organische» Gesellschaftstheorie, die sich philosophisch im Idealismus und sprachlich im Begriff Volk ausdrückte, schien den liberalen Vorstellungen überlegen zu sein, die dem Anschein nach direkt in den Klassenkampf führen mußten. Doch trotz dieser traditionellen Gesichtspunkte des Lebens in Deutschland machte die umfassendere Organisation in Wissenschaft und industrieller Produktion aus dem Land doch eine sehr «moderne» Nation, die die Vorherrschaft Englands im kommerziellen und weltbeherrschenden Bereich bedrohte. Dickschädelige Imperialisten wie Lord Milner machten sich in ihrer Furcht vor dem Niedergang des Empire genau mit jenen deutschen Begriffen wie Methodik, Klarheit und Organisation vertraut, und vor allem mit der typisch deutschen Disziplin, um mit diesen Mitteln Englands nationale Größe wiederherzustellen. Der Individualismus mochte ja ein Weltreich errungen haben, doch nun schien er seinen Verlust herbeizuführen. Dilettantismus, Unwissenheit und Selbstsüchtigkeit müßten beseitigt werden, sollte England seine Vorrangstellung bewahren.

Keine dieser Vorstellungen war von denen, die Ruskin oder Carpenter hegten, so weit entfernt, wie man hätte annehmen können. Vielmehr zeigte sich in ihnen die Folgeerscheinung des Versuchs, eine im wesentlichen poetische oder gefühlsmäßige Aussage in eine Sozialphilosophie zu übertragen. Reddie hatte ohne Zweifel keine Schwierigkeiten, beides miteinander in Einklang zu bringen. Er war sowohl ein von erhabenen Inspirationen beseelter Romantiker als auch ein Planer mit der Überzeugung, daß auf dem Weg nach Utopia nichts dem Zufall überlassen bleiben dürfte. Dies ist eine unbequeme Kombination, doch keineswegs eine ungewöhnliche. «Wir merkten, daß diese zwei Seiten unserer Natur», so schrieb er, «sich vereinten . . . zu einer äußerst glücklichen Harmonie.»

In Reddies Versuch, eine Einheit zwischen Theorie und Praxis sicherzustellen, liegt etwas sehr Deutsches. Es fehlte den Engländern nie an Idealen, doch im großen und ganzen waren sie stets damit zufrieden, ihr alltägliches Leben im Rahmen des *common sense* zu führen; in der Praxis bedeutete dies den Kompromiß zwischen widersprüchlichen Bedürfnissen und Ansichten. Aus diesem Grund auch ließen sie sich niemals durch die sich zwangsläufig ergebenden Ungereimtheiten in ihrem Verhalten beunruhigen. Aber eben dieser Bestandteil an «Verworrenheit» im britischen Nationalcharakter verwandelte Reddie nach und nach in einen heftigen Anglophoben und fanatischen Germanophilen. Reddie stand nicht unbedingt in Opposition zur Tradition der englischen Public

School: er wollte die Public School dazu zwingen, ihren Zielen gemäß zu wirken. Man glaubte an die Charakterbildung, doch die Schüler mußten für Prüfungen pauken; man predigte Zusammenwirken und Teamgeist als Tugenden, doch das gesamte Schulethos war von Wettbewerbsdenken durchdrungen. Kurz, man hatte dem herrschenden Krämergeist gegenüber kapituliert. Das Erziehungssystem Reddies zielte auf eine Erneuerung der englischen Oberschicht im Rahmen ganz bestimmter Prinzipien: jedes Detail der schulischen Atmosphäre mußte planmäßig zum Erreichen dieses Ziels eingesetzt werden: es konnte und durfte dabei keine inneren Widersprüche geben. Alles mußte harmonisch und integriert sein. Die gleiche Einstellung läßt sich bei Kurt Hahn in Gordonstoun wiederfinden. Es war die Apotheose jenes Prinzips der «Charakterbildung».

Es kann also auch kaum überraschen, daß sich Reddie nach Deutschland wandte, um einen Erziehungslan zu finden; und in gleichem Maße ist es nicht erstaunlich, daß er ihn fand.

Im Jahre 1893, vier Jahre nachdem er Abbotsholme gegründet hatte, besuchte Reddie Jena und seine Universität, an der Professor Rein die pädagogischen Prinzipien Herbarts erläuterte. Herbarts Absicht war es gewesen, die Persönlichkeit des Kindes vollkommen zu formen, insoweit diese unabhängig von erblichen Einflüssen war. Herbart entwickelte eine Lerntheorie, die seinen Zweck bemerkenswert gut erfüllte. Im Grunde war er ein Sensualist: er postulierte die einfache Seele oder den einfachen Geist, der oder die «Eindrücken» unterworfen seien – Sinneseindrücken, intellektuellen und emotionalen Eindrücken. Aufgabe des Erziehers war es, sicherzustellen, daß nur die guten Eindrücke den Charakter formten, nicht die schlechten. Teilweise sollte dies erreicht werden, indem man die Umwelt in einer Weise kontrollierte, daß ausschließlich gute Einflüsse eindringen konnten. Aber Herbart war sich darüber im klaren, daß es unmöglich sei, alles zu kontrollieren, was in das Gehirn des Kindes eindringt. Er entwickelte also ein Instruktionsschema, das die guten Eindrücke fördern und vertiefen sollte. Demnach bestand Erziehung aus der Assimilation eines neuen Eindrucks an die bereits im Verstand vorhandenen Eindrücke. Diese Assimilation konnte nur eintreten, wenn der Verstand für sie «bereit» war, wenn gewissermaßen die neue Impression die frühere ergänzte. Darum war es notwendig, daß diese Eindrücke in der richtigen Reihenfolge und im richtigen Bezug zueinander dargestellt wurden – besonders die emotionalen und die intellektuellen Eindrücke. Auf diese Weise sollte der Vorrat an guten Eindrücken systematisch vermehrt und gestärkt werden, bis schließlich das Kind von selbst nur noch gute Eindrücke auswählte und somit selbst die Verantwortung für seine Entwicklung übernahm. «Nur jene verfügen über die ganze Macht der Erziehung», schrieb Herbart, «die in der jugendlichen Seele einen weiten Bereich von Gedanken zu kultivieren verstehen, die in allen

Teilen eng miteinander verbunden sind, und die die Macht besitzen, Widrigkeiten in der Umwelt zu überwinden und alles Zuträgliche zu durchdringen und in sich selbst aufzunehmen.»

Im Gegensatz zu Blake und Coleridge und in gewissem Maße auch zu Rousseau glaubte Reddie nicht, daß Tugend der «intuitiven Seele» entspringe:

> Nicht hoffen darf ich, äußrer Form abzugewinnen
> Die Leidenschaft, das Leben, die tief in mir drinnen.

Für Reddie war die Seele selbst weder Ursache noch Quelle: sie entwikkelt sich nur insoweit, als sie in Verbindung steht mit dem, was in der Umwelt für sie von Vorteil ist. Für Wordsworth ist dies die Natur. Auch Reddie glaubte an die erzieherischen Einflüsse der Natur, doch fügte er seinem «Kreis guter Eindrücke» noch sehr viel anderes hinzu. Seine Kritik an der traditionellen Erziehung richtete sich nicht sosehr dagegen, daß sie etwas Wesentliches im Kind zerstöre, als vielmehr daß es ihr mißlinge, gewisse Anlagen zur Entfaltung zu bringen. So gelang es ihr nicht, Gefühle und Neigungen zu wecken, die für das Weltverständnis von ebenso hoher Bedeutung sind wie der Intellekt. Es mißlang dieser traditionellen Erziehung auch, Schutz vor den «unreinen Leidenschaften» zu bewähren. Es sei erneut angemerkt, daß Reddie diese Leidenschaften nicht als angeboren betrachtete, etwa im Sinne der Verfechter der Lehre von der Erbsünde. Im Rückblick auf seine eigenen Erfahrungen in Fettes war er davon überzeugt, daß diese Leidenschaften sich entwikkeln konnten, weil die traditionelle Erziehung zu passiv war: sie war nicht bemüht, die anderen, wesentlicheren Möglichkeiten der Schüler auszunutzen, und ließ so ein Vakuum bestehen, in das sich der «Teufel» nur allzu gern einnistete. Die Pädagogik Professor Reins schien diese spezielle Erziehungslücke ausfüllen zu können. Nicht länger mehr würden die Heroen in Reddies Olymp stürzen, «einer nach dem anderen . . . von den Piedestalen, auf die jugendliche Begeisterung sie gestellt hatte . . .» Keusch in Gedanken und Werken würden sie unmerklich aus der Jünglingsschönheit in eine gesunde Männlichkeit hinübergleiten, beschützt durch «Gedankenkreise», die alles Niedrige und Verderbliche ausschlossen. Reddie kehrte aus Jena zurück mit dem Bewußtsein, daß «hinter unseren Zielen die Argumente einer ganzen Philosophie standen».

Wenn man sich diese Philosophie zu eigen macht, fällt es leichter, die Elemente des Totalitarismus in Reddies System zu sehen – ebenso in dem Kurt Hahns. Blakes «Ur-Unschuld» verträgt sich mit Nichteinmischung, weil Tugend als etwas dem Menschen Angeborenes betrachtet wird. In Reddies System dagegen muß Tugend geplant oder «gehegt» werden. Die Debatte über das zulässige Ausmaß der «Beeinflussung» durch Erwachsene in der Erziehung beherrschte späterhin die Reformschulbewegung. Die geistigen Wurzeln dafür lassen sich in dieser assoziativ-intuitiven Spaltung des romantischen Denkens finden.

Reddies Gespräche mit Carpenter in Millthorpe führten zu einem definitiven Plan für eine neue Schule, die alle Konzepte zur «Erneuerung des Lebens», die damals aktuell waren, verwirklichen sollte. Man zog weitere Mitarbeiter hinzu: R. F. Muirhead, ein Schotte und zu dieser Zeit Mathematiklehrer an der Kriegsakademie in London, erbot sich zu helfen, ferner William Cassels, Landwirt und gleichfalls Schotte, der zweitausend Pfund beisteuerte. Lowes Dickinson kam gerade aus Cambridge, war stark von der griechischen Lebensphilosophie geprägt und beteiligte sich gleichfalls, wenn auch weniger direkt. Ein Haus und ein Grundstück am Dove in Derbyshire wurden vom 1. August 1889 an gemietet, und das Internat wurde mit sechzehn Schülern im Oktober eröffnet.

Man hatte beschlossen, daß Reddie Schulleiter sein sollte, Cassels sollte das Grundstück verwalten, Muirhead würde Mathematik unterrichten und Schatzmeister sein. Doch diese Übereinkunft war angesichts schwerer Konflikte prinzipieller und methodischer Art nicht von langer Dauer. Die zwei Schotten wünschten ein demokratisches Triumvirat – Reddie wollte die absolute Autorität. Cassels sah in der Schule im wesentlichen eine landwirtschaftliche Gemeinschaft, deren Aufgabe es war, für die Arbeit auf dem Land auszubilden; Reddie betrachtete sie als pädagogisches Laboratorium. So stellten also Muirhead und Cassels Reddie ein Ultimatum: er sollte die Position des Schulleiters mit wöchentlicher Kündigungsfrist innehaben, wenn er aber etwas unternähme, was nicht die Zustimmung der beiden anderen finden würde, so sollten sie die Möglichkeit haben, ihn abzusetzen und seine Position sollte von einem der beiden anderen eingenommen werden. Reddie lehnte dies ab, woraufhin Muirhead und Cassels ihren Abschied nahmen. Reddie behielt die alleinige Verantwortung und war entschlossen, künftig der absolute Herrscher in seinem «Miniatur-Königreich» zu sein.

8. Eine Erziehung für die herrschende Klasse

Die Oberstufe, deren Organisation ich derzeit betreibe, ist nicht dazu bestimmt, die Laune von ein paar Schwärmern zu befriedigen, sondern die normalen Bedürfnisse der herrschenden Klasse einer neuorganisierten englischen Nation.

Dies schrieb Reddie der Bryce Commission über Höhere Schulbildung im Jahre 1894. Er war nicht an einer Erziehung für die Massen interessiert, außer daß man ihnen beibringen sollte, der herrschenden Klasse zu gehorchen, ein Ziel, dem seiner Meinung nach durch eine obligatorische militärische Ausbildung in vortrefflicher Weise gedient sein würde, um den «Mangel an ehrenhaftem Gehorsam und selbstlosem Patriotismus» zu beheben. Das Problem mit der damals herrschenden Klasse war nur, daß ihr Egoismus sie zur Führerschaft untauglich gemacht hatte und daß dadurch soziale Konflikte entstanden waren. Dieser Egoismus beschleunigte auch die Auflösung des Empires. Reddie war ein unerschütterlicher Verfechter imperialistischer Grundsätze: er glaubte an den zivilisatorischen Auftrag des englischen Volkes; im Jahre 1898 kündigte er an, ein Buch zu verfassen, das «einen kritischen Überblick über die derzeitige Erziehungssituation in bezug auf die Zukunft des anglo-keltischen Weltreichs» liefern sollte. Er war überzeugt, daß dieses Weltreich auf Grund des in England vorherrschenden exzessiven Individualismus und Egoismus schwer gefährdet sei, es fehlte ihm ein organisatorisches Prinzip, das jede Aktivität einem großen Entwurf unterordnen würde – also etwas, das dem vergleichbar sei, was er an Deutschland so sehr bewunderte. «Niemand», so schrieb er im Jahre 1898, «scheint sich zu fragen, wie der Besitz dieser Nation am besten verwaltet werden sollte . . . im Interesse des unsterblichen englischen Volkes, dem die Herrschaft über die Welt dargeboten wurde.» Ein Besuch in Oxford konnte ihn auch nicht heiterer stimmen:

> Während die Gewerkschaft Parlament spielt und das Parlament den Narren, entgleitet das Empire unserem Griff. Wenn Oxford seine Pflicht erfüllte, dann würden Handwerker nicht nach «Labour-Abgeordneten» verlangen oder dem «kultivierten Egoismus» den noch schlimmeren Egoismus der Unwissenheit entgegensetzen.

Gesellschaftliches Zusammenwirken würde nach Reddie nicht durch demokratische Beschlußfassung gewährleistet sein, sondern durch die Ausrichtung des Lebens der Nation nach den Prinzipien aristokratischer Selbstlosigkeit und Bereitschaft zum Dienen. Die neue Schule würde ein Spiegel des künftigen Lebens der reorganisierten englischen Nation sein. «Abbotsholme», bemerkte Reddie 1894, «stellt ein ideales Miniatur-Königreich dar . . . es enthält . . . alle für eine zivilisierte Gemeinschaft maßgeblichen Faktoren» (er hätte vielleicht anführen sollen: mit Ausnahme des «Faktors» Frauen; aber wie wir sehen werden, hielt er diesen für heranwachsende junge Männer nicht für wesentlich notwendig).

Das Hierarchieprinzip wurde also nicht beseitigt, sondern bestätigt. Reddie war der Kapitän, seine Lehrer die (gelegentlich meuternden) Schiffsoffiziere, die Präfekten Offiziere ohne Patent, und die Jungen seine Mannschaft. Aber diese Hierarchie – sie beruhte auf der der Public School – war ein bloßer Rahmen. Ruskin hatte geleugnet, daß es möglich sei, «einen vorteilhaften gesellschaftlichen Aktionscode zu bestimmen, der unabhängig von dem Einfluß sozialer Beziehungen sei. Freundlichkeit und Gerechtigkeit müßten die Beziehungen zwischen den Klassen kennzeichnen. Reddies Methode zur Schaffung einer «organischen» Gemeinschaft sollte auf die Interessen und Gefühle seiner Schüler einwirken. Nur wenn sie das neue Unternehmen bejahten, konnte es Erfolg haben. «Wenn es in Abbotsholme etwas gibt, auf dessen Kultivierung wir mehr als auf anderes abzielten, dann dies: daß wir uns so stark bemühten, die Neigungen der Jungen zu entwickeln, aufzuklären und zu leiten.»

Heutzutage unterscheiden Bildungssoziologen zwischen «instrumentellen» und «expressiven» Erziehungsformen: erstere zielte auf die Vermittlung von Wissen und Fertigkeiten ab; letztere auf die Gestaltung «affektiv geladener Beziehungen von normativer Involviertheit» (um einen besonders gräßlichen Ausdruck aus einer neueren Publikation zu zitieren). Reddie wie später Kurt Hahn baute sein Erziehungsschema auf dem Idealismus der Jugendlichen auf, besonders auf ihrer starken Fähigkeit, Begeisterung zu zeigen und sich anderen anzuschließen. Die Schule sollte durch «Bande der Liebe» verbunden sein – Liebe zwischen Lehrer und Schüler und innerhalb der Schülerschaft. Diese Liebe sah er mehr platonisch als sexuell; einerseits stellte sie die natürliche Bewunderung des älteren durch den jüngeren Menschen dar, andererseits drückte sie das natürliche Verantwortungsgefühl und die zärtliche Besorgtheit des älteren Knaben für den jüngeren aus.

Er sah in dieser wechselseitigen Liebesbeziehung eine Art Analogie zu den gesellschaftlichen Beziehungen zwischen den Klassen in einer besseren Gesellschaft. Die Schulhymne, frei nach Whitmans ‹*The Love of Comrades*›, drückte dies in erhabener Weise so aus:

> Kommt! Wir wollen die Kontinente unzertrennlich machen;
> Wir wollen die herrlichste Rasse schaffen, auf die jemals die Sonne schien;
> Wir wollen göttliche Bande knüpfen:
> In der lebenslangen Liebe von Kameraden.

Die dreihundert Kameraden bei den Thermopylen wurden als historische Illustration zitiert, das Fehlen neuzeitlicher Beispiele verdeutlicht dagegen die Schwierigkeit, die bei der Übertragung des Konzepts in die heutige Praxis mit ihren spezifischen Anforderungen auftritt. Die Liebe vermochte zwar Abbotsholme zu schaffen, doch sie war eindeutig nicht in der Lage, die Welt zum Funktionieren zu bringen. Diese Wahrheit mußten alle fortschrittlichen Erzieher zwangsläufig in dem einen oder anderen Zusammenhang entdecken, wenn sie versuchten, die Welt zu verbessern.

Gefühle spielten nicht nur eine wichtige Rolle in der Ausbildung, sie lieferten auch eine Möglichkeit, die Welt zu verstehen.

> Es gibt nur einen Gegenstand der Erziehung, und das ist das Leben in allen seinen Äußerungen. Statt dieser Einheit bieten wir den Kindern an: Algebra, die zu nichts führt, Geometrie, die zu nichts führt, ein paar Sprachen, die nie perfekt beherrscht werden, und als letztes und Traurigstes von allem, die Literatur, dargestellt an Stücken von Shakespeare, mit philologischen Anmerkungen und kurzen Analysen der Handlung und der Charaktere . . . Kann man behaupten, daß dies das Leben repräsentiere?

Das beste, was man darüber sagen könnte, wäre, daß es sich um ein kurzgefaßtes Inhaltsverzeichnis handle, das eine Gottheit im Geiste überfliegt, während sie an die Erschaffung einer Welt dachte und sich noch nicht ganz darüber im klaren war, wie sie zusammengesetzt sein sollte.[6]

Reddie hätte all diesem aus tiefstem Herzen zugestimmt. Die Schwierigkeit ist nur die: es ist relativ leicht, Algebra zu lehren, wie aber lehrt man das Leben? Oder auch, wie lebt man es? Das Leben ist nicht eine so singuläre Sache wie etwa ein Apfel. Es ist nichts weniger als die Gesamtsumme aller Vorgänge auf der Welt.

Wenn es der Zweck der Erziehung ist, das Verständnis eines Menschen für das Leben oder seine Fähigkeit, es zu genießen, zu vergrößern, dann besteht das Problem darin, wo und wie man anfangen soll. Es mag zutreffen, daß das Leben in einem letzten Sinn eine autonome Einheit ist, doch für erzieherische Ziele zumindest muß der Humpty Dumpty in kleine Teile zerbrochen werden. Whiteheads grundlegende Kritik, die von allen fortschrittlichen Erziehern geteilt wurde, war eine doppelte: erstens, Gegenstand der traditionellen Erziehung waren die am wenigsten wichtigen dieser kleinen Teile; zweitens wurde der Humpty Dumpty niemals wieder zusammengesetzt: es gab keine Klammer, die die Unterrichtsthemen miteinander und sie umfassend mit der «Ganzheit» des Lebens verbunden hätte.

Dem Versuch, die Einheit des Erziehungsprozesses wiederherzustellen, stand die sogenannte Theorie der natürlichen Anlagen im Wege. Diese vertrat die Ansicht, daß die Welt verstanden werden sollte mit Hilfe verschiedener Fähigkeiten oder Anlagen wie Erkennungsvermögen, Sinne, Einbildungskraft, Gedächtnis usw. (Verschiedene Theoretiker stellten jeweils verschiedene Listen auf.) Ziel der Erziehung war es, die Anlagen so zu entwickeln, daß sich das Auffassungsvermögen weiten konnte. Man glaubte, daß jede einzelne Anlage einem bestimmten Wissenszweig beigeordnet sei, der durch ein entsprechendes Studium entwickelt werden sollte. So sollte nach D'Alembert[7] die Welt mittels Gedächtnis, Vernunft und Einbildungskraft verstanden werden. Dem Gedächtnis entsprach die Geschichte, der Vernunft die Philosophie, der Einbildungskraft die Dichtkunst. Sein detailliertes System des menschlichen Wissens entspricht in etwa der nebenstehenden Graphik.

Gegen dieses detaillierte System könnte man zwei kritische Argumente richten. Erstens, daß die vertikalen Linien, die die Aktivitäten von Gedächtnis, Vernunft und Einbildungskraft trennen, ziemlich unrealistisch sind; zudem verhindern sie jene Ganzheit der Wahrnehmung, die die Romantiker anstrebten. Zweitens, daß das Auffassungsvermögen in weitgehend geistigen Begriffen gesucht wird. Sicher, D'Alemberts Schema läßt Raum für Einbildungskraft, doch wurde sie in seine allgemeine Verständnistheorie niemals richtig aufgenommen und spielte zudem nur eine sehr untergeordnete Rolle. Die Philosophen der Aufklärung glaub-

Verstehen

Gedächtnis	Vernunft	Phantasie
Geschichte: Menschheitsgeschichte, Naturgeschichte, Angewandte Geschichte (Geographie, Ökonomie)	Philosophie: Theologie, Logik, Ethik (Geistes-wissenschaften); Reine Mathematik, Angewandte Mathematik, Physik (Natur-wissen-schaften)	Kunst: erzählende, dramatische, musikalische, darstellende

ten, daß die Welt prinzipiell mit Hilfe wissenschaftlicher Gesetze begriffen werden könne, die durch empirische Untersuchungen überprüfbar sein müßten. Mit dem Fortschreiten des Wissens würden die Gesetze zunehmend allgemeingültiger und einfacher werden, bis am Ende «das Universum . . . nur noch eine einzige Tatsache und eine einzige große Wahrheit sein würde für den, der es verstünde, es von einem einzigen Gesichtspunkt her zu umfassen»[8].

Dies scheint auf den ersten Blick mit Whiteheads Vorstellung von der Welt als «autonome Einheit» identisch zu sein. Während jedoch die französischen Philosophen der Aufklärung darauf hofften, daß die Welt eines Tages durch ein Universalgesetz verständlich gemacht werden könne, das alle anderen Gesetze in sich zusammenfaßte, dachte Whitehead viel mehr an überraschende intuitive Erkenntnis oder an eine mystische Einsicht, die die bislang dunklen Zusammenhänge aufhellen würden. Dieser Streit der Philosophen markiert eine wichtige Zäsur in der modernen Erziehung: zwischen jenen, die glauben, daß Erziehung sich hauptsächlich mit Bücherwissen befasse, und jenen, die das Gegenteil glauben.

Die Ursachen für die Reaktion auf das Bücherwissen sind verschiedenartig und keineswegs abzuwerten. Für Reddie und andere Reformlehrer dieser Generation hing der Klassenunterricht mit dem Pauken für Fächer wie Griechisch und Latein zusammen, kurz, mit engstirniger und verdummender Pedanterie, die in überhaupt keinem Zusammenhang zu der wirklichen Welt und zum Leben des Jugendlichen stand. Den Lehrstoff praktischer oder konkreter zu machen (wie Reddie es nannte), war der Versuch, beiden Bedürfnissen gerecht zu werden. Die heutige Zeit erforderte «praktische» Männer, nicht theoretisierende Dilettanten, die mit keinerlei nützlichem Wissen ausgestattet waren; zugleich aber mußte das Lernen, sollte es wirksam sein, einem Bedürfnis oder Interesse im Kind entspringen. Da das Kind an Dingen und Situationen seiner Umwelt interessiert zu sein schien, sollten derartige Interessen den Ausgangspunkt der Erziehung bilden. Zusätzlich gab es den von Thring in Uppingham initiierten Versuch, die Erziehung für den handwerklich begabten Knaben sinnvoller zu gestalten; dies führte zu einer breiten Auffächerung von Aktivitäten, die in den Lehrplan eingebaut wurden – eine Praxis, die die Neue Schulbewegung zur Theorie erhob und «Lernen durch Tun» nannte. Doch hinter dem antiintellektuellen Vorurteil der Reformschule lag mehr als nur dies.

Es gab zum Beispiel die Reaktion auf die Ausleseprüfungen. Da man gewöhnlich vermutet, diese Prüfungen seien erst in der letzten Zeit eingeführt worden, überrascht es, zu entdecken, daß bereits in den achtziger Jahren des vergangenen Jahrhunderts die Reformerzieher in ihnen den Hauptfeind sahen. Tatsächlich wären wahrscheinlich die meisten Lehrer an Public Schools jener Zeit überrascht gewesen, daß man ihre Institute (wie Reddie dies tat) als «dampfgetriebene Fabriken zur Lieferung von hastig gedrillten Prüfungskandidaten im Dutzend» bezeichnete. In seinem Bericht für die Bryce Commission (1894) schrieb Reddie: «In diesem strudelnden Durcheinander von Prüfungen ist der Unterricht unmöglich; unter den Mühen des Paukens haben die Lehrer die Erziehung vergessen, deren wirkliche Aufgabe die Entwicklung der dem Kinde innewohnenden Fähigkeiten und die Charakterbildung ist.» Ein weiterer Grund der Revolte gegen das Prüfungssystem war, daß es «individualistisch» und nicht «kooperativ» war; kurz, es stellte die Laissez-faire-Einstellung auf die Erziehung übertragen dar. Da die Schule ein Mikrokosmos des erneuerten Lebens der Nation sein sollte, wandte Reddie sich natürlich gegen das, was man für das Hauptübel der alten Ordnung hielt. Der zweite Einwand lautete, daß Prüfungen die am wenigsten wichtigen Aspekte der Erziehung berührten: Bücherwissen, aus dem Zusammenhang gerissene Begriffe, analytische Studien und Gedächtnisleistung. Wenn das wichtigste Kriterium bei der Beurteilung einer Schule darin bestehen sollte, daß sie ihre Schüler erfolgreich durch die Prüfungen schleuste, dann war es klar, daß den Lernzielen Priorität über die wichtigeren Aufgaben eingeräumt werden würde – über die «Charakterbildung».

Schließlich gab es noch das romantische Erbe. Wie wir gesehen haben, zweifelten die Philosophen der Aufklärung nicht daran, daß die Welt einen Sinn habe; sie nahmen an, daß die universellen Gesetze mittels rationaler wissenschaftlicher Forschung gefunden werden könnten. Doch für die Fortschrittlichen, die hier in die Fußstapfen der Romantiker traten, führt wissenschaftliche Forschung nur zur Erkenntnis isolierter Dinge, sie kann nur «zweitrangige Probleme» lösen. Den Romantikern erschienen die Rationalisten als «die Armen im Geiste, seelenlosen und weitgehend mechanischen Aktivitäten nacheifernd, in völliger Unkenntnis der tieferen Probleme des Lebens und der Philosophie»[9]. Sie assoziierten das rationalistische Verfahren mit Bücherwissen, dem Anhäufen von Fakten und Informationen und der Unterdrückung der elementaren und lebenswichtigen Triebe des Menschen. Dagegen setzten sie die befreite Welt, mit ihren Leidenschaften und Gefühlen, den Einsichten der Mystiker und der schöpferischen Künstler und die symbolhafte Einheit von Mensch und Natur. Reddie drückte 1904 in einer Ansprache in der Internatskapelle von Abbotsholme das Wesen der romantischen Auffassung folgendermaßen aus:

> . . . wir können die äußere Natur – die Bäume, die Hügel, die Wolken oder die Atome und Moleküle, unsere Chemie- oder Physiklaboratorien und die Tiere und Pflanzen in unseren Aquarien und Gärten – nicht richtig verstehen, wenn wir sie nur als etwas von uns Getrenntes betrachten, wir müssen statt dessen versuchen, uns in sie hineinzufühlen und uns in der Phantasie ihr Gewebe und ihre Substanz konkret vorstellen. Wir

dürfen diese Dinge also, kurz gesagt . . . nicht bloß analytisch betrachten . . . sondern müssen in ihnen die Verbindungsglieder fühlen, die das Leben selbst darstellen.

Jeder Erzieher mit romantischem Denkansatz betonte die Überlegenheit der direkten Erfahrung gegenüber der Ersatzerfahrung aus Büchern. Viele gingen noch weiter: Lernen aus Büchern würde das Kommunikationssystem zwischen Mensch und Universum unterbrechen, es dem Menschen unmöglich machen, intensiv zu leben und authentisch und spontan auf andere Menschen und Dinge zu reagieren. Außerdem würde es ihn von den tieferen Verständnisschichten abtrennen. Die Folge wären Unzufriedenheit, Enttäuschungen und ein fortgesetztes Frustrationsgefühl.

Reddie und der auf vielen Gebieten von ihm so abstechende Neill von Summerhill waren in diesem Sinne Irrationalisten. Sie verabscheuten Buchwissen und betrachteten es bestenfalls als Ergänzung zu anderen Arten des Lernens. Sie hätten sicherlich Coleridge zugestimmt, nach dem sich «tiefes Denken» nur aus «tiefem Gefühl» nähren konnte. In ihrem Denkschema ersetzte also das Fördern der Gefühle die Förderung der geistigen Anlagen.

Da der Irrationalismus den Emotionen die Vorherrschaft zuspricht, verträgt er sich eindeutig sowohl mit den besten wie auch mit den schlechtesten Trieben des Menschen; der Rationalismus, so könnte man argumentieren, macht durch die Unterdrückung beider aus der Welt einen viel sichereren Ort zum Leben. Der Drang der Fortschrittlichen, die Erziehung auf dem «Herzen» des Kindes aufzubauen, läßt sich also durchaus mit dem Erziehungssystem der Nazis vereinbaren.

Sieben Jahre nach der Gründung von Abbotsholme besuchte Dr. Lietz das Internat und gründete nach seiner Rückkehr in Deutschland seine Landschul-Bewegung, die sich auf die Abbotsholme-Praxis stützte. Im Jahre 1897 veröffentlichte er ein Buch mit dem Titel ‹*Emlohstobba*› (das Anagramm von Abbotsholme), in dem Reddies Schule hochgepriesen wird. Er beschreibt einen außergewöhnlichen Traum, den er während seines Aufenthalts in Abbotsholme hatte, folgendermaßen: Er sieht einen gewaltigen Scheiterhaufen und auf ihm einen großen Haufen Bücher . . . In seinem Traum sieht er Millionen von Kindern rasend vor Freude um dieses mächtige Feuer herumtanzen. Eine Personengruppe, die meisten mit Brille und alle mit einem zornigen Stirnrunzeln, versucht diese betäubenden Rufe zu ersticken. Sind es die Lehrer der vergangenen Jahrhunderte oder des jetzigen? . . . Er hört angstvolles Wehklagen, als sie diese Vandalentat beweinen, dieses obskurantische leidenschaftliche Brandopfer, in dem *ihre* Welt der Kultur, der Kunst und Wissenschaft in endgültigem Zerfall untergeht.

Doch plötzlich herrscht Stille. Denn wie ein Phönix, der sich aus den zuckenden Flammen erhebt, erscheint eine majestätische jugendliche Gestalt, ihr Körper in schimmernde Wehr gekleidet und auf ihrem blitzenden Helm eine goldene Krone. Angekündigt von Waffengeklirr und Trompetenstößen, springen eilig Herolde nach vorn und verkünden unter ohrenbetäubendem Beifall die Thronbesteigung eines neuen Königs, der dazu ausersehen ist, einer sterbenden Welt eine *Erziehung zu geben, die die Menschen lehrt zu leben.* Um Reddie gegenüber gerecht zu sein, muß man sagen, daß er das Gleichgewicht zwischen den intellektuellen und den emotionalen Aspekten der Erziehung besser bewahrte. Genau wie er sich auf eine Verbindung von «instrumentellen» und «expressiven» Erziehungsmethoden stützte, um die «normativen» Ziele der Schule zu erreichen, ging er auch den Fachunterricht «zweigleisig» an: analytisch und imaginativ. Zusätzlich betonte er die Querverbindungen zwischen den einzelnen Themen.

Er rechtfertigte sein «dualistisches» Vorgehen mit dem von ihm so genannten Gesetz der Polarität. Wie die Welt des Körperlichen von Abstoßung und Anziehung beherrscht ist, so ist die Welt des Menschen beherrscht von Eigenwille und Liebe. Es gab also zwei unterschiedliche Richtungen der Weltanschauung, die Reddie als maskulin und feminin bezeichnete. Die maskuline Richtung beruhte auf Eigenwille und war intellektuell, die feminine basierte auf Liebe und war emotional. In der bestmöglichen Erziehung sollten beide miteinander verbunden werden.

> Wenn wir sie (die Dinge) also vom maskulinen Standpunkt betrachten – als aus deutlich verschiedenen Teilen bestehend – und uns auf feminine Weise in sie hineinfühlen – als einander gegenseitig beeinflussend –, dann sind wir in der Lage, unsere Gedanken und Gefühle zu vereinigen, um zu einer absoluten Einheit in unserer Vorstellung von diesem geheimnisvollen Universum und unsere Beziehung zu ihm zu gelangen.

Religion bedeutete nichts weniger als «das Studium der Gesamtheit der Dinge, von innen und von außen».

Einer der ersten Lehrer in Abbotsholme, F. B. H. Ellis, erinnert sich an die Prinzipien, auf denen Reddie den Lehrplan aufbaute:

> Es wurde verdeutlicht, daß es das Ziel der Erziehung in Abbotsholme sei, alle die Fertigkeiten und Fähigkeiten der Knaben mittels eines erweiterten und revidierten Lehrplans zu entwickeln, indem man die Fächer miteinander verknüpfte, so daß sie sich gegenseitig erläuterten und ergänzten, und indem man alles der Umwelt anpaßte ... Auf Englisch, Französisch und Deutsch wurde mehr Zeit verwendet; Griechisch wurde gestrichen, und Latein blieb den älteren Jungen vorbehalten, ohne allerdings viel Zeit dafür aufzuwenden. Verschiedene naturwissenschaftliche Fächer gewannen an Bedeutung, und Gesundheitspflege, Elementarunterricht in Ökonomie und ein bißchen Buchhaltung wurden hinzugefügt. Musikunterricht, Zeichnen und Handarbeiten galten nicht länger als außergewöhnliche Betätigungen, die während der Freizeit erledigt werden mußten, sondern wurden Pflichtfächer ... Sport und Spiel ... wurden bis zu einem gewissen Grad durch Gartenarbeiten, Erdarbeiten, körperlichen Drill und andere Betätigungen an der frischen Luft ersetzt. Das gesamte Leben des Schülers an der

Schule war durchgeplant, und die Freizeit, die dem Jungen verblieb . . . war vergleichsweise gering.

Nicht nur das Leben der Zöglinge war bis ins letzte Detail geplant, sondern auch das der Lehrer. Reddie bestand darauf, daß man ihm absolut gehorchte und sich seinen Vorstellungen unterordnete. «In bezug auf die Lehrerschaft», schrieb er, «war es unsere Absicht, aus ihr eine organische Einheit zu machen.» Das Ergebnis war, daß die Fluktuation innerhalb der Lehrerschaft sehr hoch war. Getreu den Ideen Dr. Reins aus Jena bestand Reddie darauf, daß jede Unterrichtsstunde sorgfältig als eine gesonderte Einheit vorbereitet werde, daß sie in bestimmte, erkennbare Abschnitte aufgegliedert sein müsse, um die Rezeption durch die Schüler zu erleichtern. Nichts liebte er mehr, als über die Anwendung allgemeiner pädagogischer Prinzipien auf die Erziehung der unteren Schichten zu diskutieren. Auch die Gesundheitspflege wurde nicht einmal beim Mathematikunterricht vernachlässigt. Aus Stuttgart ließ man besondere Schulbänke kommen, die Rückgratverformungen durch Vorwärtsrutschen vorbeugen sollten.

Gleiche Aufmerksamkeit wurde den Entwürfen der neuen Schulgebäude gewidmet:

Uns persönlich erschienen die englischen Häuser, Bahnhöfe usw. äußerst unbrauchbar. Sie alle waren ein Ergebnis des englischen Nebels und der englischen Insularität, des Mangels an Ideen und des Fehlens von Kooperation innerhalb der Gesellschaft. Alles trug den Stempel des Individualismus, und alles verkündete ein geistiges und soziales Chaos . . . An einer Schule, deren Aufgabe die Entwicklung harmonischen Wachstums ist, mußte dergleichen, das wußten wir, sich fatal auswirken. Für eine derartige Schule war es lebenswichtig, einen Kosmos zu haben. Überdies hatten wir den Eindruck, daß die Gebäude die Gesamttheorie der Schule symbolisieren müßten, ebenso wie der menschliche Körper die Geschichte der Seele zusammenfaßt und weitergibt. Dementsprechend begannen wir beizeiten über unseren Plänen zu brüten.

Der neue Flügel wurde 1900 eröffnet. Er ist das Ergebnis dieses «Brütens». Doppelte Wände bewirkten, daß der Bau im Sommer kalt und im Winter warm war; die Fensterrahmen waren aus Kanonenstahl, um das Rosten zu verhindern; die neue Chapel war vollgestopft mit Basreliefs von Philosophen, Kriegern und edlen Jünglingen, um die Gedanken der Knaben auf das Ideale hinzulenken.

Überall wurde unerbittlich der Versuch unternommen, «Verbindungen» zwischen den Unterrichtsthemen herzustellen und das gleiche Thema von unterschiedlichen Seiten her anzugehen. «Sehr gute Geographiestunde über die Schlachten, die in Belgien geschlagen wurden», vermerkte der dreizehnjährige G. Lissant Cox in seinem Tagebuch im Januar 1893. Reddie sah wie viele andere in der Geographie das «Bindeglied zwischen der Naturwissenschaft und der Geisteswissenschaft».

Im Verfolg dieses Ziels – den Lehrplan in direkten Bezug zum modernen Leben zu bringen – führte der Geschichtsunterricht direkt vom Tod

Heinrichs VII. zu «allen möglichen Fragen, wie etwa die Engländer, ihr Charakter, ihre Ansichten, und was sie von den Deutschen lernen könnten . . .» Auch Chemie und Physik wurden von einem menschlichen Gesichtspunkt her betrieben, wobei das «Gesetz der Polarität» den größeren Rahmen lieferte, den Reddie für so wesentlich hielt. Naturkunde wurde von «den gegensätzlichen Seiten her» (wieder die kosmische Polarität!) des objektiven und des subjektiven Wissens gelehrt. «Elementare Tatsachen der Physik einerseits, die Gesetze des persönlichen Lebens und einer gesunden Gesellschaft auf der anderen. Elementarphysik führt zur Dynamik und Chemie; Hygiene und die Beziehungen der Knaben zur Schule und zu einander entwickeln sich zur Volkswirtschaft . . .»

Reddie definierte als Ziel der «Kopfarbeit», daß «der Knabe dazu ausgebildet wird, sowohl mit *Dingen* als auch mit *Worten* fertig zu werden; daß er vom *Konkreten* zum *Abstrakten* aufzusteigen lernt». Erstes Unterrichtsprinzip war also die Verwendung des «konkreten Falls» oder der «Objekt-Unterricht». Abbotsholme selbst war ein «Objekt-Unterricht» darüber, wie die Gesellschaft auf «kooperative» Weise organisiert werden sollte; aber innerhalb dieses «Mini Königreichs» herrschte kein Mangel an «konkreten Fällen» zur Illustration allgemeiner Prinzipien. Die ganze Schule war so organisiert, daß jegliche Aktivität und jeder Gegenstand in ihr über etwas belehrte. Unerwartete Ereignisse wurden begierig dazu benutzt, «Objekt-Unterricht» zu erteilen. «Kein Junge, der in jenen Tagen im oberen Teil der Schule war, kann den ‹unsterblichen Gumby› vergessen haben, einen Handwerker vom Ort, der sich als Gauner entpuppte bei einer Arbeit, die er für das Internat anfertigte, und der danach ein konkreter Fall wurde.» Arbeit auf dem Grundstück und andere körperliche Betätigungen wurden nicht bloß gefördert, um den Jungen Respekt vor der «körperlichen Arbeit» einzupflanzen, was im Endeffekt die Klassengegensätze verringern würde, nicht nur, um Fertigkeiten zu lehren, die für den «Kolonisator» brauchbar sein würden, nicht nur, um die Jungen in Kontakt mit der Schönheit zu bringen, sondern auch um «Objekt-Unterricht» für die Schulstunden zu liefern:

> Die Arbeit und die Spiele im Freien . . . zielen insgesamt darauf ab, den Knaben in Kontakt mit *Dingen* zu setzen . . . Doch die auf solche Weise gewonnenen Eindrücke aus der direkten Natur müssen geordnet und zum geistigen Besitz gemacht werden. Dies geschieht beim Unterricht in der Klasse. Der gesamte Bereich, den man Naturkunde nennt . . . wird im Hause mit Zeichnen, Mathematikunterricht und dem Studium der Wissenschaften in ihren Einzelbestandteilen koordiniert . . . so daß die Eindrücke und Erfahrungen von draußen am einen Tage das Thema des Unterrichts in der Klasse bilden und die Prinzipien, die im Unterricht entwickelt werden, am nächsten Tage angewandt und befolgt werden, wenn die Knaben sich wieder ihren Beschäftigungen im Freien zuwenden . . .

So würde denn also das Lernen sowohl *nach oben*, vom Konkreten zum Abstrakten, fortschreiten wie auch *nach innen*, vom Materiellen zum Geistigen. (Reddie setzte die beiden Prozesse mehr oder weniger gleich.) «Die äußeren Teile von Tieren», erklärte er, «werden vor ihren inneren Organen untersucht werden . . .» Wie man sich leicht vorstellen kann, war er ein großer Anhänger platonischer Formenlehre. Diese vertrat den Standpunkt, daß materielle Formen (oder Qualitäten) äußerst armselige Abbilder vollkommener geistiger Formen seien, die in der Welt der Körper über keine Existenz verfügten. Ein Mensch war «gerecht», ein Körper «schön», oder Tinte «blau» nur insofern, als jedes davon einer «idealen» Form von Gerechtigkeit, Schönheit oder Blauheit – wenn auch unvollkommen – entsprach. Ziel der Erziehung war es, soweit wie möglich «Idealtypen» für die Schüler zu schaffen, nach denen sie sich formen konnten, auf daß ihr Innenleben stufenweise «verfeinert» werde. Diese «Idealtypen» konnten historische Persönlichkeiten sein, künstlerische, literarische und musikalische Schöpfungen, oder sogar (obwohl Reddie sich in dieser Hoffnung beständig getäuscht sah) die Lehrer an der Schule.

Das «idealste» Vorbild von allen war selbstverständlich Jesus Christus. Religion war, kurz gesagt, der Bereich, der am deutlichsten das «Ideale» enthüllte; in gewisser Weise war die Religion der Kulminationspunkt und die Zusammenfassung aller anderen Unterrichtsthemen.[10] Sie vervollkommnete den «Gedankenkreis». Am Ende eines jeden Schuljahres vermerkte Reddie auf den Zeugnissen und Leistungsberichten sorgfältig die Fortschritte jedes Schülers in Richtung auf das «Ideal». Dazu nahm er sich die neue Wissenschaft der «Statistik»[11] zuhilfe.

Wenn es das Ziel des Gottesdienstes war, all das Edelste im Leben auszudrücken und zusammenzufassen, und zwar so, daß die Schüler davon beeindruckt würden, dann zeigte sich sofort eine gravierende Schwierigkeit. Verschiedenen Passagen in den heiligen Texten schienen dem «Männlichkeits-Ideal» der Pubertät zu widersprechen. In den «Seligpreisungen» etwa verspricht Jesus, daß die Sanftmütigen «Herren der Erde» sein werden, und er segnete die «Armen im Geiste». Wie wir festgestellt haben, hatte Reddie keine Zeit für die «Armen im Geist». Er löste das Problem auf einfache Weise: er führte einfach in die «Seligpreisungen» etwas angemessenere Gefühle ein: «Selig sind die Helden, die in männlicher Stärke ausharren: denn sie werden sich die Erde untertan machen.» Auch den Zehn Geboten wurde das recht unmosaische Gefühl unterlegt: «Achte und verehre also jeden Ausdruck der Liebe, wie es ihr gebührt; versuche sie zu veredeln, in dir und in anderen, indem du selbst ein Liebender wirst und diese göttliche Begeisterung weiterstrahlst, um andere mit diesem himmlischen Geschenk zu inspirieren; denn die Liebe wird jede Sünde hinwegwaschen.» In gleicher Weise «reinigte» Reddie die Bibel von allen Figuren, die man als «unwürdige Modelle» für «den jugendlichen Verstand» betrachten konnte, und er bedauerte zutiefst, daß er Abraham nicht gänzlich loswerden konnte. «Über kurz oder lang», dozierte er, «wird sich die Welt sicherlich gezwungen sehen, im Interesse einer verbesserten Erziehung die Bibel zu revidieren, wenn sie das Lehrbuch religiöser Unterweisung bleiben soll. Für einen überarbeiteten Schulmeister ist dies eine zu schwierige Aufgabe», setzt er jedoch bescheiden hinzu. Wenn jedoch der traditionelle Gehalt der religiösen Unterweisung etwas durch die Streichung bestimmter Bibelstellen und Rituale verlor, so erweiterte er sich andererseits doch ungeheuerlich durch den Versuch, das ganze Universum unter dem religiösen Dach zu versammeln. Lesungen aus den Schriften Buddhas, Mohammeds und Kung fu-tses unterstrichen die Universalität des menschlichen Strebens; und große symbolgeladene Feste wie etwa das Heumachen sollten andererseits die Verbindung zwischen Gott und Natur ausdrücken.

Eine der traditionellen Funktionen der Chapel jedoch wurde in Abbotsholme aufgegeben: Reddies Schülern blieb der Horror einer Philippika von der Kanzel mit strengen und obskuren Ermahnungen gegen «unsaubere Betätigungen» erspart. Reddie war zwar tatsächlich überzeugt, daß Knaben sich sauber halten sollten (körperlich und seelisch), doch wie in jedem anderen Erziehungsbereich glaubte er auch hier das Problem von verschiedenen, wenn auch einander ergänzenden Richtungen angehen zu müssen, damit eine «Gesamtatmosphäre» entstehe, die zu den höchsten moralischen Normen führte.

Und wie er den Lehrkörper als eine «organische Einheit» betrachtete, so sah er auch in der Schule eine «organische Einheit» zwischen Lehrern und Schülern. Als er selbst zu unterrichten begann, war er entsetzt über «den Mangel an Offenheit» zwischen Lehrern und Schülern; darüber, «daß die bloße Tatsache, daß man den Beruf eines Lehrers ausübt, eine riesige, bislang unbekannte Mauer zwischen uns und unseren Schülern aufrichtete». Diese Barriere war es, die verhinderte, daß die Lehrer «die Natur des Knaben, ihre Zweifel und Schwierigkeiten» verstehen konnten; und eben diese Barriere niederzureißen war Reddie fest entschlossen. Den Lehrern wurde nahegelegt, weitgehend so zu leben wie die Jungen, die gleiche Routine und Disziplin wie sie zu befolgen, ja, sich als ältere und klügere Knaben zu betrachten. Im wesentlichen sah Reddie sich auch weiterhin als eine Art älterer Präfekt – der «auf der Seite» der Schüler (oder doch der ihres höheren Selbst) gegen jene kämpfte, die sich mühten, den Glanz und die Reinheit der «Knabennatur» zu vernichten und zu pervertieren. Sein ganzes Leben lang versuchte er jene «Freundschaft mit einem Jüngling» neu zu schaffen, die er in seinem letzten Jahr in Fettes geschlossen hatte. Wie auf so vielen anderen Ebenen sollte auch auf dieser die Kooperation an die Stelle des Wettstreits treten. «Übertriebener Wettbewerb», schrieb er, «ist die Ursache der Lust.» – «In Abbotsholme», bemerkte ein holländischer Besucher, «wurde der Antagonismus, der in Schulen gewöhnlich zwischen Jungen und Lehrern herrscht, mit den gleichen Mitteln vermieden, die den Kampf zwischen Kapital und Arbeitern beenden werden, das heißt durch Kooperation und Beteiligung ... Das Ergebnis ist ein gesteigertes Leben für alle.» Ob dies der Wahrheit entsprach, ist schwer zu beurteilen: nur wenige Lehrer blieben lange genug, um beim Einreißen der Barrieren großen Erfolg gehabt haben zu können, und während ihres Aufenthalts an der Schule zeigten sie im allgemeinen deutliche Zurückhaltung gegenüber Reddies erzieherischen Zielen. Wie auch immer, der Versuch, den Lehrer-Schüler-Antagonismus zu beseitigen, um eine reinere «Atmosphäre» zu schaffen, wurde zu einem wichtigen Prinzip der Reformerziehung.

Andere brauchbare Strukturen wurden aus der Zeit der «Lorbeergilde» entlehnt. In einem frühen Memorandum über Abbotsholme vermerkte Reddie als eines seiner Ziele: «Still und insgeheim eine Gruppe von auserlesenen Naturen zu organisieren, die es sich zur Aufgabe macht, den Kranken zu helfen und über die Schwachen zu wachen.» Auch der Geist wurde bemüht, um die Versuchungen des Fleisches zu beseitigen. In seiner Autobiographie hatte Carpenter «schlechte Angewohnheiten» darauf zurückgeführt, daß dem Bedürfnis des Jünglings nach Zuneigung keine Nahrung geboten werde. Reddie schlug vor, die Lust durch Liebe zu überwinden. In einer seiner Ansprachen erklärte er:

> Wenn wir das kurieren wollen, was gewöhnlich als «Unmoral» bezeichnet wird, dann ist es vor allem nötig, daß wir den Knaben beibringen zu lieben ... Ist es nicht ganz natürlich, daß Knaben einander lieben? Ist es nicht eine Tatsache, daß die besten Charaktere in jeder Schule von Natur aus dahin tendieren? Und dann kommt ein schwarzberockter Ignorant daher mit seinen Erinnerungen an vergangene Perversionen; und er ist unfähig, in dem Schmutz unseres kommerziellen Zeitalters den Enthusiasmus selbst der Zeit Shakespeares zu begreifen, ganz zu schweigen von den früheren Epochen.

Angesichts dieser Überzeugungen kann es kaum überraschen, daß Reddie die Koedukation als Heilmittel gegen «Perversion» nicht in Erwägung zog. «Das Konzept der Koedukation», schrieb er 1899, «ist rein weiblichen Ursprungs», und was noch schlimmer war, «es kommt aus den Vereinigten Staaten». Und er fügte hinzu: «Für solch eine heroische Rettung besteht keine Notwendigkeit, wenn man normalen Knaben gestattet, ein gesundes und vernünftiges Leben zu führen, wie sie es hier haben.»

Als Bestandteil dieses Drangs nach sexueller Reinheit führte Reddie den systematischen Hygieneunterricht ein. Dies war nicht eine bloße Belehrung über die «Tatsachen des Lebens», obgleich auch dies sich als wertvolle Konsequenz dabei ergab. Für Reddie war der Körper sehr viel mehr als nur ein physischer Gegenstand. Er war der Schrein der Seele. Und darum wurde Hygiene als Sorge für das Innere und das Äußere des Körpers aufgefaßt. Ohne Übertreibung kann man sagen, daß in Abbotsholme die Hauptaufgabe darin bestand, den Körper zu kultivieren, im Glauben, daß dies gleichzeitig die Seele reinigen werde. «Den Körper kräftig, sauber und schön zu machen», schrieb Reddie in seinem ersten Internatsprospekt, «ist eine religiöse Pflicht.»

Der Hygieneunterricht erhielt demzufolge im Lehrplan eine Vorrangstellung, und den anatomischen Zeichnungen wurden Büsten von griechischen Jünglingen und Kriegern beigesellt, um das rechte Ziel der Körperpflege im Gedächtnis einzupflanzen. Die Lektionen waren «logisch» aufgebaut und führten «von außen» nach «innen». «Wir lernen die Haut vor den Knochen . . . Wir untersuchen die Zähne vor dem Magen.» Aber auch andere Zusammenhänge wurden nicht vernachlässigt:

Jeder Knabe in Abbotsholme lernt, wie er das Haus, in dem er lebt – nämlich seinen Körper – zu verwalten hat. Dieses Studium nennen wir Hygiene. Er lernt auch, wie die Gemeinschaft – also die Schule – gesund erhalten werden kann. Und dieses Studium nennen wir Ökonomie. Auf diese Weise ist also die Ökonomie des Körpers des Knaben in unserem Lehrplan mit der Hygiene der Schulgemeinschaft wechselseitig verbunden.

Die Ökonomie der Schulgemeinschaft war – wie man sich erinnern wird – dazu bestimmt, die Ökonomie der größeren Gesellschaft zu illustrieren, so daß also das Studium von Haut und Zähnen, nach Reddies Ansicht, ganz logisch zum Studium von Angebot und Nachfrage führte.

Reddie hielt jedoch am Glauben fest, daß die Praxis Vorrang habe vor der Theorie; so waren also die wichtigsten Hygienelektionen in zahllose Regellisten verpackt, die von der Abbotsholmer Druckerei gedruckt wurden und die bis zum winzigsten Detail jede körperliche Funktion im Wachen und Schlafen regulierten. Über jeder dieser Listen stand eine Frage; darauf pflegte eine Diskussion der strittigen Punkte zu folgen; und schließlich kam eine Reihe von Verordnungen, die die Schlußfolgerungen der Diskussion umfaßten.

Unser neuer Zögling geht sich die Schuhe ausziehen, und die wunderschön gedruckten und gerahmten Regeln für den Stiefel-Raum springen ihm ins Auge. Wenn er den Schlafsaal erreicht, entdeckt er die Schlafsaal-Regeln. Er betritt das Spindzimmer und findet dort ähnliche gedruckte Aushänge . . . Wenn er Kleider braucht, findet er genau am richtigen Platz eine Monographie über Kleidung . . . Sobald solche Regeln einmal vollkommen gestaltet und vollkommen formuliert sind, so daß ein Irrtum ausgeschlossen ist, werden sie ewig halten und – wann immer es nötig ist – von der Wand herab sprechen . . .

Wenn ein Schüler um 6.15 Uhr morgens (im Winter 6.55 Uhr) aus einem Schlaf erwachte, den von schlimmen Träumen freizuhalten Reddie sich ungeheure Mühe gegeben hatte, machte er einen kurzen Morgenlauf, dem ein kaltes Bad folgte. Nach diesem belebenden Anfang zog er seinen Abbotsholmer Anzug und seine Abbotsholmer Schuhe an.

Reddie war wie Carpenter ein starker Verfechter vereinfachter Kleidung. «Elf Schichten Stoff, die den Menschen von Gott trennen», hatte Carpenter entsetzt über die komplizierte viktorianische Kleidermode bemerkt und die Spekulation hinzugefügt:

Der Grund, warum in unserer modernen Zeit der neugierige Intellekt so abnorm entwickelt ist, warum das Gehirn und die Zunge so beweglich sind und die Finger so nervös und so aufdringlich, ist, daß einzig diese Organe eine Chance dazu haben. Alles übrige ist von Gottes Licht und Luft ausgeschlossen; das arme Menschenherz ist schwach und müde geworden in seiner Einsamkeit und Verkerkerung, die Geschlechtsteile sind degeneriert und voll Scham über sich selber, die Leber ist krank, und die Lungen haben sich zu bloßen Seufzern und konventionellen Untröstlichkeitsgeräuschen unter ihrer Begräbniskleidung herabgeschrumpft . . .

Reddie war entschlossen, solche Katastrophen zu vermeiden. In einer ausführlichen Liste von Regeln mit dem Titel ‹*Was ist der erzieherische Wert des Lebens im Schlafsaal?*› plädierte er mit Nachdruck dafür, daß die Jungen einander sooft wie möglich nackt sehen sollten, und schloß, daß «Dreiviertel, wenn nicht alle, der schlimmen Gedanken und schlimmen Handlungen von Heranwachsenden in diesem Zusammenhang aus den lächerlichen und unnatürlichen Versuchen – gut oder schlecht – entstehen, den Knaben den Anblick des nackten Körpers zu verwehren». Völlige Nacktheit verbot sich aus klimatischen wie aus Gründen der Konvention, doch Reddie entschied, daß «Jungen in Abbotsholme so wenig bekleidet sein sollen, als sich mit der Gesundheit, der Bequemlichkeit und dem Anstand verträgt».

Die Kleidersitten der viktorianischen Zeit wurden sorgfältig untersucht und als vom hygienischen Standpunkt aus unzulänglich befunden. Gestärkte Hemden führten zu Lungenkongestion; gestärkte Kragen zu Halsschmerzen; spitze Schuhe bewirkten Hühneraugen und Ballenentzündungen: Gürtel – Hernien; Baumwolle und Leinen waren feuergefährlich; gefärbte Kleidung galt als «unnatürlich». All dies wurde also abgeschafft. Die Jungen in Abbotsholme kleideten sich ausschließlich in Wolle (Carpenter empfahl Färberwaid). Die Jacken hatten aufgesetzte Außentaschen, um ihren Schnitt zu vereinfachen; die Hosen wurden knapp unter dem Knie in lange Socken gestopft und wurden von besonders angefertigten «Hüft-Strapsen» mit «Sicherheitsschnallen» gehalten. Die Schuhe waren breit, damit die Zehen sich bewegen konnten (im Sommer wurden Sandalen getragen). Die üblichen Kappen oder Strohhüte wurden durch Baskenmützen ersetzt.

Soviel zu den rein äußerlichen Aspekten. Doch die Kleidung diente auch einem metaphysischen Zweck:

Eine der Leitideen Abbotsholmes (schrieb Reddie) ist die, daß der Körper des Menschen, der von außen durch die auf das gestaltbare Protoplasma einwirkenden Kräfte der Natur in seine Form gebracht wird, seine Form von innen heraus verändert durch den Ausdruck der verschiedenen Gedanken und Gefühle des inneren Lebens,

Schritt für Schritt zu höheren Bedingungen aufsteigt, zu einem Abbild der idealen Form, einem Symbol der göttlichen Schönheit. Wenn wir den Körper in diesem Lichte betrachten, können wir uns nicht wünschen, daß seine schöne Form irgendwie beeinträchtigt werde, indem man sie in das Gefängnis der künstlichen Uniform der Zivilisation zwingt.

So wurden also in Abbotsholme «Material und Schnitt» der Bekleidung besonders ausgewählt, um «dem angemessenen Wachsen des Körpers zu helfen, um seine Struktur und die formale Schönheit zu zeigen». Gleichzeitig sollte durch den Anblick der wohlgestalteten Körper seiner Kameraden der Phantasie des Knaben geholfen werden, seinen eigenen Körper immer mehr der idealen Form anzunähern.

Nach der Chapel und dem Frühstück kam die Schlafsaal-Parade, bei der die Jungen sich die Zähne putzen und ihre Betten machen sollten, beides nach speziellen Regeln. (Getreu seinem Kampf für die Vorzüge der Wolle gegenüber denen des Leinens, verzichtete Reddie auf Bettücher und ließ seine Zöglinge mit Decken schlafen.) Danach machten sich die Zöglinge, was etwas verwunderlich ist, zur Geigenstunde auf, doch dann kam der große Augenblick des Tages. «In der ersten Stunde – von 8.30 bis 9.15 Uhr – besuchen die Knaben in Trupps unter einem Kapitän die Erdlatrinen im Garten.»

Reddie war überzeugt, daß Toiletten im Haus eine starke Gefahrenquelle für Böses darstellten; also wendete sich Abbotsholme unter seiner Ägide natürlicheren und «gesünderen» Praktiken zu. Überdies war er so überzeugt von der Notwendigkeit regelmäßigen Stuhlgangs, daß es den Jungen verboten war, die Latrinen außerhalb der dafür angesetzten Stunde zu besuchen. Die Instruktionen für die Benutzung dieser «Kabinette» waren besonders genau:

Die Kabinette müssen wie folgt benutzt werden: der Benutzer wendet sich dem Licht zu ... nicht zur Tür, und er steht oder hockt mit den Absätzen auf den für diesen Zweck vorgesehenen Halterungen. Nach Gebrauch soll trockene Erde hinabgeworfen werden, um alle Flüssigkeit zu absorbieren und alle festen Stoffe völlig zu überdecken.

Die Kabinette mußten jede Woche gereinigt werden. «Menschen», proklamierte Reddie, «sollten zumindest so sauber sein wie Katzen.» Diese Anforderung scheint in geringerem Maße für die Landarbeiter auf dem Gut gegolten zu haben. Auch sie bekamen zwar eine Erdlatrine «beim Töpfereischuppen», doch schien man es für ausreichend zu halten, wenn diese «einmal im Monat durch den Knecht» gesäubert wurde. Wenn die Jungen ihre Exkremente aus den Latrinen holten, wurden sie ermuntert, darüber nachzudenken, daß «die niedersten Funktionen unserer Natur zu bedeutenden Ergebnissen beitragen können, denn alles, was unser Körper abstößt, wird eingesetzt, um die Gartenfrüchte zu ernähren; und was allzu oft Ursache von Krankheit ist, wird hier zu einer Quelle des Wohlstands».

Das Mittagessen wurde zu einer unwahrscheinlichen Stunde eingenommen: um zehn Uhr fünfundvierzig. Reddie war überzeugt, daß die Diät nicht nur die Gesundheit, sondern auch das intellektuelle und moralische Format beeinflusse. Fleisch etwa stachle die Leidenschaften an.

Wenn Knaben in der Schule stark aufreizende Nahrung erhalten, neigen sie dazu, die Kontrolle über sich selbst zu verlieren und werden zuweilen aufgeregt, was sehr oft zur moralischen Lasterhaftigkeit führt. Wohingegen jene, die weniger erhitzende Mahlzeiten aus Getreideflocken und Gemüsen erhalten, weit weniger Gefahr laufen, in jene Stürme überreichlicher Vitalität zu geraten.

(Reddie glaubte übrigens auch, daß das Wetter das moralische Verhalten beeinflusse, allerdings war er unglücklicherweise nicht in der Lage, das Wetter zu beeinflussen.) Die Ernährung in Abbotsholme scheint ausgezeichnet gewesen zu sein. Die Schule selbst baute achtunddreißig Gemüsesorten an (und Reddie war in solchen Angaben stets äußerst genau); das Brot wurde aus Vollkorn gebacken und im Hause geschrotet; frische Eier, Butter und Früchte standen reichlich zur Verfügung, und das Fleisch war von allererster Qualität. (Reddie wurde allerdings – wie er etwas zweideutig bemerkt – in seinen Absichten, selbst Butter herzustellen, durch das «Klassenvorurteil» der Dienstboten zunichte gemacht.) Und der Gipfel alles dessen war der «Abbotsholme Pudding» nach einem Spezialrezept, von dem Reddie behauptete, er selbst habe es erfunden, das aber in Wirklichkeit eine Art von Müsli mit Haferflocken und Früchten war. Die Jungen setzten sich nach einem gregorianischen Tischgebet nieder und aßen ihren «Abbotsholme Pudding» unter einer Reproduktion des ‹*Abendmahls*› von Leonardo da Vinci, als Mahnung dafür, «in welchem Geiste solche Mahlzeiten eingenommen werden sollten». Auf ihrem Weg in den Speisesaal kamen sie an einem riesigen Bildnis vorbei, das den Titel ‹*L'Ange des Splendeurs*› trug und auf dem nach den Worten eines Schülers «ein Engel dargestellt» war, «der vom Himmel herabkommt und einen Jüngling vor den Schlangen des Bösen und des Lasters bewahren und nach oben zu Besserem führen will». Ein ehemaliger Zögling erinnert sich: «Dr. Reddie war ein unheilbarer Symbolist, und er liebte es, wenn ein Gemälde vollgestopft war mit Gegenständen, die eine höhere Bedeutung besaßen.» Unter Reddies Ägide schwitzte Abbotsholme den Symbolismus aus allen Poren. Jeder Gegenstand, jedes Ereignis wurde – wenn auch dürftig – mit dem Mantel eines höheren Ziels bekleidet. Jedes Bild sollte den Jüngling zu den höheren Werten führen und anregen. Kunst folgte in Abbotsholme ganz eindeutig nicht dem Prinzip des *l'art pour l'art*, sondern erfüllte die Aufgabe, das moralische Verhalten der Schüler argwöhnisch zu überwachen.

Am Nachmittag wurde im Garten und auf den Feldern gearbeitet, wobei auf praktische Weise die Kultivierung eines Körpers (Hygiene) und die Kultivierung vieler Körper (Ökonomie) in Einklang gebracht wurden. «Tee» gab es um sechs Uhr. Darauf folgte eine weitere Übungsstunde auf der Violine. Darauf kam eine «Gesellige Stunde», die «ruhigen, gesunden und vernünftigen Vergnügungen» gewidmet war. (Reddie setzte diese Einrichtung für einige Jahre aus, nachdem er eines Abends den Raum betreten hatte und hörte, daß «Marquis ma. ‹*Two little girls in blue*› sang. Er sagte, da wir so weit heruntergekommen seien, daß wir Lieder aus Komödien sängen, werde es keine ‹Gesellige Stunde› mehr geben.») Reddie war zweifellos kein Verfechter der Freizeit. Er hielt sie vielmehr «für eine der Hauptursachen der verderbten Phantasievorstellungen und Gespräche, die man in Schulen antrifft».

Das Schlafsaal-Leben war höchst genau geplant. Nach heftigem «Überdenken» verfiel Reddie auf die Zahl von sieben als optimale Belegung eines Schlafraums.[12] Es handelte sich um Schlafzimmer mit «gemischten Altersgruppen», damit ein Ventil «für die natürlichen Gefühle der Zuneigung und Bewunderung geschaffen werde, die die Jüngeren für die Älteren empfinden – und für die Zuneigung und den Beschützerimpuls, den die besten unter den älteren Jungen für die jüngeren empfanden». Jeder Schlafraum hatte einen Kapitän (einen «Elder Boy»), der für die Disziplin und die «Atmosphäre» verantwortlich war. Am Ende eines jeden Schuljahres mußte er über jeden seiner Schützlinge einen Bericht abliefern, in dem die Kooperationsbereitschaft, die Sauberkeit und das moralische Niveau etc. bewertet wurden. Außerdem war es die Aufgabe dieses «Kapitäns», den Knaben in seinem Schlafsaal jene «delikateren kleinen Hinweise bezüglich des Waschens usw.» zu geben, die in den kurzgefaßten Regelaushängen möglicherweise übersehen worden sein könnten.

«Beim Betreten des Schlafraums müssen sich alle sofort entkleiden; aber bevor sie ins Bett gehen, müssen sie Gesicht, Brust und Füße in kaltem Wasser waschen und die Zähne mit dem dafür vorgesehenen Pulver putzen und dann so, sauber im Innern und im Äußeren, zu Bett gehen.» Diese Waschungen wurden an besonders geformten Waschbekken durchgeführt, in denen das Wasser sich beständig erneuerte. Nachdem er sich davon überzeugt hatte, daß die «reine Luft des Himmels» durch die sieben weit offenen Fenster in den Raum strömte, pflegte der Zögling in Abbotsholme dann den Versuch zu unternehmen, in der richtigen Lage einzuschlafen.

Wie reagierten nun die Jungen auf Abbotsholme? Es gibt herzerfrischende Beweise für ihre natürliche Anpassungsfähigkeit. Sie rauchten, und sie aßen heimlich verbotene Sachen; sie bauten sich Baumhäuser und zogen die Leiter hoch, so daß Reddie sie nicht erwischen konnte. Selbstverständlich war der grandiose Plan des Direktors von Beginn an ernsthaft gefährdet, weil die Lehrer verfehlten, die ihnen zugedachte Rolle als «heroische» Führer und Berater zu spielen: die Abfolge exzentrischer ausländischer Lehrer bot unendlich viel Gelegenheit, den Regeln und Anforderungen der «Gefühlsbeziehung» zu entgehen. Gelegentlich kam es zu grundlegenderen Revolten. Reddie maß dem Erntefest enorme Bedeutung bei; drei Tage im Jahr konzentrierte sich alles auf das Sammeln und Aufstocken des Heus, womit er eine Art mystischer Symbiose mit der Natur beabsichtigte. Ein ehemaliger Schüler erinnert sich:

> Was auch immer die Idee (von Abbotsholme) gewesen sein mag, dieses Heumachen war das Jahresfest, und C. R. war der Hohepriester dabei. Das Fest fand jeden Sommer statt, und ein Sommer war wie der andere, bis zu jenem schrecklichen Ereignis, das ich so frech zu überliefern wage. Ich glaube, es muß im Jahre '98 oder '99 gewesen sein. Geflüster strich durch die Schule. An unserem Fest war ein Sakrileg verübt worden. Die Heuernte wurde plötzlich abgebrochen und die Schüler in die Klassenzimmer zurückbeordert. Norman Wilkinson[13] hatte zu C. R. gesagt: «Schließlich ist es ja Ihr Heu.»
>
> Hatte C. R. Norman dabei ertappt, daß er unter einem Baum schlief oder ein Theaterstück las? Wie immer die genauen Umstände gewesen sein mögen . . . es ist klar, daß Norman bei einem argen Vergehen gegen die redliche Arbeit der Heuernte erwischt worden war, und wahrlich groß war C. R.s Grimm.
>
> Doch der Junge gab ihm Schlag auf Schlag zurück, und seine Redeweise wurde immer wilder. Er sagte, wenn die Internatsschüler zur Heuernte herangezogen würden, dann sei das effektiv ein wirtschaftliches Unterfangen, dessen Ziel es sei, den Lohn für richtige Landarbeiter zu sparen. Das war zwar ganz falsch, doch uns gefror das Mark in den Knochen.

Im großen und ganzen gibt es wenig Anhaltspunkte für den Einfluß des Ideals von Abbotsholme auf die körperliche, geistige und seelische Entwicklung der Jungen oder ihre nachfolgende Berufslaufbahn. Man darf die Vermutung anstellen, daß der hochgestochene Idealismus dieser Anstalt am stärksten bei jenen Jugendlichen ankam, die am wenigsten dazu befähigt waren, ihn zu verwirklichen – mit anderen Worten jene, die am stärksten unter körperlichen und geistigen Unvollkommenheiten litten. Solch ein Junge war Lytton Strachey, der während der Schuljahre 1893–1894 dort Zögling war, bis er aus Gesundheitsgründen das Internat verlassen mußte. Von groteskem Äußerem, schwach und ohne Körperbeherrschung, entwickelte er eine Art Haßliebe gegenüber dem Abbotsholmer, ja gegenüber dem Ideal der Public School insgesamt, das auf die «schönen Formen» abzielte. Diese Haßliebe zwang ihn zu der ironischen Einkleidung seines Porträts von Dr. Arnold, das teilweise auf Dr. Reddie als Vorlage zurückgeht. Denn wie bei Reddie selbst, ist Idealismus häufig das Gegenstück zu Introvertiertheit: man konstruiert im Geiste eine Welt der Heroen, der erhabenen Sehnsüchte, exaltierter Beziehungen, die aus dem Bewußtsein des eigenen wirklichen Ungenügens oder der Unfähigkeit erwachsen, mit anderen Menschen frei zu kommunizieren. Die Führer in Dr. Reddies Körperaristokratie glitten wahrscheinlich weitgehend unberührt von den erhabenen Gefühlen des Internats durchs

Leben. Zwangsläufig muß dies Spekulation bleiben. Wir haben nur die zufälligen fragmentarischen «philosophischen» Spekulationen der Jungen selbst zur Verfügung, und der folgende Bericht, entnommen dem *Abbotsholmian* von 1894, dürfte Reddie glücklich gemacht haben, weil er bestätigt, daß zumindest einer seiner Schüler befriedigende Fortschritte in Richtung auf das Ideal machte:

Xerxes war ein Jüngling, der vor einigen Jahren plötzlich die Vorteile erkannte, in einem kräftigen und gesunden Körper zu leben. Seither widmete er seine ganze Zeit und alle seine Gedanken der Verwirklichung seines Ideals, und man kann sagen, daß ihm bereits der Erfolg winkt.

Eines Abends, nach dem Sport und dem Bad, schlenderte er zum Haus seines Freundes. Er war von einer gesunden Ermattung befallen und war zufrieden mit allem und jedem. Kurz darauf traf er bei seinem Freund ein. «Ach Histius», rief Xerxes lauthals, «es geht dir nicht gut.» «Dies entspricht der Wahrheit», antwortete Histius. «Ich bin beinahe am Ende meiner Kräfte. In letzter Zeit war ich zu sehr damit beschäftigt, ein Buch zu beenden, an dem ich schreibe, als daß ich hätte daran denken können, Spaziergänge zur Stärkung zu unternehmen. Und das Ergebnis siehst du vor dir. Wie wohl muß es tun, wenn man so stark und gesund ist wie du. Das Leben muß für dich eine einzige große Freude sein.

Und dennoch spiele ich möglicherweise eine wichtigere Rolle in der Welt als du. Die Ideen, die ich schöpfe und in meinen Schriften darlege, werden, wenn das Volk sie liest, mehr oder weniger als bewegende Kräfte auf seine künftigen Handlungen einwirken. So erweitert sich mein Handlungsraum auf ein großes Gebiet. In Zeiten, in denen mir meine körperlichen Unzulänglichkeiten deutlich bewußt werden, tröste ich mich mit dem Gedanken, daß mein Körper nicht von so großer Bedeutung ist, als es den Anschein hat. Wäre dem nämlich so, dann würde der Tod die edelste Arbeit eines ganzen Lebens zerstören. Doch ich sehe es so, daß der Tod, der den Leib besiegt, nicht die überirdische aufstrebende Seele zerstört. Also halte ich dafür, daß meine Bevorzugung der Pflege der Ideale gegenüber der Pflege meiner körperlichen Beschaffenheit das einzige wirklich für mich und die Welt Nützliche ist.

Was hast du, Xerxes, hierzu zu sagen?»

«Es gelingt mir nicht ganz, deinem Gedankengang zu folgen», sagte Xerxes. «Dennoch bin ich der Meinung, daß Männer, die über einen wohlgebildeten Körper verfügen, in der Welt eine Rolle spielen. Die Bewunderung, die man beim Anblick einer schönen und gesunden Gestalt empfindet, erfüllt einen nützlichen Zweck in der Erziehung, da sie die Nachbildung der Schönheit im Bewunderer anregt; und danach führt das harmonische Ergebnis dazu, daß die vom Leben erteilten Lektionen eindeutig begriffen und die Ziele erreicht werden. Im Falle aber, wo ungesunde Umstände im Körperlichen die Oberhand besitzen, wird diese Unordnung verhindern, daß Wissen durch die Wahrnehmungen der Sinne gewonnen wird, oder es wird verfälscht. Und sicherlich wäre diese Beschränkung ein Verlust. Ich sage es noch einmal, der Besitz eines gutentwickelten Körpers verleiht einem die Kraft, das Studium des Lebens energisch zu verfolgen.»

«Du hast recht», antwortete Histius. «Ich habe die Sache in einem ziemlich eingeschränkten Lichte betrachtet. Alles in allem ist es doch das beste, einen kultivierten Verstand in einem gesunden und schönen Körper zu besitzen.»

Macht unsre Bücher billiger! . . .

... forderte Tucholsky einst, 1932, in einem «Avis an meinen Verleger». Die Forderung ist inzwischen eingelöst.

Man spart viel Geld beim Kauf von Taschenbüchern. Und wird das Eingesparte gut gespart, dann zahlt die Bank oder Sparkasse den weiteren Bucherwerb: Für die Jahreszinsen eines einzigen 100-Mark-Pfandbriefs kann man sich drei Taschenbücher kaufen.

9. Ein wunderlicher Autokrat

Cecil Reddie herrschte über Abbotsholme von der Gründung im Oktober 1889 bis zu seinem Rücktritt im März 1927. Seine Direktorenzeit begann er mit sechzehn Jungen und mit einem Streit zwischen ihm und seinen Mitarbeitern und Mäzenen; er endete mit zwei Schülern und dem Hinweis, er dürfe der Schule nie wieder nahekommen. Im Lauf der Jahre wuchsen seine Exzentrizitäten durch Enttäuschung und Frustration. Internatsleiter werden leicht zu Sonderlingen, da der gesellschaftliche Druck zur Konformität in Internaten geringer ist und so kleine Manien und Zwangsvorstellungen üppig ins Kraut schießen können. Eine Ehe wäre ohne Zweifel ein starkes Gegenmittel gewesen, doch Reddies Gefühle waren anderweitig gebunden. Auch die Lehrer wurden gefeuert, wenn sie seine Ansichten in Frage stellten.

Sein Glaube verstärkte sich, daß die Fäulnis im Charakter der Engländer sich viel weiter ausgebreitet habe, als er angenommen hatte; und daß die Neue-Schul-Bewegung keine Fortschritte mehr machen könne, ehe man mit anderen Ursachen fertig geworden sei. Die Unbestimmtheit und Unordnung des englischen Charakters führte er auf die zufällige Weise zurück, in der die englische Sprache entstanden war. Und er klagte die englische Rechtschreibung mit einer Heftigkeit an, die sicherlich größeren Tragödien hätte vorbehalten bleiben können. Als Kriegerdenkmal ließ er in der Chapel das Bas-Relief eines nackten Jünglings (nach Blakes ‹*The Radiant Lover*›) anbringen, und auf der Plakette darunter waren die Namen der Kriegsgefallenen in Kleinschreibung angeführt: also «smith, unwin». Seine Sprache war mit ausgefallenen Worten garniert, durch die er die konventionellen, unrichtig verwendeten und daher «abgewerteten» zu ersetzen trachtete. Er verfocht einen neuen «Immerwährenden Kalender», der die «Unlogik» des bestehenden beseitigen sollte; er wollte die Notation in der Musik um einen Winkel von 90 Grad verschieben, damit die Noten auf dem Blatt mit der Tastatur auf dem Klavier parallel liefen; und er interessierte sich für den Okkultismus.

Er besaß hypnotische Augen und war ein großer, ja sogar «bemerkenswerter» Redner. Allerdings pflegte ein Ausdruck «extremer Qual» sein Gesicht zu überziehen, wenn jemand den Gesprächsgegenstand zu wechseln versuchte. Er lebte in einer Welt der Kleinschrift, der Federkiele, der blauen Kreide und des Gregorianischen Gesangs. Er setzte die Jungen abwechselnd in Schrecken und faszinierte sie. In den Anfangstagen herrschte eine Atmosphäre der Aufregung, der Ungewißheit und des Abenteuers. Die Lehrer waren seltsam, germanisch und nur kurz da. Reddie neigte stets dazu, das Unerwartete zu tun – wie etwa seine Schüler auf eine mitternächtliche Strafexpedition gegen einen eigensinnigen Nachbarn zu führen, der ein «Wegerecht» über das Abbotsholmer Grundstück beanspruchte. Ein ehemaliger Schüler erinnert sich: «Die

Schüler liebten ihren Headmaster, weil auch er ein Träumer war.» Und ihre Unterstützung und Zuneigung, nachdem er sich nach 1927 in Welwyn Garden City zur Ruhe gesetzt hatte, milderte, was sonst eine unerträgliche Verbannung gewesen wäre.

Er war zu wunderlich, zu selbstherrlich und zu fanatisch, als daß er die Schule jemals auf eine stabile Grundlage hätte stellen können; ohne Zweifel hätte man sie 1927 schließen müssen, wenn die Ehemaligen nicht zu Hilfe geeilt wären. Der Mißerfolg war sicherlich nicht einzig und allein Reddies Schuld. Der Burenkrieg und der Erste Weltkrieg hielten das Wachstum der Schule an einem jeweils kritischen finanziellen Punkt auf. Reddies Gesundheit hatte sich in den ersten Jahren dieses Jahrhunderts verschlechtert, und 1906 brach er völlig zusammen und mußte sich zwei Jahre lang in Amerika erholen. Doch die Hauptprobleme entsprangen seiner Natur. Das größte Hindernis, das dem Wachstum Abbotsholmes entgegenstand, war seine Unfähigkeit, den Lehrkörper zu halten. Im Juli 1900, als die neuen Gebäude eingeweiht wurden, war die Schülerzahl auf 61 gestiegen; aber im nächsten Schuljahr folgte der «große Streit». Ein Lehrer ging mitten im Schuljahr ab; ein weiterer bekam einen Nervenzusammenbruch; noch zwei kündigten. Da einige Eltern sich beunruhigt fühlten, wurden dreizehn Jungen von der Schule genommen, und die Zahl fiel auf 33. Während Reddie sich in den USA aufhielt, versuchte die Lehrerschaft seine Rückkehr zu verhindern, indem sie Gerüchte über sein moralisches Verhalten verbreitete; und wenn diese Gerüchte auch aus der Welt geschafft wurden, so beeinflußten sie doch erneut die Schülerzahl. Während des Krieges förderten Reddies deutliche prodeutsche Gefühle die Neuzugänge nicht gerade, und so sank die Schülerzahl auf 13.[14]

(Am Ort tratschte man sogar, daß er vom Schulgebäude aus Lichtsignale gebe, um vorüberfliegenden Zeppelinen die Richtung zu weisen.) Ein Ehemaliger gab einen lebhaften Eindruck von Reddie während seiner Verfallszeit:

> Er war stets eine Mischung von Teufel und Heiligem gewesen, nun übernahm der Teufel das Kommando. Seine Launen waren nicht zu bändigen. Er brüllte, wütete und tobte. Selten betrat er das Klassenzimmer ohne einen Stock. Der Unterricht, soweit davon noch etwas übriggeblieben war, ging völlig in Rauch auf, statt dessen litten wir unter Tiraden gegen die Engländer, gegen die Frauen und gegen die Public Schools. Nur Deutschland wurde gepriesen, obgleich zu eben dieser Zeit deutsche Kugeln alte Abbotsholmer umbrachten. Sein Unterricht wurde zu einem Schreckensregime, das wie eine tödliche Bedrückung über der Fröhlichkeit der Jungen lastete. Selbst das Schwimmen wurde uns vergällt, weil Reddie immer dabei war und uns zubrüllte, wir sollten dies oder jenes tun, besonders weil er uns drängte, drei, vier Meter tief ins Wasser zu tauchen, ohne daß wir das richtig gelernt hatten.

In den zwanziger Jahren führten weitere Streitigkeiten im Lehrerkollegium und wachsender Fatalismus, Bitterkeit und Wunderlichkeit seitens des Direktors zu einem langsamen, unerbittlichen Abstieg, so daß 1927 Dunlop und Hildenbrand die letzten beiden Schüler im Internat waren. Wieviel Schuld für die Mißgeschicke der Schule bei Reddie selbst lag, läßt sich aus dem Wiederaufleben unter dem neuen Headmaster, Colin Sharp, ersehen. Der Abstieg verkehrte sich sofort in das Gegenteil. Innerhalb von drei Jahren hatte die Schule Reddies Höchstziffer von 61 Jungen übertroffen; beim Ausbruch des Zweiten Weltkriegs betrug die Zahl über einhundert.

Ein hoher Prozentsatz der Lehrerschaft bestand stets aus Ausländern. Sie blieben selten länger als ein Jahr, und ihre Englischkenntnisse ließen viel zu wünschen übrig. Sie hatten von Abbotsholme und seinen Zielen gehört. Sie kamen, um es mit eigenen Augen zu sehen, und gingen bald darauf wieder, um in ihrem eigenen Land ähnliche Schulen zu gründen. So war Abbotsholme wie später Summerhill in einer paradoxen Lage: es wurde international berühmt, ohne jemals im eigenen Land etabliert gewesen zu sein. Reddie unterstützte in seiner Anglophobie im allgemeinen ausländische Imitationen von Abbotsholme nachdrücklich, verurteilte aber Versuche in England, seine Leitvorstellungen zu erweitern. Der berühmteste frühe Besucher war Dr. Hermann Lietz, der sich in den Jahren 1896/97 an der Schule aufhielt und, wie wir gesehen haben, einen überschwenglichen Bericht (‹*Emlohstobba*›) verfaßte, nach Deutschland zurückkehrte und seine Landerziehungsheimbewegung gründete: durch ihn kam Kurt Hahn, der Gründer von Gordonstoun, in Berührung mit dem Abbotsholmer Ideal. Natürlich stützten sich die deutschen Schulen auf der Suche nach Inspiration auf die eigene Literatur, besonders auf Goethes ‹*Wilhelm Meister*›. Sie waren möglicherweise sogar noch symbolorientierter als Abbotsholme. Der französische Soziologe Edmond Demolins veröffentlichte 1897 sein Buch ‹*A quoi tient la supériorité des Anglo-Saxons?*›, in dem er den Verfall Frankreichs auf die Prüfungsbüffelei und den verdummenden Einfluß der Familie zurückführte und in dem er Abbotsholme (das er selbst nicht gesehen hatte) als ein Beispiel für jene «Allround-Erziehung» zitierte, die das britische Weltreich geschaffen habe. Demolins begriff nie, daß Abbotsholme nicht typisch für das britische Public School-System war, und er übersah die Tatsache, daß das Britische Empire lange vor der ersten Public School bestand. Dennoch erlebte sein Buch in sechs Monaten sechs Auflagen. Dadurch ermutigt, gründete er vor den Toren von Paris die École des Roches. Der Schweizer Dr. Friedrich Grunder veröffentlichte 1910 ‹*Les Mouvements des écoles nouvelles*› und gründete eine «Neue Schule» in der Schweiz. Reddie war zutiefst besorgt, daß man ihm die Anerkennung schuldig bleiben könne, die er zu verdienen glaubte, oder daß sein Werk falsch gedeutet werden könne. In einem Brief an Grunder schreibt er 1910:

Ferrière[15] zum Beispiel schreibt in einer Lobeshymne auf meinen sehr nahen Freund Dr. Lietz, daß in Abbotsholme vor dem Eintreffen von Dr. Lietz nichts von wirklichem Wert existierte. Für Dr. Lietz muß dies äußerst unangenehm gewesen sein, denn er wäre natürlich der erste, dergleichen zu dementieren. Und Professor Rein, nach seinem ersten Besuch im Jahre 1896 . . . hätte Lietz bestimmt nicht geraten, hierher zu kommen, wenn er der Überzeugung gewesen wäre, daß Abbotsholme ohne Lebenskraft sei . . .

Die berühmteste «Kolonie» von Abbotsholme in England bereitete Dr. Reddie großen Kummer: es war Bedales, 1893 von J. H. Badley gegründet. Badley, geboren 1865, entstammte einer bürgerlichen Familie, die er so beschrieb: «Politisch liberal, in der Moralauffassung puritanisch, der Religion nach evangelisch.» In Rugby liebte er den Boxsport, war aber enttäuscht von dem einseitigen klassisch orientierten Lehrplan, obgleich er sich durch hervorragende Leistungen auszeichnete. Er genoß gleichfalls das Gefühl, Verantwortung zu tragen, als man ihn zum Vorsteher in seinem Haus ernannte. In Cambridge studierte er klassische Philologie und begann, wie vor ihm Carpenter, Walt Whitman zu lesen. Dies führte ihn zu Carpenter selbst und zu Morris und Ruskin. Die Arbeit ‹*Unto This Last*› des letzteren «erweckte in mir zum erstenmal die Erkenntnis, daß jenseits des abgeschirmten Gartens der Kunst, in dem ich zufrieden wanderte, eine Welt voller Probleme und Auseinandersetzungen lag, denen man sich stellen mußte».

Im Frühjahr 1889, auf Wanderschaft im Rheinland und sich an Heinrich Heines Lyrik berauschend, erhielt er einen Brief von Lowes Dickinson, in dem der Plan erwähnt wurde, eine neue Schule zu gründen, «die das Gute der Public School beibehalten sollte, aber eine praktische, anstatt einer akademischen Ausbildung im Rahmen eines Lebens auf dem Lande und auf dieses Leben ausgerichtet, bieten würde». Badley schloß sich Reddie an und blieb von 1890 bis 1892. Vieles an der neuen Schule erregte seine Bewunderung, aber wie so viele andere fand er Reddie unerträglich autokratisch. Er war «das meiner Kenntnis nach verblüffendste Beispiel des Lehrers, dessen Persönlichkeit die Schüler so umfassend dominiert und formt, daß diese – wenigstens während dieser Zeit – durch ihre Bereitschaft, seine Vorstellungen, Gefühle und Gewohnheiten zu übernehmen, in Gefahr sind, die eigene Individualität zu verlieren». Als weitere Komplikation erwies sich, daß Badley 1892 heiratete und Reddie verheiratete Lehrer verabscheute. Also beschloß Badley, eine eigene Schule zu gründen, und 1893 wurde Bedales in Sussex mit drei Schülern eröffnet. Im Jahre 1900 zog man nach Petersfield in Hampshire, wo die Schule seither beheimatet ist.

Wie Reddie wollte Badley das Beste am System der Public School beibehalten; doch im Gegensatz zu Reddie war er der Überzeugung, daß Kooperation durch demokratische, nicht durch autokratische Methoden herbeigeführt werden müsse. Von Beginn an herrschte also in Bedales eine Atmosphäre der Freiheit und Großzügigkeit, wie sie in Abbotsholme unbekannt war. Der Individualismus des einzelnen wurde bei weitem stärker gefördert. Ein weiterer wichtiger Unterschied war Badleys Bekehrung zur Koedukation, die wohl hauptsächlich auf den Einfluß seiner Frau zurückzuführen war. Dies bedeutete für Reddie eine ganz besondere Kränkung. Wie wir gesehen haben, war er davon überzeugt, daß es natürlich, ja sogar edel sei, daß Jungen in der Adoleszenz einander lieben; er sah, daß die Zulassung von Mädchen die schönen Beziehungen innerhalb seines platonischen Kosmos unweigerlich zerstören würden. Seltsamerweise hatte er gegen die Einführung der Koedukation in den deutschen Landerziehungsheimen weit weniger einzuwenden.

Im übrigen entwickelte sich Bedales ziemlich genau nach der Richtschnur Abbotsholme. Man legte den gleichen großen Wert auf Feld- und Gartenarbeit, um den Sportzwang zu ersetzen; kalte Bäder waren obligatorisch; die Schule war voll von Symbolen des «Höheren Lebens»; die Schlafsäle mit gemischten Altersgruppen wurden beibehalten, die Abbotsholmer Regeln allerdings aufgegeben. In der Ernährung, Kleidung, Hygiene und Religion trat Badley weitgehend in Reddies Fußstapfen. Der Unterschied bestand nur darin, daß er die Fähigkeit besaß, diese Ideen ohne jene «deutsche» Logik und jenen «deutschen» Fanatismus akzeptabel zu machen, der die Eltern der englischen Mittelschicht abgestoßen hatte. Obwohl Bedales in vieler Hinsicht – etwa der Koedukation – revolutionärer als Abbotsholme war, war es doch eindeutig weniger «verschroben» und deshalb erfolgreich. Überdies war es wirklich experimentell. Reddies Erziehungsplan stand mit seinem Besuch in Jena (Anfang der neunziger Jahre) fest und wurde danach nie geändert. Badley war gegenüber neuen Entwicklungen viel offener. Er erfaßte die Bedeutung der Fortschritte in der Psychologie für das Erziehungsdenken; er führte in den Abteilungen für kleine Kinder und Grundschulkinder die Prinzipien der Maria Montessori ein (Reddie war an kleineren Kindern nicht interessiert); er experimentierte mit neuen Lehrmethoden wie etwa dem Dalton-System. So bestanden also in Bedales die Voraussetzungen zu einer – wie man es heute bezeichnen würde – echt «fortschrittlichen» Entwicklung. Auf der anderen Seite steckte Abbotsholme in der Falle des Fortschrittsdenkens aus den 1890er Jahren und wurde zunehmend konventioneller, als Reddies Nachfolger die Exzentrizitäten des ersten Direktors abstreiften, ohne der ursprünglichen Mixtur etwas Neues hinzuzufügen.

Teil III

Neill und Summerhill

10. Eine kalvinistische Erziehung

Alexander Sutherland Neill wurde am 17. Oktober 1883 als drittes Kind unter acht Brüdern und Schwestern in der Stadt Forfar/Angus geboren. (Seine Mutter schenkte dreizehn Kindern das Leben, doch fünf starben bald.) Der Großvater väterlicherseits war Arbeiter in einer Kohlenzeche gewesen und hatte den Familiennamen MacNeill geführt: sein Vater, dem ein gewisser sozialer Aufstieg gelang, indem er Schulmeister wurde, ließ das «Mac» fallen. Auch die Mutter, Mary Sutherland Sinclair, war Lehrerin: ihre Mutter – Granny Sinclair – hatte als einziges von zwanzig Geschwistern überlebt (die anderen starben an Tuberkulose) und lebte mit den Neills zusammen. Sie pflegte dem kleinen Alexander Pfefferminzpastillen zu geben und war außerordentlich religiös.

Neills Vater, George, war *dominie* (Schulmeister) an der Kingsmuir School in Forfar und bezog ein Gehalt von 120 Pfund pro Jahr. Als Schulmeister scheint er ein freundlicher, wenn auch etwas pedantischer Pädagoge gewesen zu sein. Als Vater war er streng und abweisend und fest entschlossen, daß durch Erziehung aus seinen Abkömmlingen etwas Gutes werden müsse. Neill erinnert sich: «Uns Kindern hielt er als Vorbild immer einen zerbrechlichen kleinen Jungen mit Brille vor, der nie in seinem Leben irgendwo ein Spiel mitmachte und allen Ernstes weinte, wenn er einmal nicht der Klassenbeste war . . . er wurde später Gepäckträger bei der Eisenbahn.»[1] Seine Mutter liebte er herzlich, «zu herzlich», wie er sagt. Obgleich sie eine freundliche Person war, war sie doch auch ein wenig versnobt und darauf aus, die Nachbarn erkennen zu lassen, daß ihre Kinder ein bißchen besser seien als die der Ackerknechte und Landarbeiter. Während ihrem Gatten daran lag, daß seine Kinder aufgeweckt seien, sorgte sie dafür, daß sie gepflegt aussahen. Willie, der Älteste, war der gescheite Junge, der alle Preise einheimste und schließlich auf die St. Andrews University ging. Er war der Liebling der Eltern und konnte in ihren Augen nichts falsch machen. Später wurde er Geistlicher. Neill selbst fühlte sich seiner Schwester Clunie am engsten verbunden, wenn er auch dem älteren Bruder eine Art Heldenverehrung entgegenbrachte.

Eine kleinbürgerliche Biederkeit war wohl der Grundton im Familienleben der Neills. Die Mutter sorgte dafür, daß die Kinder sogar an Wochentagen bretthart gestärkte Kragen trugen, und sie arbeitete sich zu Tode mit Wäschewaschen und im Bemühen, das Haus makellos sauber zu halten. Zu Hause sprach man Englisch, doch mit seinen Klassenkameraden redete Neill Dialekt. Über sie schrieb er: «Die meisten . . . waren Kinder von Landarbeitern, arm, viele davon unterernährt, oft zerlumpt, brutal, boshaft . . . sie verließen mit vierzehn Jahren die Schule, um in der Landwirtschaft zu arbeiten.» Gewöhnlich wurden die gemeinsamen Spiele mit diesen Kindern abgebrochen, weil die Neills sich in ihre Lehrbücher vertiefen mußten. «Zeit für die Hunde, heimzugehen», schrien die Kinder, wenn Neill und Clunie der strengen väterlichen Aufforderung Folge leisteten. Neill wuchs mit Neidgefühlen gegenüber jenen Kindern auf, deren Eltern keinen Ehrgeiz mit ihrem Nachwuchs entwickelten. «Du wirst in der Gosse enden», pflegte ihn sein Vater anzubrüllen. Vergeblich.

Denn Neill litt unter dem, was man heute als «Lernsperre» bezeichnen würde. «Ich war der personifizierte Gehorsam», erinnerte er sich, «allerdings war mein Gehorsam auf lange Sicht nie zufriedenstellend. Aus Gehorsam starrte ich in die Grammatik von Allen, und dann machte etwas in mir alles zunichte, weil es mir verwehrte, es zu lernen.» Doch war Neill leidenschaftlich an Dingen interessiert: «Meine Taschen waren immer voller Sachen, alte Eisenstücke, Messing, Nägel, Schrauben.» Überdies war er eine Art Erfinder und setzte seine Begabung dafür ein, das Hochrad zu verbessern:

Ich hatte etwas über Hebelwirkung gelesen und folgerte, daß Pedale mit einer Kurbellänge von etwa einem Meter die Fortbewegungsenergie ungeheuer erhöhen würden. Die Schwierigkeit, die beiden langen Kurbelarme kreisen zu lassen, ohne daß sie den Boden berührten, sollte durch einen Mechanismus überwunden werden, der bewirkte, daß sie sich wie Teleskope zusammenschoben, wenn sie sich dem tiefsten Punkt ihres Radius näherten. Nachdem ein Ingenier herzlich über diese Idee gelacht und mir erklärt hatte, wie unmöglich sie sei, gab ich sie auf.[2]

An der Oberfläche war Neills Leben ländlich-friedlich. An jedem Morgen und Abend ging er zu einem Bauernhof und holte die Milch. Die Straßen waren leer, bis auf einige Fahrradfahrer. Er und seine Freunde pflegten an Markttagen in der Nähe der Kneipen herumzulungern in der Hoffnung, daß ihnen ein Bauer einen Penny dafür geben werde, wenn sie ihm das Pferd hielten (das war ihr ganzes Taschengeld). Der alltägliche Trott wurde kaum unterbrochen: eine der Unterbrechungen war das jährliche Schul-Picknick; eine andere der große Markttag, an dem sich die Kinder auf dem Jahrmarkt drängten und die vertrauensseligen Bauern ihr hartverdientes Geld gegen wertlosen Tand und gegen Waren eintauschten, die von zungenfertigen fliegenden Händlern mit allen Überredungskünsten angepriesen wurden. Allem äußeren Anschein nach war der junge Neill – hochgewachsen, mit großen Füßen und Segelohren (sein Spitzname war «Henkeltopf») – seinen Kumpanen recht ähnlich, vielleicht neigte er ein wenig stärker zur Tagträumerei, war aber in keiner Weise bemerkenswert.

Doch der äußere Anschein ist trügerisch, besonders in einer kleinen verträumten Stadt in Schottland. In seinem Roman ‹*The House with the Green Shutters*› (eines der ganz besonderen Lieblingsbücher Neills) porträtierte George Douglas in einer angemessen alptraumhaften Prosa die klaustrophobische Konzentration von Schuld, Haß und Irrsinn in einer kleinen Gemeinde, deren Energien durch eine repressive kalvinistische Moral und durch den Mangel an echten Ventilen durch Arbeit unterdrückt werden. (In den Dramen von Henrik Ibsen wird im wesentlichen eben diese Atmosphäre widergespiegelt.) Man hat Neill oftmals beschuldigt, er karikiere das Christentum als eine Höllenfeuer-Religion, doch kann es kaum einen Zweifel geben, daß der Gott der schottischen *kirk* ein gestrenger Zuchtmeister war, ein Gott der kalten Winde und der schwarzen Kälte, der langen, sturmdurchheulten Nächte, der gewaltigen Winde, die gegen die kahlen Hügel anrennen, und nicht ein Gott der Sonne, der Wärme und des Lichts. Mehr noch, es war ein Gott, dessen Gericht beständig drohend bevorstand. Der Tod war etwas Alltägliches: alle paar Wochen hinterließ eine komplizierte Bestattungszeremonie ein Mahnzeichen für das Abscheiden von Verwandten oder Freunden. Für Neill war der Tod «das große Gericht . . . eine Art grandioser Schulinspektion, und ich für meine Person jedenfalls wußte, daß ich durchfallen würde, denn mein Heft bestand nur aus Klecksen».

Über seine frühe Kindheit berichtet er von:

> . . . den Glocken der *kirk* und dem entsetzlichen Sabbat, wenn man nur mit steifem Kragen und steifen Manschetten spazierengehen durfte und niemals die Erlaubnis erhielt, am Tag des Herrn zu spielen. Die totale düstere Wolke, hinter der Sexualität versteckt wurde . . .

Die *kirk* selbst war nur das äußerliche Symbol für einen freuden-feindlichen Geist; die endlosen Predigten waren bloße Episoden in der tiefgreifenden Melancholie des Kalvinismus. Später sollte Neill schreiben:

> Man unterrichtete uns nicht ausdrücklich in Religion: sie hing in der Luft, eine Atmosphäre der Lebensverneinung . . . Ohne daß man es uns genau gesagt hätte, kannten wir haargenau die Meilensteine auf dem breiten bequemen Weg, der ins Verderben führt: Sexualität, Stehlen, Lügen, Fluchen, den Tag des Herrn entweihen (und dies umfaßte nahezu alles, was Spaß machte).

Der Zusammenhang zwischen Sex und Sünde wurde in Neills Gemüt schon frühzeitig verankert:

> Meine früheste Erinnerung an Sexuelles ist ein Kinderstubenerlebnis. Ich war damals sechs und Clunie erst fünf Jahre alt. Wir hatten uns ausgezogen und untersuchten einander mit großem Interesse und beträchtlicher geschlechtlicher Erregung. Da öffnete sich die Tür, und die Mutter erwischte uns dabei. Sie verdrosch uns und ließ uns niederknien und Gott um Verzeihung bitten . . . Dann wurde ich in das große dunkle Eßzimmer gesperrt. Dieser Vorfall war für viele Jahre prägend.

Diesen Vorfall betrachtete Neill offenbar als entscheidend für seine spätere sexuelle Entwicklung überhaupt. Der Zusammenhang zwischen Sex und Sünde überzeugte ihn davon, daß die romantische Liebe die einzig «reine» sei: «Vom rohen Sex flüchtete ich mich in die Gefilde des idealistischen Sex.» Er entwickelte auch eine, wie er es nannte, «Fixierung auf Clunie», die es ihm offensichtlich lange Zeit erschwerte, sich in ein Mädchen zu verlieben. Er verglich die Mädchen, die er traf, mit seiner Schwester und entdeckte (keineswegs überraschend), daß sie ihr nicht das Wasser reichen konnten. Und schließlich führt er seine Suche nach einem Mädchen aus einer höheren Gesellschaftsklasse auf den Snobismus seiner Mutter zurück. Alles aber war überschattet von einer totalen Unkenntnis der physiologischen Seite der Sexualität. Vor diesem Hintergrund kommt es vielleicht nicht überraschend, daß alle seine Liebeserlebnisse in Frustration und Enttäuschung endeten und daß er erst mit über vierzig Jahren heiratete. Auch ist es keineswegs erstaunlich, daß das wachsende Selbstgefühl in ihm zu einer tiefen und anhaltenden Abneigung gegen ein Erziehungssystem führte, das ihm so lange Zeit die Chance, glücklich zu sein, verwehrt hatte. Er weist jedoch nachdrücklich darauf hin, daß dies sein persönliches Schicksal gewesen sei: «Es sah so aus, als ob ich die ganze Last der Sünden der Familie auf mich lud.» Seine Brüder und Schwestern durchliefen die beschwerliche schottische Jugend ziemlich unversehrt. Warum also sollte Neill als einziger so besonders davon betroffen sein? Unterdrückung durch äußere Umstände kann nicht ausschließlich sein Elend verursacht haben. Das Individuum bringt offensichtlich gewisse persönliche Faktoren in die Erlebnisse ein, die die Art und Weise determinieren, in denen es von den Erlebnissen geprägt wird.

Ohne Zweifel ist es teilweise darauf zurückzuführen, daß Neills Gedanken um diese Fragen kreisten und er, trotz beachtlicher Fähigkeiten, in der Schule auf keinen grünen Zweig kam. Als einziger unter seinen Geschwistern besuchte er nicht die Höhere Schule. Mit vierzehn Jahren, erinnert er sich, besaß er nur ein Talent: «Ich konnte wie gestochen schreiben.» Sein Vater veranlaßte ihn, sich um Buchhalterjobs zu bewerben, und dank der guten Handschrift wurde er als Buchhaltungsgehilfe in einer Gasometerfabrik in Edinburgh eingestellt:

Ich kann den verfluchten Ort noch immer riechen. Mit 14 ging ich also von zu Hause fort und lebte hundert Meilen weit weg allein, und ich glaube, für 6 Shilling pro Woche. Monatelang war ich von Heimweh geplagt und fühlte mich elend. Ich flehte meine Eltern immer wieder an, mich heimzuholen, ich versprach, daß ich hart für die Ausscheidungsprüfung der Boy Clerks arbeiten würde. Mein Vater war der Ansicht, daß eine Stellung im Öffentlichen Dienst etwas Feines sei. Sie holten mich nach Hause, und natürlich konnte ich nicht studieren. Daraufhin schickten sie mich nach Forfar, wo ich Gehilfe eines Tuchhändlers wurde und von 8 bis 8 (sonnabends bis 10) arbeitete. Meine Hauptaufgabe war das Zuliefern von Paketen. Die Gelenke meiner großen

Zehen entzündeten sich und wurden nach und nach steif . . . ich mußte die Stellung aufgeben. Meine Eltern hielten Familienrat über meine Zukunft. Meine Mutter sagte: «George, warum machen wir nicht einen Lehrer aus ihm?» – «Das ist so in etwa alles, wozu er taugt», knurrte mein Vater.

So wurde Neill mit fünfzehn Jahren Lehrerpraktikant in der Schule seines Vaters. Die Unterrichtsmethoden hatten sich in den letzten fünfzig Jahren wenig geändert. Es gab nur einen Lehrer (den Headmaster), der alle Fächer unterrichtete. «Während er die Standard-Klasse IV im Lesen unterrichtete, machte Klasse V Rechenaufgaben. Klasse III gaffte derweilen desinteressiert eine Landkarte an und wartete darauf, daß er herüberkam und ihr ein bißchen Geographie beibrachte.» Mit dem Aufkommen des Bellschen Monitorensystems in den zwanziger Jahren des vergangenen Jahrhunderts hatte es sich eingebürgert, daß der Schulmeister ältere Jungen als Hilfskräfte ohne Bezahlung einsetzte, wodurch das viktorianische Bedürfnis nach möglichst billiger Erziehung befriedigt wurde. Der Schulmeister selbst wurde entsprechend den Erfolgen honoriert, die er mit seinen Schülern bei den Prüfungen der Schulaufsichtsbehörde erlangen konnte, wodurch einmal mehr das viktorianische Prinzip sich Geltung verschaffte, nach dem für Geld Leistung geboten werden mußte. Der Unterricht beschränkte sich auf Lesen, Schreiben und Rechnen, dazu kam noch etwas ausgewählter Wissensstoff. Mit Hilfe der Peitsche ließ sich alles ja auch in den Köpfen der Schüler verankern.

Neill war sicher ein Spätentwickler. Nach vier Jahren als Lehrerpraktikant kam er bei der Aufnahmeprüfung zu einer Lehrerbildungsanstalt auf den 103. Platz bei 104 Kandidaten. Er war dann Ex-Praktikant und ergatterte eine Anstellung in Kingskettle/East Fife, mit einem Gehalt von 60 Pfund im Jahr. Sein Schulleiter Calder war ein strenger Zuchtmeister mit Furunkeln im Nacken. Er «schlug wild auf die Schüler ein und erwartete von mir dasselbe. Ich mußte auf der Seite der Autorität sein, da mein Wunsch nach Spiel sich noch nicht ausgelebt hatte.» Neill schätzt sich selbst nicht gerade als bewundernswert ein: «Damals war nur sozialer Aufstieg für mich wichtig.» Er ging freiwillig zum Militär, setzte sich bei den Wahlen von 1906 für die Konservativen gegen Asquith ein, begeisterte sich im Rahmen des Üblichen für den Schauspieler Henry Irving. Er brachte es außerdem noch zu einigem Ruf als Witzbold im Zeichenunterricht. Mädchen betrachtete er immer noch durch den romantischen Oberklassennebel.

Ich idealisierte nicht gewöhnliche Mädchen. Ich hatte Höheres vor. Das Mädchen, das ich liebte, war stets unerreichbar, stets von einem gesellschaftlichen Rang weit über dem meinen . . . Das Ganze hatte keinerlei bewußten sexuellen Unterton: nicht einmal in meinen Phantasievorstellungen dachte ich daran, sie zu küssen. Ich war es zufrieden, sie auf der Straße vorübergehen zu sehen, und wenn die Angebetete zufällig einen Blick in meine Richtung warf, dann war meine Freude vollkommen.

Eine verzweifelte Liebe zu einer fünfzehnjährigen Schülerin, Margaret, erfaßte ihn, doch brachte er es nie über sich, dies zu erkennen zu geben: die Erinnerung an sie verfolgte ihn noch jahrelang und vermehrte noch seine Schwierigkeiten, den Kontakt zu «wirklichen» Frauen aufzunehmen.

Angesichts dieser gesellschaftlichen Ambitionen entwickelte sich die Aussicht auf ein Leben auf der untersten Stufe des Lehrerberufs (mit einem Höchstsalär von 100 Pfund pro Jahr) mehr und mehr zu etwas entschieden Unerwünschtem. Neill entschloß sich zum Universitätsstudium. Ehrwürden Aeneas Gunn Gordon unterrichtete ihn im Griechischen, die Mathematik erregte sein Interesse. Während zweier weiterer Studienjahre arbeitete er als Lehrer in Newport; als er schließlich mit fünfundzwanzig Jahren (1908) die Aufnahmeprüfung erfolgreich bestanden hatte, immatrikulierte sich Neill an der Universität Edinburgh. Aus seinem eigenen verspäteten geistigen Aufblühen zog Neill handfeste Schlußfolgerungen. Lernen unter Zwang war nur Zeitverschwendung: der Schüler beweise nach außenhin zwar Gehorsam, doch seine Interessen seien auf andere Dinge gerichtet. Diese Interessen wendeten sich nur dann dem Geistigen zu, wenn sich in seinem Kopf ein bestimmter Zweck herausgeformt habe, den zu erfüllen Lernen nötig sei: kurz, Interesse sei eine Funktion eines spezifischen Ziels. Und ohne Zweifel würde sich dieses Ziel früher zeigen, wenn der Schüler von Schuldgefühlen wegen seiner Körperlichkeit befreit würde.

Auf der Universität wechselte Neill von Chemie und Physik zur Anglistik über, arbeitete unter Professor Saintsbury und erlangte den Grad eines Master of Arts mit einer Zwei. Er war Herausgeber der Universitätszeitschrift *Student*, lieferte Beiträge für den *Glasgow Herald* und trug bunte Hemden. Einmal gewann er bei einem literarischen Wettbewerb 40 Pfund und sparte sie haushälterisch; wohl eine bewußte Reaktion auf das verschwenderische Studentenleben, das sein Bruder Willie führte, dessen dauernde Bitten um Geld seinen Eltern Kummer bereitet und den übrigen Kindern das Leben sauer gemacht hatten. (Bis an sein Lebensende bekannte sich Neill zu einer «komischen Knickerigkeit» in Gelddingen.) Wie viele andere Menschen, deren Leben der Kritik am akademischen Establishment geweiht ist, war auch Neill stets sehr stolz auf seinen Titel eines Magister artium, in dem er auf ziemlich kuriose Weise den Beweis für seine intellektuelle *bona fides* erblickte.[3]

Das Leben an der Universität hinterließ in ihm gemischte Gefühle. Den Englischkursus beschrieb er später als «ein Schwindel . . . wir lasen Bücher über Bücher . . . was Coleridge oder Hazlitt über Shakespeare gesagt hatten». Professor Saintsbury «kannte die Schönheiten der Literatur, aber er konnte sie uns nicht deutlich machen». Neill war beträchtlich älter als die meisten seiner Studienkollegen, und er war sich der Ungleichheit in der intellektuellen und emotionalen Entwicklung bewußt, eine Diskrepanz, die noch durch das schottische Erziehungssystem mit seiner hohen geistigen Tradition und seinen strengen presbyterianischen Moralbegriffen verstärkt wurde. Die Studenten, die zum erstenmal aus der strengen Herrschaft von Familie und *kirk* befreit waren, genossen diese Freiheit in vollen Zügen; und das Rowdytum an schottischen Universitäten ging weit über alles hinaus, was südlich der schottischen Grenze üblich war. Eine der Lieblingsstellen Neills in ‹*The House with the Green Shutters*› beschreibt, wie Studenten einem «schwachen» Dozenten bei der Vorlesung mitspielen:

Es war ein Bärenzwinger. Der moralbewußteste Mensch hat seine perversen Tage, an denen ihn ein übelwollendes Schicksal dazu zwingt, das Gemeinste, was in ihm ist, ans Tageslicht zu bringen. Studenten in einer Vorlesung an einer schottischen Universität – also viele höchst moralische Einzelwesen – besitzen eine ähnlich eruptive Tendenz, wenn sie in die Hände eines schwachen Professors geraten . . . Dies war ein solcher Morgen. Der Dozent, ein fähiger Mann, aber ein Schwächling, hatte die Vorlesung damit begonnen, daß er sich für den schlechten Zustand seiner Stimme entschuldigte, weil er eine böse Erkältung habe. Sofort begannen alle Studenten im Auditorium sich zu schneuzen. Einer, mit einem äußerst gewaltigen Zinken begabt, konnte trompeten wie ein Elefant. Er blies sein Taschentuch quer durch den Raum. Aufgefordert, sein Benehmen zu erklären, sagte er: «Also wirklich, Sir, äh, äh, hm – böse Erkältung.» Folgte ein allgemeines Niesen. Dann fingen sie an, mit ihm «Schlitten zu fahren», nach der Melodie von «John Browns Leiche liegt verschimmelnd in sei'm Grab» – und keiner schien es zu singen, aber jeder konnte es hören. Sie trampelten den Rhythmus mit den Füßen . . . Am Ende stürzte der Dozent aufgeregt zur Tür und stieß sie auf. «Hinaus!» kreischte er und wies mit prachtvoller Gestik nach draußen.

Einhundertfünfzig Barbaren blieben auf ihren Sitzen hocken und lachten ihn aus. Also mußte er wohl oder übel wieder aufs Podium zurückkehren. Sein Blick war verwirrt und voll düsterer Rachsucht.

«Ein gelehrter Neurotiker», bemerkte Neill beißend, «ist in nichts verschieden von einem nichtgelehrten Neurotiker.» Den «Studenten an der Universität wurde Wissen beigebracht, aber man hat ihnen nicht erlaubt zu empfinden».

In seiner Universitätszeit entdeckte Neill seine schriftstellerische Begabung, und er beschloß, Autor zu werden. Es gelang ihm, in dem Edinburgher Verlagshaus Jacks die Stellung eines Hilfslektors zu erlangen, und er arbeitete ein Jahr lang als zweiter Lektor an der Herausgabe einer einbändigen Enzyklopädie in diesem Haus und half danach den ‹*Jacks Self-Educator*› zu schreiben. Viele dieser ziemlich traurigen Bände, die in den Anfangsjahren der Erwachsenenbildung groß in Mode waren, kann man noch heute in Buchantiquariaten erwerben. Neills Beitrag waren Kapitel über Literatur und Mathematik, und er schrieb einen Artikel über Zeichnen, das mit eigenhändigen Zeichnungen (nicht gedruckt) illustriert werden sollte. Obgleich seine Ansichten über Literatur zum größten Teil «aus zweiter Hand» stammten, gibt es eine Passage über Stil, an die er sich mit Vergnügen erinnerte:

«Lucy versuchte vergeblich in Morpheus' Traumkönigreich zu gelangen, doch das schreckliche Klagen umherstreunender Katzen holte sie unablässig wieder in den Bereich der harten Wirklichkeiten einer schrecklichen Welt zurück.» Das ist einfach ein blümeranter Stil: «Lucy konnte wegen dem Katzenkonzert auf dem Dach nicht schlafen.»

Später blickte Neill auf seine «Beiträge» mit einem selbstkritischen Stolz zurück, der für ihn charakteristisch war.

Es folgte eine Stellung im Londoner Pressequartier, der Fleet Street, als Art Editor einer neuen Zeitschrift, des *Piccadilly Magazine*. Der Ausbruch des Krieges 1914 würgte dem Unternehmen sofort die Luft ab, und Neill kehrte nach Schottland zurück, wo er sich um die Position des Schulleiters in Gretna Green bewarb. Er erhielt die Direktorenstelle an der Schule, und es wurde «mir zum erstenmal . . . klar, was Erziehung ist». Ein Jahr später – mittlerweile war Neill dreiunddreißig Jahre alt – brachte ihm die Veröffentlichung von ‹*A Dominie's Log*› (etwa: Logbuch eines schottischen Schulmeisters, d. Übers.) das Interesse der Öffentlichkeit als eines gewinnenden und humorvollen Schulmeisters mit eindeutig unorthodoxen Ansichten. Dies sollte das erste Kapitel seiner seelischen Odyssee sein, die ihn von Gretna Green nach Summerhill führen würde.

11. Neue Horizonte

Jeder Schulmeister mußte ein «Logbuch» führen, in das er die Ereignisse an der Schule – Teilnahme am Unterricht, Krankheit, Benotungen usw. – von Tag zu Tag eintrug. «Bemerkungen oder Meinungen allgemeiner Natur dürfen in das Logbuch nicht eingetragen werden», verfügte der «Scottish Code» strikt. Neill beschloß, ein privates Logbuch zu führen, in dem «ich meine Gedanken über Erziehung niederschreiben werde». So besteht sein erstes Buch fast ausschließlich aus Vorfällen aus seinem schulischen Alltag, die er täglich oder wöchentlich niederschrieb und die ihm als «Aufhänger» oder Grundtext für seine generellen Betrachtungen über Kinder, Erziehung, Literatur, nationale Eigenschaften und überhaupt alles dienten, was ihm in den Sinn kam.

Später nannte er sein erstes Buch einen «tastenden Versuch». Sicherlich, es ist in keiner Weise eine zusammenhängende Kritik an dem damals herrschenden Erziehungssystem; eher setzt es sich aus Anflügen von Zweifeln darüber zusammen, was von ihm als Schulmeister erwartet wurde.

Ich begann das System in Frage zu stellen (schrieb er später) . . . als ich begann mich zu fragen, welchen Sinn Dezimalbrüche, das Long Parliament[4], die Exporte Perus für das Leben von Kindern haben sollten, deren Schicksal es sein würde, als Landarbeiter und Schmied zu arbeiten.

Dies war und ist noch heute eine vertraute Klage. Das Ziel der Grundschulausbildung für die Massen war nach den Worten des Standard-Lehrbuchs zu diesem Thema: «. . . die Armen zu einer ehrenhaften und arbeitsamen Armut zu erziehen, in der sie ihren Platz kennen und pflichtschuldig dankbar für empfangene Wohltaten sein sollen.»[5] Adam Smith hatte behauptet, Erziehung befähige die Menschen, die Anmaßungen von Agitatoren und die «egoistischen Beschwerden von Parteien oder Aufrührern . . . zu durchschauen», und binde so das Volk stärker an die etablierte Ordnung. Mit der Verbreitung der Demokratie wurde das Bedürfnis, «unsere Lehrer» zu einer richtigen Einschätzung des «nationalen» Interesses «zu erziehen» – das heißt des Interesses der herrschenden und besitzenden Klasse –, sogar noch dringlicher. Politische Unzufriedenheit wurde weithin als ein Produkt der Unwissenheit betrachtet: die beste Garantie für soziale Stabilität lag in der «Zivilisierung» des Proletariats mittels Lesen, Schreiben und Rechnen und anderer fördernder Disziplinen. Ein weiteres Motiv rückte in den zunehmend härteren Wettbewerbskämpfen der Industrie im späten 19. Jahrhundert in den Vordergrund: die Schaffung einer leistungsfähigen Arbeiterbevölkerung. Man glaubte, daß das Studium anödender Themen die «Gewöhnung an die Industrie» entwickle, was dann der öden Arbeit in der Fabrik zugute kommen werde. Berufliche Erwägungen spielten eine immer größere Rolle. «Praktische Fächer» wurden zunehmend in den Lehrplan eingebaut, während die Kulturtechniken als Vorbereitung für die niedere Schreibtischarbeit dienen konnte, die durch die industrielle Expansion anfiel. Für Neills Schüler in jener Zeit bestand also Erziehung weitgehend in einem «Dressur- und Disziplinierungsprozeß» für primitive Kinder und potentiell primitive Erwachsene, der sie «für das Arbeitsleben» nicht spezifisch oder gemäß der Berufswünsche «fit machen» sollte, sondern indem man ihnen die richtige «Einstellung» und ein gewisses allgemeines Minimalverständnis beibrachte. Diese zivilisierende oder, um ein wertneutraleres Wort zu gebrauchen, sozialisierende Funktion war seit langem von der Kirche erfüllt worden, die sich theologisch mit der Doktrin von der Erbsünde rechtfertigte. Mit der wachsenden Bedeutung der Wählerschaft und ihrer zunehmenden Nützlichkeit als Lohnsklaven hielt man es für nötig, durch eine wohlbedachte Politik dem Arsenal der sozialisierenden Methoden die Erziehung einzufügen, die bis dahin der herrschenden Minorität vorbehalten gewesen war.

Eine weitere, äußerst wichtige Funktion der Erziehung der Arbeiterklasse muß noch erwähnt werden, da sie effektiv die Proteste jener zum Schweigen brachte, die ansonsten sich gegen eine derartige «Formung» der Arbeiterklasse, um sie in eine reaktionäre Gesellschaftsordnung einzupassen, zur Wehr gesetzt hätten. Es war dies die Tatsache, daß durch die Erziehung der gescheite Junge aus der Arbeiterklasse «weiterkommen» konnte. Wenn man Erziehung hauptsächlich als die Chance betrachtete, «weiterzukommen», dann ließ sich jeder Lehrplan und jegliches System, so steril sie auch sein mögen, als «wichtig» für die Zukunft des Kindes rechtfertigen, einfach weil sie für die Arbeitsplatzbeschaffung nützlich sind.

Auch Neill selbst spielte mit der meritokratischen Vorstellung als einer Antwort auf sein Dilemma:

> Unser Erziehungssystem ist wirkungslos, weil es nicht weit genug geht. Der Staat sollte dafür sorgen, daß jedes Kind die allerbesten Chancen erhält. Margaret (ein gescheites Kind) sollte auf eine Höhere Schule und an die Universität gehen können, ohne Gebühren zahlen zu müssen. Ernährung, Kleidung, Bücher und Reisekosten sollten für sie frei sein.

Doch die meritokratische Lösung befriedigte Neill nur kurze Zeit, und zwar eben weil sie sich so leicht dem Prinzip anpassen ließ, nach dem «das Kind für das Arbeitsleben trainiert» werden sollte. Angenommen jedoch, die «Arbeit», für die die Gesellschaft das Kind trainierte, wäre verdummend und unkreativ? Daß dem so war, daran bestanden für Neill keine Zweifel: er sah die «Lohnsklaverei» als Regel. Seine Ansichten klingen wie ein Echo von Blake: «Weil ich auf der Heide glücklich war ... bekleideten sie mich mit dem Gewand des Todes.» In seinem ersten Buch zitiert Neill Nietzsche: Wenn die Menschen in einer degenerierten, gemeinen Umwelt lebten, dann werde derjenige der Anpassungsfähigste sein, der sich am meisten der Degeneration und Gemeinheit einfüge; er werde überleben. Sollte es also das Ziel der Erziehung sein, das Kind für «eine degenerierte gemeine Umwelt» auszurüsten? Ziel und Aufgabe der Erziehung, schloß Neill, sei es, die Menschen zu lehren, wie sie leben sollten: das Schulgesetz verlangte von ihm, daß er Menschen beibringe, wie sie sich ihren Lebensunterhalt verdienen könnten. Zwischen beidem herrschte nicht zwangsläufig ein Gegensatz, vorausgesetzt die Gesellschaft böte dem einzelnen Freiräume für eine schöpferische und befriedigende Arbeit. Doch wenn sie dies nicht tat, mußte man die Wahl treffen: entweder die Kinder lehren, «wie sie leben sollten», oder sie den Bedürfnissen der Gesellschaft – selbst unter Preisgabe ihrer Lebensmöglichkeiten anzupassen.

Diese Formulierung beinhaltete revolutionäre Folgerungen. Denn angenommen, die Funktion der Erziehung sei es hauptsächlich, den einzelnen an die Gesellschaft anzupassen, dann folgte daraus, daß sich bedeutendere Veränderungen in der Erziehung erst ergeben könnten, wenn die Gesellschaft selbst verändert worden wäre. Es gab also die Wahl, entweder ein einsamer Pionier mit geringem Einfluß zu sein oder sich einer radikalen sozialen Bewegung anzuschließen, die sich die Veränderung der Gesellschaft in der erwünschten Richtung zum Ziel gesetzt hatte.

Doch diese Überlegungen greifen vor. In ‹*A Dominie's Log*› umging Neill das Dilemma einfach. Er argumentierte, daß die Menschen für das Arbeitsleben im Beruf selbst ausgebildet werden sollten und daß die Erziehung davon frei und für anderes bestimmt sein müsse, wie etwa die Entwicklung der Phantasie und der Selbstbewußtheit. In dieser Richtung entpuppt er sich als Verfechter der Erziehungsphilosophie von Ruskin und Reddie: deren Ziel die Veredelung von Geist und Persönlichkeit ist. Er wollte seinen Kindern «das Beste» in der Literatur und der Musik geben. Erziehung sollte sich mit «großen Gedanken, mit den ästhetischen Dingen» befassen. «Zeichnen, Musik und Dichtkunst», schrieb er, «sind sicherlich geeignet, dem Kinde das vollere Leben zu verdeutlichen, in dem stets die Schönheit anwesend sein muß.» Sexualität war eine «wunderbare schöne Sache». Die einfachen Freuden des Landlebens wurden dem «Leid der Industrialisierung» gegenübergestellt. Doch Neill war bestenfalls ein zaudernder Kandidat des «Höheren Lebens», denn seine eigenen kindlichen Strebungen waren keineswegs vollkommen sublimiert. «Ich habe diese Notizen zu schreiben begonnen», schrieb er, «um meine Erziehungslehre zu entdecken, und ich stelle fest, daß ich mich selbst dabei entdecke.»

Was er dabei in sich selbst entdeckte, war das Kind in ihm – nicht Reddies idealistischer Jüngling, sondern ein un-gezogenes Kind voller Spaß und Unsinn und Respektlosigkeit; und mit dieser köstlichen Entdeckung löste sich der Wunsch in nichts auf, das Kind «zu formen» und seine Instinkte auf die höheren Werte hinzulenken. Lehren wurde für Neill eine Erforschung seiner eigenen Gefühle – eine Art Psychoanalyse. Die Befreiung des ursprünglichen Kindes in ihm selbst, das unter Repressionen und Hemmungen begraben gelegen hatte, verlangte von ihm, daß er zum Spielgefährten seiner Schüler werde, daß er sich ihre Ansichten zu eigen mache, ihr Verhalten billige, weil er sich selbst dadurch mehr bestätigte als verleugnete. Indem er sich in den Kampf für die Freiheit seiner *bairns* (schott. für «Kinder») stürzte, focht Neill den Kampf für seine eigene emotionale Freiheit aus. Indem er sich der Interessen und Sehnsüchte der Kinder annahm, konnte er von da aus versuchen, seine eigenen neu zu entdecken und neu zu erleben. Je mehr der gestrenge Schulmeister verschwand, desto stärker kam der unterdrückte Schuljunge ans Tageslicht.

Nach und nach verzichtete er auf körperliche Bestrafung. «Würde ist etwas», schrieb er, «das ich verabscheue» – eben weil sie die Trennung von seinen Schülern unterstrich. «Ich bemühe mich sehr, die Freuden der *bairns* zu teilen»: er ging mit ihnen Drachen steigen lassen, las ihre Comic-Hefte und förderte ihre schüchternen Schwärmereien. Seine eigene Neigung zum Humor oder zum «Spaß» war dabei eine unschätzbare Hilfe: er gab etwa folgende Aufgabe: «Schreibe einen lustigen Dialog zwischen einem Ziegelstein und dem Straßenköter, mit dem er in Berührung kam.» Der schlechte Schüler, so überlegte er, ist ausschließlich ein Ergebnis fehlerhafter Behandlung. An der Verurteilung zweier jugendlicher Straftäter übte er wie folgt Kritik: «Ich hätte die Jungs zum Tee eingeladen und sie mit *Comic Cuts* und einem ansehnlichen Vorrat von Kaugummi nach Hause geschickt.»

Dies ist in etwa die Beschreibung Neills von seinen Tagen in Gretna Green. Mit Widerstreben muß man den Schluß ziehen, daß ein gut Teil dieser seiner aufgeklärten Schulmeisterei leider nur in seinem Kopf stattfand. Der Angriff hatte gerade erst begonnen.

In seinem nächsten Buch, *‹A Dominie Dismissed›*, geht seine Phantasie einen Schritt weiter und wird persönlicher. Neills innerer Geisteskampf wird als Konflikt zwischen ihm und MacDonald dramatisiert, «einem anständigen Kerl mit freundlichem Charakter: manchmal habe ich das Gefühl, daß ich ihn wirklich gern mag». Dann gibt es da eine Margaret Thomson, die Neill nach einer zugleich romantischen und bildenden Affäre heiratet: denn Neill ist ein sehr didaktischer Freier und breitet beständig seine Theorien über das Leben aus. Es scheint sich dabei um jene Margaret gehandelt zu haben, mit der Neill in Wirklichkeit nicht zu sprechen wagte. Und schließlich erhält Neill die Strafe für seine unorthodoxen Ansichten und Praktiken. Er wird mit Schimpf und Schande entlassen. Die Szene ist rührend beschrieben:

> «Kinder», hob ich wieder an, «ich gehe jetzt fort» . . . Ich mußte mir erneut die Nase schneuzen . . . «Ich nehme nicht an, daß einer von euch versteht, warum ich fortgehe, aber ich werde versuchen, es euch zu erklären. Eure Väter und Mütter haben mich entlassen. Sie sagen, ich sei kein guter Lehrer gewesen, ich hätte euch zuviel Freiheit gegeben. Ich bin mit euch hinausgegangen, um zu zeichnen, zu fischen und zu spielen. Ich habe euch lesen lassen, was ihr wolltet, habe euch tun lassen, was euch Spaß machte . . . Ihr und ich, wir haben die Beete und den Steingarten angelegt; wir haben den Teich ausgehoben, und wir haben die Forellen und Elritzen gefangen und die Wasserpflanzen eingesetzt. Wir haben den Taubenschlag gebaut und die Kaninchenkäfige. Wir haben unsere Lieblingstiere zusammen gefüttert. Wir –» Ich weiß nicht mehr, was dann geschah. Ich zog mein Taschentuch heraus, aber nicht, um mir die Nase zu putzen.

Der echte Neill verließ Gretna Green etwa zu dieser Zeit, aber aus weit weniger «fortschrittlichen» Gründen: er meldete sich als Freiwilliger und wurde 1916 eingezogen. Entweder müssen die schottischen Erziehungsbehörden außergewöhnlich aufgeklärt gewesen sein (was recht unwahrscheinlich ist), oder Neills Bruch mit der traditionellen Schulpraxis ging bei weitem nicht so weit, wie man aus den *‹Dominie›*-Büchern schließen könnte. Neill machte keine plötzliche Konversion durch. Er war keine impulsive Persönlichkeit und neigte nicht zu einem schlecht durchzuhaltenden Enthusiasmus. Eher war er in vieler Hinsicht der typische vorsichtige Schotte; und so ist der bestimmende Eindruck, den man über jene Jahre gewinnt, der eines langsamen, hartnäckigen Ringens, um sich aus den presbyterianischen, «lebensfeindlichen» Verankerungen zu befreien.

Der große Wendepunkt in Neills Leben kam, als er dem Amerikaner Homer Lane begegnete. Als Offiziersanwärter in der Artillerie war Neill in Trowbridge/Wiltshire ganz in der Nähe von Lanes «The Little Commonwealth», der Schule für straffällige Kinder, stationiert. Früher hatte er bereits von Lanes Arbeit gehört. Nun besuchte er die Schule selbst und hörte Lane eine halbe Nacht lang über seine Erziehungstheorie dozieren. Später erinnerte sich Neill: «Dieses Wochenende . . . war wahrscheinlich der wichtigste Meilenstein in meinem Leben.»

Lane konnte genial mit «Problemkindern» umgehen und besaß überdies eine beachtliche Fähigkeit, sich Freunde (und Feinde) in einflußreichen Kreisen zu schaffen. Nach einer abwechslungsreichen Laufbahn in den Vereinigten Staaten – als «Sloyd»-Lehrer[6] und als Superintendent eines Rehabilitationszentrums für Straffällige in Detroit (der «Ford Republic») – kam er nach England und gründete in Hampshire unter dem Schutz des Innenministeriums «The Little Commonwealth».

Der Biograph Lanes, David Wills, schreibt: «Dieser einfache, verwirrende, demütige, eitle, weise, närrische, mit Schmutz besudelte, unschuldige, glückliche und tragische Mann war seiner Zeit ein halbes Jahrhundert voraus.» Die Grundüberzeugung Lanes war, daß «ein schlechter Junge das Beispiel von guten Eigenschaften» sei, die «fehlgeleitet» wurden. Ein Kind wird kriminell, wenn ihm Liebe und Verständnis fehlen und wenn seine Triebe durch eine repressive und strafsüchtige Erziehung pervertiert werden. Demzufolge liege die «Heilung» darin, Liebe und Bestätigung zu schenken, mit Lanes Worten: «auf der Seite der Jungen» zu stehen, ferner an ihre «guten» Eigenschaften zu glauben und ihnen zu vertrauen, indem man den Jungen erlaubt, ihr Leben selbst zu bestimmen (Selbstregulierung).

Sowohl «The Ford Republic» wie «The Little Commonwealth» besaßen hochkomplizierte Verfassungen, denen zufolge die Jungen als Offiziere und Bürger an einem Miniaturstaat teilnahmen. Lane schildert dramatische «Heilungen» auf der Grundlage dieser Prinzipien, wie etwa, wenn er an einer Porzellanzertrümmerungsorgie teilnahm, um Jason, einem antisozialen Jungen, zu demonstrieren, daß er «auf seiner Seite» stehe; doch im allgemeinen scheint er sich auf die therapeutischen Qualitäten einer liebevollen und permissiven Umwelt verlassen zu haben. Später kleidete er seine Schlußfolgerungen in Freudianisches Vokabular, doch verdankten sie Freud gar nichts: sie waren eine Frucht der Intuition Lanes und seiner Fähigkeit, mit den kriminellen Kindern in «empathischen Kontakt» zu treten.

Es erwies sich, daß Neill Lanes Ansichten ohne Schwierigkeiten übernehmen konnte. Auch er hatte das Gefühl gehabt, «auf der Seite des Kindes» gegen die Erwachsenen zu stehen. Auch er hatte dunkel gefühlt, daß Zustimmung und Freundlichkeit die Methoden sein müßten, um «alles Gute», das in den Kindern lag, hervorzuholen. Auch er hatte selbst die katastrophalen Auswirkungen einer strengen moralistischen Erziehung erfahren. Lanes Theorie von den Instinkten und Repressionen lieferte Neill die intellektuelle Rechtfertigung für seine vormaligen «tastenden Versuche»; mehr noch, Lanes «Therapie» bot anscheinend die Hoffnung, daß seine eigenen Ängste von ihm genommen werden könnten.

Nach dem Ende des Ersten Weltkriegs richtete Neill es so ein, daß er in das «Little Commonwealth» zurückkehren und Lane in seiner Arbeit helfen konnte. Doch als es soweit war, war das Experiment bereits in sich zusammengebrochen. Lane wurde beschuldigt, eines der straffälligen Mädchen sexuell mißbraucht zu haben, und obgleich bei einer Untersuchung Lanes Unschuld zweifelsfrei festgestellt und er von der Anklage freigesprochen wurde, verlangte das Innenministerium seinen Abschied als Preis für die weitere (staatliche) Anerkennung der Schule. Aber die Geldgeber wollten «The Little Commonwealth» nicht ohne ihn weiterführen und schlossen das Unternehmen. Lane etablierte sich in London als privater Psychotherapeut und zog einen Patientenstamm (er pflegte seine Patienten «Schüler» zu nennen) an sich, in dem unter anderem ein Vizekönig Indiens, ein Bischof und zahlreiche andere Honoratioren auftauchten. Unterdessen war Neill, der gerade sein Offizierspatent erhalten hatte, wegen eines Nervenzusammenbruchs aus der Armee entlassen worden.[7]

Er ging nach London, um bei Lane seine Psychoanalyse fortzusetzen. Zum gleichen Zeitpunkt erhielt er eine Lehrstelle an der King Alfred School in Hampstead.

Die King Alfred School war 1897 eröffnet worden. Im Gegensatz zu Bedales war sie nicht ein direkter Ableger von Abbotsholme, obwohl über Professor J. J. Findlay, der ein Freund und Bewunderer Reddies war und einer der Förderer von King Alfred wurde, eine Verbindung bestand. Außerdem hatte der erste Headmaster, C. E. Rice, in Bedales vier Jahre lang Naturwissenschaften unterrichtet. Von Anfang an schloß dieses Internat Koedukation ein, obwohl diese Entscheidung wahrscheinlich mehr durch den zeitgenössischen Kampf für die Emanzipation der Frau motiviert war als durch die Erkenntnis, daß es für die Entwicklung des Gefühlslebens wünschenswert sei, Jungen und Mädchen gemeinsam zu erziehen. Einer der Mitbegründer der Schule, der Bildhauer Hamo Thorneycroft, taufte seine Tochter auf den Namen der Tochter König Alfreds, Elfrida, die jener «weitsichtige Monarch in den Freien Künsten unterrichten ließ», womit der Vater den Anspruch seiner Tochter auf Erziehung dem Anspruch gleichsetzte, den er für seine Söhne für erstrebenswert hielt. Tatsächlich herrschte in dieser Neugründung ein militant rationalistischer Ton mit moralischen Ansprüchen, der zweifellos auf die Klientel aus Hampshire zurückzuführen sein dürfte. Es sollte keinerlei Religionsunterricht und keine Gottesdienste geben. Die philosophische Beeinflussung war humanistisch mit theosophischen Akzenten. Im übrigen folgte die Schule – soweit es ihr Charakter als Tagesschule erlaubte – den Richtlinien der Reformerziehung, wie sie von Reddie und Badley festgelegt worden waren. Es gab einen sorgfältig abgestimmten Lehrplan, «der die verschiedenen Unterrichtsfächer miteinander verbinden sollte, statt sie als getrennte, unabhängige Gebiete zu behandeln». Wo es sich als möglich erwies, wurde die Erziehung «im Freien, im Garten, Feld oder an den Hecken» durchgeführt. Das Naturstudium und handwerkliche Arbeiten erhielten Vorrang, Streifzüge und Picknicks in den Chiltern Hills wurden organisiert. Preise, Noten und Prüfungen waren abgeschafft. Es gab keine körperliche Züchtigung. Für diese neuen Ideen wurde energisch Propaganda betrieben; Konferenzen wurden einberufen, Textunterlagen verteilt, bedeutende Männer zu Vorträgen eingeladen. Bereits im Jahre 1900 marschierten Besucher in «beunruhigender» Zahl nach Hampstead, um zu sehen, wie die «vernünftige» Schule funktioniert.

> You need not be proper, though,
> Which is a cheerful thought,
> Except when visitors (our foe)
> Are to the buildings brought.
> They stand and gaze with open mouth;
> In fact they're like lost sheep.
> They come in flocks from north and south,
> Disturbing lessons deep.[8]

Diese Beschwerde eines Zöglings an der King Alfred School in jenen Tagen wurde von Generationen von Schülern an progressiven Schulen seither wiederholt.

In diese ziemlich selbstzufriedene Gemeinschaft brach Neill mit seinen von Homer Lane übernommenen Ketzereien ein: Er forderte die Schülerselbstverwaltung, wogegen sich die Leitung und die Lehrerschaft energisch wehrten.[9] Allerdings hat es den Anschein, als habe man Neill erlaubt, in seiner Klasse die Selbstbestimmung einzuführen. Aber ebenso klar ist, daß dies ein Mißerfolg war. Die Angelegenheit bekommt eine pikante Note, da Homer Lanes jüngster Sohn, Allen, damals elf Jahre alt, in Neills Klasse Klassensprecher war und, wie seine Schwester aufzeichnete, «meistens in Teufels Küche war». In seinem Buch ‹*A Dominie in Doubt*›, das er nach seinen Erfahrungen an der King Alfred School veröffentlichte, läßt Neill seinen «prügelnden» Schulmeister MacDonald an seiner Dorfschule ein Experiment mit der Schülerselbstverwaltung einführen. Der Versuch scheitert, weil «er will, daß seine Kinder die Verwaltung der Schule selbst übernehmen, aber daß sie dies nach seinen Vorstellungen von Verwaltung tun».

Etwa in dieser Zeit hat Neill Bedales zum ersten und einzigen Mal besucht. Bei seinem Abschied fragte Badley Neill: «Und was halten Sie von unserer Schule?» Neill antwortete: «Ein ziemlich trüber Ort. Ich hab den ganzen Tag nicht ein einziges Mal ‹verdammt› gehört.»

Bedales trat genau in die Fußstapfen der Reddieschen «Höheren-Lebens»-Philosophie. Die Schulgebäude waren von einem Schüler William Morris' namens Lupton entworfen worden und sollten antiindustrielle Qualitäten symbolisieren. Badley förderte das Tanzen à la Morris, die «Lustigkeit» und vor allem eine «gesunde Einstellung zur Sexualität».

Die Katastrophe des Ersten Weltkriegs hatte Reddies Konzept der nationalen Erneuerungsbewegung zu einem alten Hut werden lassen. Es wurde eine viel grandiosere, durchgreifendere Erneuerungsbewegung nötig. H. G. Wells schrieb: «Ein Wettrennen fängt an zwischen Erziehung und Vernichtung.»

12. Die Neue Erziehung

Auf große Kriege folgen stets Perioden, in denen das Interesse an Erziehung außergewöhnlich ansteigt. Der Krieg 1914–1918, der bislang größte aller Kriege, führte zum stärksten pädagogischen Gärungsprozeß der Neuzeit. Er hatte allen jenen einen tiefen Schock versetzt, die mit der bequemen viktorianischen Vorstellung von einem nie endenden Fortschritt aufgewachsen waren. Die Wiederherstellung der Institutionen, die man auf der Friedenskonferenz in die Wege leitete, genügte nicht: nichts Geringeres als die Wiederherstellung der Menschheit war erforderlich, sollten weitere Katastrophen verhindert werden. Die *New Era*, das Publikationsorgan der New Education Fellowship, die 1920 gegründet wurde, um die unterschiedlichen nationalen Bewegungen innerhalb der Reformerziehung an einen Tisch zu bringen, definierte als Aufgabe der Erziehung «die Förderung eines Geistes demokratischer Brüderlichkeit». «Freiheit und Toleranz und Verständnis», erklärte die Herausgeberin, Mrs. Beatrice Ensor, «haben in den versteckten Kammern der menschlichen Seele die Türen aufgesprengt, die so sorgfältig verschlossen gehalten waren, und verbreiten sich nunmehr trotz aller Ruhelosigkeit und Zerstörung in unseren Zeiten.»

Bei ihrem Versuch, den Geist der Freiheit, Toleranz und des Verständnisses, der bislang in «den versteckten Kammern der menschlichen Seele verschlossen» gewesen war, dauerhaft zu befreien, fanden die fortschrittlichen Erzieher Anregungen in der Theosophie und der Neuen Psychologie.

Die Theosophische Gesellschaft war 1875 von Madame Helene Petrowna Blavatsky, einer russischen Dame von obskurer Herkunft, freien Sitten und mit einem beeindruckenden Register (gefälschter) okkulter Erfahrungen, gegründet worden. Aus diesen wenig vielversprechenden Anfängen hatte sich die «Gesellschaft» als erneuernde Kraft unter der Führerschaft von Mrs. Annie Besant blühend entwickelt, als diese nach dem Tode Madame Blavatskys im Jahre 1891 die Leitung übernommen hatte.

Die 1847 geborene Annie Wood erlebte schon in jungen Jahren intensive religiöse Visionen. Sie sehnte sich danach, die «Braut Christi» zu werden, wurde jedoch statt dessen die Frau des Ehrwürden Frank Besant, eines Hilfsgeistlichen von engstirniger pedantischer Frömmigkeit, der wohl kaum ein angemessener Ersatz gewesen sein dürfte. Angewidert verließ sie ihn und kämpfte jahrelang mit «Zweifeln», die sich erst lösten, als sie Charles Bradlaugh, einen berüchtigten Freidenker und Atheisten, in der «Hall of Science» traf. Unter seinem Einfluß stürzte sie sich voller Enthusiasmus in radikale politische Aktivitäten, wobei sie sich u. a. für die Geburtenkontrolle einsetzte und eine führende Rolle im Match-Girls-Streik von 1887 spielte.

Doch ihre romantische Natur konnte sich nicht lange damit zufriedengeben, für Sidney Webb, den unromantischsten aller Männer, Briefmarken anzufeuchten, oder selbst von einem Podium aus Heilmittel der Fabier für die sozialen Mißstände der Zeit zu verkünden. Ihre Sehnsucht zielte auf etwas «Spirituelleres», und in dieser Seelenverfassung stieß sie auf Madame Blavatskys gigantisches Werk ‹*Die Geheimlehre: Synthese von Wissenschaft, Religion und Philosophie*› (1888; dt. 1889–1906, drei Bde.). Ihre Bekehrung fand offensichtlich plötzlich statt. Ihr Biograph, Theodore Besterman, schreibt:

> Nachdem sie sich der Theosophischen Gesellschaft angeschlossen und Schülerin Madame Blavatskys geworden war, verlor Mrs. Besant jegliche Geduld mit den mühseligen Bemühungen um eine Erneuerung der Gesellschaft. Ihre Augen waren nicht mehr länger auf irdische Dinge gerichtet; sie hingen wieder fest an einem fernen Stern, einem Gral, einer Hoffnung, einer Inspiration. Nacheinander gab sie die Mitgliedschaft in der National Secular Society, der Fabian Society, dem London School Board und den Kampf für die Streichholzarbeiterinnen und in anderen Gewerkschaften auf.

In dieser Stimmung erlebte sie kurz nach ihrer Bekehrung in Fontainebleau die Erscheinung «der strahlenden Astralfigur des Meisters, der meinen körperlichen Augen sichtbar wurde».

«Die Schwierigkeiten zu einer gerechten Einschätzung der Theosophischen Gesellschaft zu gelangen», schreibt Besterman, «sind nichts, verglichen mit der Schwierigkeit, einen genauen Begriff der Theosophie selbst zu erhalten.» Der noch am meisten zugängliche Teil des Lehrgebäudes bestand in einer Adaptation des hinduistischen Glaubens an die Wiedergeburt. Das Leben war demnach ein kontinuierlicher Prozeß, der lange vor der Welt entstanden war und der auf sehr viel höherer Stufe in anderen Teilen des Universums sich fortsetzte. Es gab «eine direkte Kontinuität der Form in ihren primitivsten Ausprägungen bis hinauf zu den unsichtbaren Formen der Göttlichkeit und darüber hinaus». Mögliche Göttlichkeit lag für jede lebende Kreatur in Reichweite: ein gutes Leben würde durch die Inkarnation in einer höheren Lebensform belohnt werden, bis hinauf in die Astralsphäre und darüber hinaus. Ab und zu würden Seelen, die ihren astralen Lohn verdient hatten, als Führer und Propheten auf die Erde zurückgesandt, um anderen auf dem Pfade der Entwicklung voranzuhelfen: Mrs. Besant selbst und andere Führer der Theosophischen Gesellschaft waren solche Seelen. Diese Lehrer wurden in Verbindung zu den «Meistern» gesetzt, einer Unterorganisation der Gottheit, die irgendwo im Himalaya wohnen sollten. Diese Meister hielten Gericht über die Menschheit und entschieden, wer auf der Stufenleiter des Lebens aufsteigen und wer sinken würde.

Dieser Humbug faszinierte nicht etwa fortschrittliche Erzieher, vielmehr nahmen die Theosophen internationalistische und erzieherische Anregungen begierig auf. Ein Leitziel der Theosophischen Gesellschaft war es, «einen Kern der Universalen Bruderschaft der Menschheit zu bilden, ohne Unterscheidung nach Rasse, Glaubensbekenntnis, Geschlecht, Kaste oder Hautfarbe». Dieses Ziel folgte aus der Lehre, daß potentielle Göttlichkeit allen Menschen gemeinsam sei. Natürlich fühlten die Theosophen eine selbstverständliche Affinität zu Indien: Mrs. Besant ließ sich dort nieder, um den Meistern näher zu sein, und stürzte sich kopfüber in den indischen Befreiungskampf, schrieb aber auch unermüdlich Lobeshymnen auf die traditionelle indische Kultur. Der großzügige, wenn auch etwas vage Internationalismus der Theosophie war gut mit den Hoffnungen und Gefühlen der Welt nach dem Ersten Weltkrieg in Einklang zu bringen.

Ein weiteres Ziel der Theosophie – «die . . . im Menschen verborgenen Kräfte zu untersuchen» – war eine natürliche Verbindung zur Erziehung. Charles Leadbeater, der wichtigste Assistent der Mrs. Besant, war an diesem Aspekt speziell interessiert, obwohl seine Ansichten, wie diese «Kräfte» entwickelt werden sollten, etwas eigentümlich waren.[10] Er war es, der den neuen Lehrer der Welt, dessen bis dahin letzte Inkarnation Christus gewesen war, im Körper eines kleinen Inderjungen namens Krishnamurti entdeckte, der dann später Leadbeater und alle seine Werke bloßstellen sollte. Führende Theosophen wie Beatrice Ensor stürzten sich jedenfalls begeistert in die neuen erzieherischen Reformbewegungen und versahen sie mit einer Sprache, die angemessen erhebend und optimistisch war.

Freuds Einfluß auf die Neue Erziehung ist zwar wesentlich gehaltvoller, er läßt sich aber nur schwer in kurzen Worten zusammenfassen. Am stärksten wirkten seine fundamentalen psychologischen Kategorien – die Libido und das Unbewußte –, weniger seine Methoden der Therapie oder seine philosophischen Spekulationen. Doch selbst diese Kategorien wurden nur in verwässerter Form übernommen. So waren es zum Beispiel mehr die Libidointerpretationen Jungs als die Freuds ebenso wie die Jungsche Definition des Unbewußten, die allgemeine Billigung erlangten, wohl deshalb vor allem, weil sie sich in die übrigen Glaubensvorstellungen der fortschrittlichen Erzieher leichter einpassen ließen. Jung insbesondere kann als das Bindeglied zwischen Neuer Psychologie und der Neuen Theologie, die die Theosophen, Humanisten und die verschiedenen anderen nichtsektiererischen Verkündiger einer neuen Religion der internationalen Brüderlichkeit vertraten, betrachtet werden. Die Libido bei Jung war alles andere als die von Freud dargestellte Anhäufung von Instinkten und Trieben. Sie war weit mehr dem theosophischen Begriff der Seele verwandt, die beständig nach dem Höheren strebt; sein «kosmisches» oder «kollektives Unbewußtes», die ursprüngliche Quelle der individuellen Libido, konnte leicht als Gott (oder «Causa Prima») in theologische Sprache übertragen werden. Kurz, Jung war für jene Erzieher attraktiv, die in der Neuen Erziehung einen Platz für den religiösen Drang suchten und denen die ihrer Meinung nach morbide Beschäftigung Freuds mit der Sexualität zuwider war.

Mrs. Ensor war eine typische Verkünderin dieser Ausprägung der Neuen Psychologie. Im Jahre 1915 wurde ihr die Idee eingegeben, «innerhalb der Theosophischen Gesellschaft eine Gruppe von fortschrittlichen Lehrern zu bilden, deren Arbeitsgrundlage der Glaube an die in jedem Kind latent vorhandenen spirituellen Kräfte sein sollte, Kräfte, die – freigesetzt – eine neue Welt schaffen könnten, in der alle wahre Glückseligkeit finden können».[11]

«Die höchste Errungenschaft des Menschen», schrieb sie etwas unverständlich in einem Leitartikel in der *New Era*, «ist es, die Blume des Lebens selbst zur Blüte zu bringen.»

Die Kerntheorie der Neuen Erziehung in der Sprache Jungs lautete in etwa so: Jedes Kind verfüge über eine Libido oder eine Lebenskraft, die nach Vollendung und Vervollkommnung strebe. Dieses Streben werde jedoch durch die vom Unbewußten ausgehenden Zwänge von seinem wahren Ziel abgelenkt. Das Unbewußte beherberge jenen Teil der Libido, dessen kreativer Ausdruck durch fehlerhafte elterliche und schulische Erziehungsmethoden frustriert und unterdrückt worden sei. Da kreative und produktive Impulse vereitelt würden, drücke er sich in Neurosen aus, die die Form von Haß, Grausamkeit und Sadismus annehmen könnten und deren Manifestation Zerstörung und Krieg seien. «Das Unbewußte bewußt machen», wie das Schlüsselwort der New Education lautete, bestand darin, die repressiven Kräfte der alten Erziehung zu beseitigen und statt dessen mit Freundlichkeit und Liebe, Verständnis und Geduld die Libido in ihre authentischen Ausdrucksformen umzuleiten und so dem Menschen zum erstenmal in seiner Geschichte die volle Verwirklichung seiner Möglichkeiten zu bieten. «Um unsere Lebensaufgabe zufriedenstellend zu erfüllen», schrieb ein Mitarbeiter der *New Era*, «muß unser aller Libido sozusagen beständig zirkulieren und darf nicht in unprofitablen Investitionen festliegen.» Sechzig Jahre früher hatte Matthew Arnold ziemlich das gleiche Gefühl ausgedrückt:

Doch der Wille ist frei:
Stark ist die Seele, weise, schön:
Der Samen göttergleicher Macht noch in uns:
Und Götter sind wir, Barden, Heilige, Heroen, wenn wir wollen.

J. A. M. Alcock lieferte 1921 in einer Vorlesung vor der Arbeitsgruppe Erziehung des Oxford Labour Club ein konkretes Beispiel dafür, wie durch fehlerhafte pädagogische Techniken das natürliche Strömen der Libido blockiert werden kann:

Wenn man einen kleinen Jungen eine bestimmte Zeit lang in einem Zimmer einsperrt und ihm sagt, er müsse Arithmetik lernen, und wenn in dieser Zeit seine Libido effektiv draußen im Garten ist, dann baut man in diesem Jungen eine Dis-Assoziation auf. Das bedeutet, daß man ihm eine so starke psychische Reizung zufügt, daß er um einen herum einen Autoritätskomplex aufbaut. Und dies kann eine Repression und die Nichtentwicklung seiner mathematischen Kräfte zur Folge haben, die ein wesentlicher Bestandteil seines geistigen Funktionierens sind ... Wenn man ihm andererseits erlaubt, sich im Garten auszutoben, und dann Mathematik vorschlägt, wird er sich dem möglicherweise mit seiner vollen Libido zuwenden. Man sieht, was ich vorschlage, ist ... eine Kombination von Pflicht und Vergnügen.

Dies war für den «gesunden Menschenverstand» typisch, mit dem die Engländer das Problem angingen. Mrs. Ensor würde es dagegen zweifellos für unangemessen prosaisch gehalten haben. «Das Problem», erklärte sie in einer seltsamen Mischung aus theosophischer und jungianischer Terminologie,

besteht darin, eine rhythmische Harmonie zwischen den unterschiedlichen Ausdruckskanälen aufrechtzuerhalten, so daß das Leben ununterbrochen durch sie strömt und das Individuum in zunehmendem Maß die Quelle, das kollektive Unbewußte, die kosmische Lebenskraft, anzapfen kann. Genau wie im Körperleib jede Art von Blockierung oder Krankheit den Strom der Lebenskraft behindert, so hindern geistige und emotionale Verwirrungen das harmonische Fließen des Lebens aus dem All in das Individuum.

Von der zweiten internationalen Konferenz der New Education Fellowship in Montreux (1922) kehrte sie stark ermutigt zurück. Das Wesensmerkmal der Neuen Erziehung, bemerkte sie, sei «die Überlegenheit des Spirituellen über die Materie, die Idee eines *inneren* Selbst, die das Kind lernen kann, mit Hilfe der Anregungen, die wir ihm geben, *nach außen* auszudrücken, statt (der Vorstellung) von einem leeren Gefäß, in das wir Wissen eingießen müssen . . .» Was aber war dieses «innere Selbst»? Dr. Adolphe Ferrière, mittlerweile Herausgeber des französischen Teils der *New Era,* hatte es «als der Engel in uns» definiert, «der versucht, unsere Instinkte zu überwinden». Von einem Vortrag Jungs inspiriert, schloß Mrs. Ensor:

> Lassen Sie uns als Gemeinschaft das kollektive Unbewußte unserer Gruppe entwikkeln, so daß jedes Mitglied, wie weit es auch im Raum von anderen entfernt sein möge, sich jederzeit an das kollektive Unbewußte der Gemeinschaft anschließen könne . . . und so die Begeisterung gewinne, weiterzugehen, wie einsam der Weg auch sein möge . . .

Auf der Konferenz der New Education Fellowship in Locarno im Jahre 1927 wurde die «wahre Bedeutung der Freiheit in der Erziehung» diskutiert.

> Man traf einander und sprach in Gruppen an Straßenecken oder in Hotelhallen; an den Wänden hingen kunsthandwerkliche Ausstellungsstücke; der tschechische Bakule-Chor bewies, wozu das Genie bei der Befreiung der Kinder fähig ist; es gab einen Abend mit Nationaltänzen; die Deutschen und andere sangen Volkslieder . . . der große indische Botaniker Bose vertrat eine Einheit alles Lebens durch seine Entdeckungen, daß Bäume und Pflanzen Nerveneinrichtungen genau wie wir besäßen. Ja, all dies zielt auf internationale Sympathie und guten Willen ab . . .

Dr. Elisabeth Rotten aus Deutschland definierte die Wahre Freiheit als «das Sicherheben zum höchsten Gipfel der aktiven Persönlichkeit». Professor Bovet sprach über die verschiedenen Arten der Freiheit – die künstlerische Freiheit, Lehrstoff-Freiheit, die Freiheit in der Selbstverwaltung – und gelangte zu der Überzeugung, daß wirkliche Freiheit in der Ausweitung dieser speziellen Freiheiten auf das Leben selbst bestehe. Mrs. Ensor definierte mit ihrer typischen Verschwommenheit Freiheit als das Relativitätsgesetz, «auf die Seele angewandt». «Der wirklich *freie* Mensch», sagte sie zusammenfassend, «ist jener, der sein inneres Wesen versteht und durch den die Lebenskräfte fließen, unbehindert von Hemmungen und Repressionen; es ist außerdem jener, der eine vollkommene Kontrolle über seinen Körper, seinen Geist und seine Gefühle besitzt.»

Man könnte sehr wohl die Frage stellen: wodurch unterschied sich denn all dies von den Zielen Dr. Reddies, dessen eigene Schule zu dieser Zeit auf kaum ein halbes Dutzend Zöglinge zusammengeschmolzen war? Schließlich war auch ihm klar gewesen, daß die Methode, in seinen Schülern «Stärke» zu entwickeln, darin bestand, ihre Neugier und ihre Gefühle zugunsten des Erziehungsprozesses einzuspannen und dann in die richtigen Kanäle zu lenken. Er hätte sicherlich Mrs. Ensors Überzeugung geteilt, daß «das Spirituelle dem Materiellen überlegen» sei, daß «Schönheit ein wirkungsvolles Mittel der Beeinflussung ist ... möglicherweise die höchste Beschwörung des Geistes», ebenso wie ihr Verlangen, daß das Klassenzimmer mit schönen Gegenständen angefüllt sein müsse. Wenn seine Methoden nicht so freundlich waren, dann rührte dies mehr von seiner autoritären Persönlichkeit her als von einem bewußten pädagogischen Prinzip. In der Bedales-Variante vermochte das Experiment von Abbotsholme, ohne Bruch der Kontinuität, sowohl die Theosophie wie die Neue Psychologie zu assimilieren.

Eines der Kennzeichen der «neuen Welle» war das große Interesse an den frühen Kindheitsjahren. Reddie hatte sich ausschließlich um Heranwachsende gekümmert: die Neue Erziehung wollte die Kinder vom zartesten Alter an in die Hand bekommen, damit nicht später Geld verschwendet werden müsse, «den bereits angerichteten Schaden wiedergutzumachen». Ansonsten bestanden die Veränderungen hauptsächlich in Akzentverschiebungen wie größerem Respekt vor der Individualität des Kindes und in einer verbesserten Technik: denn in den zwanziger Jahren wurde der Erziehungsmarkt von neuen Techniken überschwemmt, deren jede – wie die Patentmedizinen – stolz den Namen ihres Erfinders trug und die alle von den leichtgläubigen Praktikanten der neuen Erziehung begierig geschluckt wurden.

Sir John Adams definierte die Tendenz der neuen Erziehung als «Paidozentrizismus» oder als kindzentrierte Erziehung. Ihr Grundprinzip war der Glaube an die selbsterzieherischen Eigenschaften des Kindes. «Die fundamentale Grundlage der Neuen Erziehung», schrieb die unermüdliche Mrs. Ensor, «ist die Erkenntnis, daß alle Kräfte und Fähigkeiten im Kind liegen, daß deshalb jegliche Erziehung Selbst-Erziehung sein muß. Die Funktion des Erziehers beruht einfach auf der Bereitstellung äußerer Anregungen, die nötig sind, um den Prozeß der Selbst-Erziehung entlang den Pfaden in Gang zu setzen, auf denen Bewußtsein in Kontakt zur Umwelt tritt.»

Der einflußreichste Verfechter dieser Ansicht war der Amerikaner John Dewey. Er glaubte, daß ein Kind durch Erfahrung lerne. Aufgabe des Erziehers war es also einfach, erziehende Erfahrungen zu liefern. Dewey drückte nie deutlich aus, welcher Unterschied zwischen einer erziehenden und einer nichterziehenden Erfahrung bestehe, doch grundsätzlich nahmen die neuen Erzieher an, eine erziehende Erfahrung sei etwas, das die latenten «Kräfte» in einem Kind wecke und entwickle. Im wesentlichen boten alle Lieferanten neuer erzieherischer Techniken in der einen oder anderen Form «erziehende Erfahrungen» an.

Eine der frühesten auf diesem Gebiet war Dr. Maria Montessori. Bei ihrer Arbeit mit etwa dreijährigen Kindern in römischen Armenvierteln entdeckte sie im ersten Jahrzehnt unseres Jahrhunderts erstaunt, daß «die normalen Charakteristika der Kindheit» bisher unter der Maske von «Abweichungen» verborgen gelegen hatten. Ihre Kinder wiesen «ganz spontan» erstaunliche geistige Konzentrationsfähigkeit, Ordnungsliebe und Neigung zum Wiederholen, eine Vorliebe für die Arbeit vor dem Spiel und den Wunsch nach Stille auf. «Es war, als sei eine höhere Persönlichkeitsform freigelegt worden», bemerkt der Biograph Maria Montessoris. Maria Montessori erkannte sofort die ungeheure Bedeutung für die Erziehung, die sich aus ihrer Entdeckung ergab. Denn wenn es gelang, dieses «spontane» Ausströmen kindlichen Geistes vor den Wagen des Lernens zu spannen, dann könnte die Erziehung nicht nur sehr viel früher beginnen, als man bisher angenommen hatte, sondern sie könnte auch in völliger Freiheit durchgeführt werden, da der «innere Drang» des Kindes den Anreiz zur Leistung bieten würde. Mit diesem Ziel entwarf sie «didaktische Apparate» wie Zylinder, Stangen, Würfel, Glocken usw., um die motorischen und sensorischen Fähigkeiten des Kindes zu entwickeln; Apparaturen, die «den Bedürfnissen des Kindes so direkt und genau entsprechen, daß es sich dazu hingezogen fühlt, spontan für lange Zeitperioden damit zu arbeiten». «Die Montessori-Freiheit», erklärte Pater Drinkwater etwas bedrohlich, «ist die uneingeschränkte Freiheit, das Richtige zu tun.» Signora Maccheroni traf 1920 in England ein, um das Montessori-Evangelium zu predigen, wo sie auf heftigen Widerstand seitens der Fröbelianer stieß, die mit ihren «Kindergärten», die bis auf die siebziger Jahre zurückgingen, bereits so etwas wie ein Monopol in fortschrittlicher Kindererziehung errungen hatten.

Maria Montessori hatte ausschließlich mit sehr jungen Kindern gearbeitet, doch es herrschte auch kein Mangel an neuen Techniken, die intellektuelle Entwicklung älterer Kinder anzuregen. Diese Techniken stützten sich alle bis zu einem gewissen Maß auf das Interesse für oder die Einsicht des Schülers in das Lernproblem, was dem traditionellen Erzieher weitgehend entgangen war. So ersetzte etwa der Dalton-Plan, den Miss Helen Parkhurst entwickelte, den Klassenunterricht durch eine individuelle Arbeitsverteilung, die sich auf zwei Wochen oder einen Monat erstreckte und dem Kind die Freiheit beließ, sich die Zeit für die verschiedenen Themen so einzuteilen, wie es wollte. Die Winnetka-Technik, vom Amerikaner Carleton Washburne entwickelt, war eine frühe Vorläuferin der Lernmaschine. Der Lernplan des Schülers war in Leistungseinheiten oder -stufen aufgegliedert, die alle sorgfältig gemeistert werden mußten, ehe er zur nächsten weitergehen konnte; man lieferte ihm Materialien zur Selbstkorrektur und zum Selbstunterricht, die die Arbeit im Klassenzimmer weitgehend entbehrlich machten. Die auf Deweys Ideen aufbauende Project Method schließlich versuchte das Interesse des Kindes am Schauspielen, Konstruieren, Geschichtenerzählen usw. einzusetzen, um historische Stadien in der Entwicklung der Zivilisation kooperativ nachzugestalten.

Andere Techniken waren nicht sosehr darauf angelegt, das intellektuelle Verstehen (wie immer man es definierte) zu fördern, sondern durch kreative und künstlerische Tätigkeit die Phantasie und Originalität des Kindes freizusetzen. Es gab unter anderem Norman MacNunns Erziehung durch Theaterspielen, Professor Cizeks Erziehung durch Kunst, Bakules Erziehung durch Musik, Dalcrozes Erziehung durch Eurhythmie (ein Training der körperlichen Anmut und Harmonie durch Tanz) und viele andere mehr. Keine fortschrittliche Schule, die etwas auf sich hielt, konnte in den zwanziger Jahren stolz das Haupt erheben, wenn sie nicht interessierten Eltern einen ganzen Katalog derartiger Techniken für die Anregung der intellektuellen und schöpferischen Entwicklung ihrer Kinder anzubieten hatte.

Was strebten die fortschrittlichen Erzieher an? Das Wort «Technik» liefert eine Teilantwort. Die fortschrittlichen Erzieher waren von der Ineffizienz der traditionellen Methoden entsetzt, sogar in bezug auf deren beabsichtigte Ziele. Die alten Erzieher wollten das Kind zum Lernen bringen, doch sie riefen Ressentiments gegen das Lernen hervor. Sie versuchten christliche Moral einzupflanzen, bewirkten jedoch nur allzu oft «unsaubere Gedanken» und verkorkste Persönlichkeiten. Weite Bereiche potentieller menschlicher Fähigkeiten wurden kaum berührt: der «gewöhnliche» Junge wurde praktisch ignoriert. Diesem Fehlverhalten lag nicht nur Unwissenheit zugrunde, sondern der Glaube an den Sündenfall der menschlichen Natur, und hiervon rührt die Unfähigkeit einzusehen, bis zu welchem Grad das Kind möglicherweise an seiner Erziehung aktiv mitzuwirken imstande wäre. Die «Fortschrittlichen» schlugen vor, Zwang und Techniken des «mechanischen Lernens» durch andere zu ersetzen, die anregend waren und schlummernde Interessen und potentielle Fähigkeiten ausnutzten. Aus diesem Blickwinkel wird die Revolution der fortschrittlichen Erziehung weitgehend zu einer Reform von Technik und Verständnis, mit der wirksamere Methoden erschlossen wurden, das zu erreichen, was der Erzieher jeweils zu erreichen wünschte. Wahrscheinlich wirkten die reformerischen Ideen auf diesem Sektor am stärksten auf die traditionelle Erziehung ein. Die fortschrittlichen Schulen in England waren in dieser Periode gewissermaßen Experimentierlaboratorien, in denen neue Techniken der Erziehung erprobt wurden, die man dann – angemessen modifiziert – auf das staatliche Unterrichtssystem übertragen konnte.

Es wäre jedoch falsch, wenn man die fortschrittlichen Schulen in England primär als Zentren für angewandte Erziehungspsychologie betrachtete, als Testplätze für neue Techniken. Obgleich dieser Bereich ihrer Arbeit sich für die Staatsschulen als äußerst nützlich erwies, nahm er in ihrem eigenen Interessenfeld keine zentrale Stellung ein. Reddie und Badley hatten beide damit begonnen, das Public School-System zu reformieren, und zahlreiche Ansätze und Neuerungen sind nur vor dem Hintergrund der Internatserziehung an den Public Schools signifikant.

Koedukation etwa war nur dann «fortschrittlich», wenn es sich um ein Internat handelte: in Schottland war sie seit Jahren an der Tagesschule praktiziert worden. Dies rührte von der Überzeugung her, daß es «unnatürlich» sei, Jungen und Mädchen in der Adoleszenz voneinander zu trennen. Ähnlich steht es mit dem Angriff auf den Sport, der Umformung der Chapel und des Präfektensystems, der Entthronung des Unterrichts in Klassen. All dies war nur in einem abgeschlossenen Milieu sinnvoll, in der die Schule das ganze Leben des Kindes kontrollierte. Durch die Reorganisierung des Internatslebens erwies sich die fortschrittliche Schulbewegung als eine sehr exklusive Angelegenheit der Oberschicht mit nur begrenzter Relevanz für das Problem der Massenerziehung.

Doch die Ziele der Bewegung erschöpften sich nicht in Experimenten mit neuen Techniken und in der Reorganisierung der Internate. Wie wir gesehen haben, strebten die fortschrittlichen Erzieher einen neuen Menschentyp an. Nach 1918 stießen viele Menschen zu der Bewegung, die das bestimmte Ziel vor Augen hatten, die Ursachen für Kriege durch Erziehung zu beseitigen. Geoffrey Crump, Lehrer an einer Public School, der 1919 nach Bedales ging, schrieb:

> ... die vierjährige Hinmetzelung jener Jungen, die wir mitgeholfen haben, in den Tod zu schicken, hat mich von zweierlei überzeugt: erstens, daß der Hauptgedanke in dem, was wir sie zu lehren bemüht waren, irrational war, und zweitens, daß es nutzlos war. Die Ursachen des Krieges waren das direkte Ergebnis jener Ideen, die seit Generationen der Jugend in jedem europäischen Land eingeflößt wurden ... Alle Konventionen, die ich bislang ohne Skrupel akzeptiert und weitergereicht hatte – religiöse, moralische, patriotische und soziale, konnte ich nun nicht mehr unbefragt akzeptieren oder weitergeben ... Darum wendete ich mich den ‹Neuen Schulen› zu ...

Krieg entstand nicht nur durch einen befangenen Geschichtsunterricht und das militaristische Training der Kadettenanstalten, sondern durch Erziehungsmethoden, die die Persönlichkeit verkrüppelten und Spannungen und Unzufriedenheit hervorriefen, aus denen Grausamkeit, Neid und Haß erwuchsen. Darum bemühten sich die Neuen Schulen bewußt darum, eine «internationale» Persönlichkeit zu schaffen, und dies stellt in bezug auf die Zielsetzungen ihren stärksten Bruch mit der Tradition der Public School dar.

Schließlich waren die Neuen Schulen unheilbar romantisch. Rousseau, Ruskin, Carpenter und Whitman waren die geistigen Paten. Man betonte Kreativität und Erfüllung auf Kosten der Denkdisziplin, was durch die sehr «romantische» Interpretation, die man der Neuen Psychologie unterlegte, noch verstärkt wurde. Für die Neuen Schulen (wie für Blake und Rousseau) war das Kind die Quelle alles Guten, die Welt die Wurzel alles Bösen. Sie wollten das Kind aus den Fesseln der Gesellschaft befreien, auf daß es seine gottähnlichen Möglichkeiten erkenne; diese

Befreiung würde gleichzeitig die Welt vor Kriegen schützen, die auf Unzufriedenheit und Frustration gediehen. Diese Romantisierung des Individuums war auf unentwirrbare Weise mit antiindustriellen und antitechnokratischen Wertvorstellungen verknüpft. In der Industrialisierung sah man das Joch eines «unnatürlichen» Lebens, das dem modernen Menschen oktroyiert werde, das seine Fähigkeit der Selbsterfüllung verkrüpple, indem es ihn in seiner Entwicklung an die Bedürfnisse der Industriemaschinerie anpasse, die die kreative Arbeit unmöglich mache und kreative Muße vernichte. Die fortschrittliche Schulbewegung in England läßt sich vielleicht am ehesten als die Nutzanwendung des romantischen Denkens auf die Erziehung verstehen, als einen Versuch, in der Schule das romantische Bild vom Menschen und vom Universum wirksam werden zu lassen. Zweifellos war dies der Gesichtspunkt, der bei dem fortschrittlichen Schulmeister am stärksten Anklang fand.

Die Ungereimtheiten im Glaubensbekenntnis der «Fortschrittlichen» sind sinnverwirrend, doch wir brauchen hier nur eine zu beleuchten: die Diskrepanz zwischen dem Glauben an «Selbstverwirklichung» und dem bestimmten Wunsch, einen gewissen Gesellschaftstypus zu verwirklichen. Die «Fortschrittlichen» glaubten anscheinend, daß «Nichteingreifen» zu einer «internationalen» Persönlichkeitsstruktur führen werde. Doch für eine solche Annahme gab es wirklich keinen Grund. Indem sie so dachten, stolperten sie in die alltägliche Falle, das für wahr zu halten, was sie wünschten, daß wahr sei.

Um 1922 konnte die *New Era* dreiundzwanzig New Schools in England aufzählen, und die Zahl nahm ständig zu, wenn auch einige der Gründungen sich als Eintagsfliegen erwiesen. Mrs. Ensor eröffnete 1926 Frensham Heights als «Demonstrationsschule» der New Education Fellowship. Die Mädchen und Jungen waren in «Häusern» mit den Bezeichnungen «Ausdauer», «Höflichkeit» und «Kooperation» untergebracht. Auch Dartington Hall begann 1926 als «einzelner Zweig eines großzügigen Plans ländlicher Entwicklung auf einem Grundbesitz von tausend Morgen. Der Plan umfaßt Forschungsarbeit in Landwirtschaft, Geflügelzucht, Forstwirtschaft, im Obstanbau, dazu Textilverarbeitung und Baumschulen.»[12] Unter dem Direktor William Curry entwickelte sich das Internat gemäß sehr «freier» Richtlinien. St. Christopher's Letchworth, eine 1918 gegründete theosophische Schule, annoncierte «Freie Entwicklung und Charakterformung nach individuellen Richtlinien: «nichtsektiererische religiöse Unterrichtung, die Toleranz und Verständnis für religiöse Auffassungen vermittelt; Arbeit im Freien, Kunst- und Kunsthandwerklicher Unterricht; Weben; Eurhythmie nach Dalcroze usw.». Die Wychwood Girls School versuchte zwei Fliegen mit einer Klappe zu schlagen und bot «Selbstverwaltung und fortschrittliche» Erziehung, «doch mit den althergebrachten Idealen der Höflichkeit und Bildung». Im Jahre 1927 eröffnete Bertrand Russell mit seiner dritten Frau, Dora,

Beacon's Hill in der Nähe von Bedales, mit dem Ziel, Kinder zu schaffen, die «von Liebe inspiriert und von Wissen geleitet» sind.

Das charakteristische Muster der fortschrittlichen Schule nach dem Ersten Weltkrieg ist leicht erkennbar. Im geistigen Bereich bot sie Montessori-Abteilungen, Dalton-Pläne, Projektmethoden usw. an, die darauf abzielten, das Lernen «interessanter» zu gestalten und so die Notwendigkeit von Belohnung und Strafe im Unterricht zu beseitigen. Die Phantasie der Schüler wurde durch alle möglichen «kreativen» Aktivitäten wie Kunst und Kunsthandwerk, Eurhythmie, Theaterspiel, Dichtkunst und Musik gefördert. Die Umgebung wurde durch Reproduktionen der Meister der Malerei verschönt, und bei der Morgenversammlung wurde Bach gespielt. In der Disziplin war man liberal. Körperliche Züchtigungen waren abgeschafft, als Regel galt «Verständnis». Die Zöglinge nannten die Lehrer beim Vornamen und gaben sich eine Verfassung mit Parlamenten, Beiräten und Komitees, um über die Bereiche ihres eigenen Lebens selbst zu bestimmen, die der Lehrkörper erlaubte. Die «natürliche» Lebensweise ergab sich durch die ländliche Umgebung fast zwangsläufig und wurde durch vegetarische Kost, Koedukation, kurze Hosen und Sandalen und Nacktbaden gefördert. Eine internationale Zusammenarbeit wurde durch nichtnational orientierten Geschichtsunterricht und nichtkonfessionellen Religionsunterricht erreicht. Die Kinder neigten zu einer offenen Ausdrucksweise und Nachlässigkeit in ihrer äußeren Erscheinung. «Also, auf Wiedersehen, du verdammte alte Trantante», soll ein kleines Mädchen an einer recht bekannten Schule zu einem seriösen älteren Fräulein gesagt haben, das mit den besten Absichten das Internat besichtigen wollte. «Problemkinder», die an den «freieren» Neuen Schulen stets in einer gewissen Prozentzahl vertreten waren, bedachten Besucher mit Flüchen, bliesen ihnen Rauch ins Gesicht und klauten aus ihren Taschen, worauf die Besucher entweder mit masochistischer Bewunderung oder übertriebenem Entsetzen reagierten. Gerüchte über gottlose Orgien grassierten. Als ein Geistlicher Beacon's Hill besuchte, soll ihm ein nackter Teenager die Tür geöffnet haben. «Mein Gott», entfuhr es dem verblüfften Kleriker. «Es gibt keinen Gott», antwortete das Mädchen und knallte ihm die Tür vor der Nase zu.

Trotz ihrer Marotten und Exzentrizitäten waren aber die meisten dieser Schulen aufgeschlossen und ziemlich seriös. Man glaubte, daß Koedukation das sexuelle Verlangen eher verringere als steigere: Bedales etwa war stolz darauf, Sexualität durch Kameradschaft ersetzt zu haben, und wies auf die glücklichen Bruder-Schwester-Beziehungen zwischen Mädchen und Jungen hin.

Sidney Unwin, der Zögling in Abbotsholme gewesen und Hauspräfekt in Bedales wurde, hatte keine Zeit für die Methoden von Disziplin aus Freiheit:

Er stellte für sich selbst (erinnert sich ein Ehemaliger von Bedales) einen furchterregend hohen Verhaltensmaßstab und erwartete, daß alle anderen dem gerecht würden – und wehe dem Jungen, dem das nicht gelang! Durch sein Beispiel wie durch Vorschriften brachte er uns bei, sauber, ordentlich, pünktlich, abgehärtet, höflich und zuvorkommend zu sein. Es gelang ihm immer unheimlich gut, jemandem in die Quere zu kommen, der vom rechten Pfad abwich: sein untrügliches Auge übersah nichts ... Bei den nächtlichen Inspektionen der Hände, Ohren und Füße in den Schlafsälen ... wurde rigoros nachgeprüft, ob wir uns in dem eiskalten Wasser sorgfältig gewaschen hatten. Ich erinnere mich, daß er bei einer Gelegenheit ein Vergrößerungsglas hervorholte, um festzustellen, ob der Fleck auf der Zehe eines Jungen, der ihn störte, Schmutz war oder eine natürliche Verfärbung der Haut.

Dies war eine Seite in der fortschrittlichen Erziehung, die in populären Kommentaren häufig übersehen wurde; doch sie war charakteristisch für eine Tradition, die von Reddie bis Kurt Hahn reichte, und sie war natürlicher Ausdruck jener Moral, mit der die fortschrittlichen Erzieher den Menschen zu reformieren und dadurch die Gesellschaft zu verwandeln hofften.

Und wo stand Neill in Beziehung zum Hauptstrom der fortschrittlichen Entwicklung? Nachdem er die King Alfred School verlassen hatte, wurde er im Juli 1920 Mitherausgeber der *New Era*. Seine Leitartikel schlugen einen neuen Ton an – «In unseren verkorksten Schulen finden wir zu viele Ideale» –, der in angenehmem Kontrast zu der ernsten idealistischen Prosa von Mrs. Ensor stand. Bald wurde deutlich, daß sich ein Streit zusammenbraute.

Neill fand das Gewicht, das Mrs. Ensor der «Seele» beimaß, von Anfang an abscheulich. «Das wesentliche Ziel jeglicher Erziehung», verkündet die Verfassung der New Education Fellowship, «ist es, das Kind darauf vorzubereiten, in seinem Leben die Vorherrschaft des Geistes zu suchen und zu verwirklichen.» Für Neill hieß das, daß der Körper unterdrückt und dem Kind Ideale oktroyiert würden. Sicher hatten jene tiefernsten idealistischen alten Jungfern, von denen die Welt der fortschrittlichen Erziehung voll war, wenig Interesse am Körperlichen. Für sie typisch scheint die Annahme gewesen zu sein, daß Kinder eine höhere und eine niedrigere Natur besäßen, wovon erstere durch den Montessori-Apparat und den Dalton-Plan entwickelt, letztere durch Vegatarianismus und, etwas subtiler, durch moralische Ermahnung unterdrückt werden müsse. Neill war gegen das Moralpredigen in jeglicher Form: «Die Bischöfe und die verdrehten sandalentragenden Schulmeister», schrieb er, «stimmen darin überein, daß das Kind zum ‹Licht› geführt werden müsse. Es macht keinen Unterschied, ob das Licht das Licht des Kreuzes oder das Licht des Spätimpressionismus ist; der Zweck ist der gleiche – Erhebung.» Für Neill bedeutete, «auf der Seite des Kindes zu stehen», nicht die Seite des gottähnlichen zukünftigen Erwachsenen, sondern die

Seite des wirklichen Kindes zum aktuellen Zeitpunkt. Ihm lag nichts daran, hehre Anliegen durch Erziehung zu fördern. «Für die Kinder ist es beinahe so gefährlich, wenn man ihnen den Pazifismus beibringt, wie den Militarismus . . . man will den Charakter formen.»

Im Jahre 1921 nahm Neill an der Eröffnungskonferenz der New Education Fellowship in Calais teil, wo er einen Vortrag über Freud hielt. Danach begab er sich zu einem Urlaub bei Freunden in Hellerau bei Dresden. In der Vorstadt lag ein großes Gebäude, das 1912 als eine Dalcroze-Schule geplant worden war. Man hatte es aufgeteilt: Christine Baer, die Frau des Architekten der Schule, gab einer kleinen Klasse Eurythmie-Unterricht, während der Rest der Schule für den Unterricht der Kinder vom Ort (nach «fortschrittlichen» Gesichtspunkten) bestimmt war. Neill und Christine Baer beschlossen, eine internationale Sektion in Gemeinschaft mit den beiden anderen Schulen einzurichten, wobei Neill die deutschen Schüler in Englisch unterrichten sollte, während seine Schüler die übrigen Fächer belegen konnten. Er konnte 400 Pfund in dieses Projekt investieren – eine enorme Summe in einem von der Inflation geschüttelten Land. Bald jedoch entwickelten sich Spannungen zwischen der deutschen und der embryonalen internationalen Sektion:

> Wir unterschieden uns im Grundsätzlichen. Die ‹Neue Schule› wurde von Idealisten geleitet, von denen die meisten zur deutschen Jugendbewegung gehörten. Sie lehnten Tabak, Alkohol, den Foxtrott und das Kino ab und trugen die Kluft der Wandervögel. Wir auf der anderen Seite hatten andere Ideale: wir waren gewöhnliche Leute, die Bier tranken und rauchten und Foxtrott tanzten. Unsere Absicht war es, unser eigenes Leben zu leben und die Kinder ihr eigenes Leben leben zu lassen. Wir meinten, daß sich die Kinder ihre eigenen Ideale bilden würden.

Der «Wandervogel» war eine Gruppe der Jugendbewegung und wurde 1904 von Schülern und Studenten als Gegenbewegung gegen die wachsende Industrialisierung gegründet. «Sie kampierten nachts in Wäldern, rezitierten Gedichte und Legenden am Lagerfeuer, trafen sich in Gruppen und sangen ihre Volkslieder, lernten ländliche Tänze, schlossen freundliche Kontakte mit den Bauern.»[13]

«Ob Regen oder Sonnenschein», schrieb Mrs. Ensor begeistert, «ob man zu Fuß, per Zug oder per Schiff reist, überall in Deutschland stößt man auf Schulklassen, den Rucksack auf dem Rücken, die singend über Brücken und durch Wälder, über die Marktplätze, längs der Flüsse und Kanäle wandern . . .» – «Sie trinken nicht, und sie rauchen auch nicht», lautete Neills knapper Kommentar. Für ihn waren sie Idealisten, die den Körper haßten; Unterdrücker ihrer eigenen unbewußten Sehnsüchte, die «kindische Lieder singen und kindische Tänze aufführen, so feierlich, als wären sie Wilde, die einen unbekannten Gott anbeten».

Es war (erinnert sich Neill) ein aufregendes Abenteuer. Wir hatten Schüler aus jedem europäischen Land außer Spanien. Wir übernahmen die Deutsche Abteilung, und damit begannen die Reibereien. Die deutschen Lehrer waren ganz auf Charakterbildung aus. Die Lehrer rauchten und tranken nicht und gingen nicht ins Kino, weil sie ihren Schülern ein nachahmenswertes Beispiel sein sollten. Ich teilte mich mit dem deutschen Leiter in das Gebäude. Ich hatte das obere Stockwerk. Manchmal kam es vor, daß meine Gruppe abends nach Grammophonplatten tanzte, während er unten seinen Goethe oder Nietzsche vorlas. Einer nach dem anderen schlich sich die Treppe herauf, um zu tanzen. Natürlich führte das zu Verstimmungen.

Die Reformschulbewegung in Deutschland hatte sich ziemlich genau nach den Reddieschen Prinzipien vom Höheren Leben entwickelt, mit einer starken zusätzlichen Prise idealistischer Philosophie. Paul Geheeb hatte 1906 mit Lietz gebrochen und seine Koedukationsschule Wickersdorf in Thüringen gegründet. (1909 schied er aus, um die Odenwaldschule zu gründen.) «Wickersdorf», schrieb Pekin, «stand für einen klar umrissenen Lebensstil und eine klar umrissene künstlerische Kultur, die vornehmlich auf den Werken Bachs, Beethovens und Bruckners und auf dem Geist der Philosophie und Dichtung Goethes und Carl Spittelers beruhte.» Kurz, die deutschen Neuen Schulen repräsentierten die extreme Entwicklung der spiritualistischen Philosophie der Mrs. Ensor und standen in schärfstmöglichem Widerspruch zu den Ansichten Neills.

Im Jahre 1923 brach in Sachsen die Revolution aus, und Neill zog mit seiner internationalen Sektion der Hellerauer Schule (dreizehn Jungen und Mädchen) nach Sonntagberg in ein altes Kloster auf einem Berggipfel im österreichischen Tirol, das in eine Jugendherberge verwandelt worden war. Die Kinder verbrachten herrliche sechs Monate mit Skilaufen, aber «die einheimischen Bauern», schrieb Neill, «waren die abscheulichsten Menschen, denen ich je begegnete». Das Idyll fand ein Ende, als der Zusammenbruch einer österreichischen Bank Neill um seine Ersparnisse brachte. Er kehrte nach England zurück und machte in Lyme Regis einen neuen Anfang, wo «wir den Schnee, die Sonne, das Zusammenspiel der Nationalitäten, die Musik und die Kunst von Mitteleuropa vermissen». Die drei Jahre im Ausland hatten Neills Geschmack an der Musik und dem internationalen geistigen Leben geweckt. Seine Erfahrungen mit dem Wandervogel hatten seinen Argwohn gegenüber jeglicher Erziehung zum Höheren Leben bestätigt. Und die Analyse, die er in Wien bei Wilhelm Stekel, einem früheren Freudianer, durchmachte, hatte ihn in seinem Selbstbewußtsein und im Bewußtsein seiner Aufgabe weiter bestärkt.

Sein Bruch mit der *New Era* hatte Anfang 1923 stattgefunden. Der Anlaß war ein Leitartikel von Mrs. Ensor, in dem sie sich mit gewohntem Enthusiasmus zur Vorkämpferin einer neuen «Methode» aufschwang, die der Franzose Coué angeboten hatte. Monsieur Coués Allheilmittel war die Autosuggestion: durch das Erlernen bestimmter Techniken konnte der einzelne sich «willenhaft zwingen», bestimmte Handlungsabläufe zu verfolgen oder zu vermeiden. Diese Theorie ruft uns unwiderstehlich jene geniale Erfindung ins Gedächtnis, die dazu dienen sollte, den viktorianischen Jüngling vor unsauberen Gedanken zu bewahren: die Taschenkarte. Einer dieser Jünglinge schrieb an deren Erfinder, Dr. Dio Lewis, voll Begeisterung:

Ich weiß nicht, in welchen Worten ich meine Freude darüber ausdrücken soll, daß all dies der Vergangenheit angehört. Zuerst fiel es mir schwer, meine Phantasie unter Kontrolle zu halten, doch bald setzte sich der Gedanke an die Gefahr in mir so fest, daß er mich, wenn eine lüsterne Vorstellung auftauchte, aufschreckte, und ich nahm sofort aus meiner Tasche die *Karte*, die Sie so warm empfohlen haben, auf die ich zehn Wörter geschrieben hatte, deren jedes mich an ein Thema erinnerte, das mich interessierte. Indem ich diese Karte durchlas, bereitete es mir keine Schwierigkeiten, meine Gedanken auf anderes zu richten. Dieses Verfahren nebst energischer sportlicher Betätigung und einfacher Nahrung hat mir den vollkommenen Sieg eingetragen.[14]

Neill erklärte, Autosuggestion sei die «Negation der neuen dynamischen Psychologie», da sie sich nicht um die Ursachen kümmere. In Wirklichkeit werde jede Suggestion durch das Unbewußte bedingt. Durch Autosuggestion «versucht entweder der bewußte Verstand das Unbewußte zu betrügen oder das Unbewußte fügt sich in die Suggestion und benutzt sie für seine eigenen Zwecke». Das Wesentliche an der Psychoanalyse sei es, den Patienten aus seinem raffinierten System der Selbstsuggestion und Rationalisierung zu befreien und «ihm die Wahrheit über sich selbst zu sagen». Und Neill fügte typischerweise hinzu, Coué müsse unrecht haben, da er so populär sei. Allgemeiner griff er die Vorkämpferschaft der *New Era* für Suggestion in jeglicher Form an:

Ich habe hier in Deutschland viel Zeit damit zugebracht, die Schulreformatoren in eben diesem Punkt zu bekämpfen. Sie wollen unbedingt den Charakter des Kindes formen; sie wollen ihr Leben durchaus so leben, daß sie den Kindern ein Beispiel geben. Sie lesen einem Haufen hungriger Kinder bei Tisch Goethe vor, wenn deren ausschließliches Interesse aufs Essen gerichtet ist. Sie umgeben das Kind mit den alleredelsten Eindrücken. Das alles ist Suggestion, und es ist keinen Pfifferling besser als die Beeinflussung bei den alten Puritanern, die dem Kind sagten, es sei mit der Erbsünde geboren. Ich behaupte, daß jeder Anhänger der Beeinflussung an die Erbsünde glaubt; er versucht das Kind besser zu machen . . . als hätte Gott keine Ahnung von seinem Geschäft.

Beatrice Ensor verteidigte die «orthodoxe» *New Era*-Richtung. Jedes Kind habe «den Drang nach Vervollkommnung». Aufgabe des Erziehers sei es, diesen Drang zu entwickeln. Er könne sich von Beeinflussung nicht freimachen. «Mr. Neill selbst ist für die Kinder um ihn herum eine beständige Beeinflussung.» Persönlichkeit sei eine Suggestion, «und deshalb ist der Lehrer *gezwungen*, seine Schüler zu beeinflussen». Das ganze Problem sei nur, ob diese Beeinflussung unbewußt durch die Persönlichkeit erfolgen solle, oder ob der Lehrer seine Schüler dazu veranlasse, einen bestimmten Gesichtspunkt anzunehmen. «Wenn kein Zwang herrscht, dann ist die Individualität des freien Kindes stark genug, sich durchzusetzen . . .»

Dieser Streit könnte heutzutage vielleicht gerade noch akademisches Interesse beanspruchen, doch Neill hatte seinen Finger auf eine Stelle gelegt, der gegenüber die Neuen Erzieher völlig blind waren: nämlich die Möglichkeiten, die die neuen Methoden dem Totalitarismus boten. Die alte Erziehung war falsch, weil sie unwirksam war: nach Mrs. Ensor bestand ein himmelweiter Unterschied zwischen einer «Beeinflussung, die so ausgeübt wird, *daß sie zurückgewiesen werden muß*» (Hervorhebung vom Autor), und einer «Beeinflussung durch Umgebung, Atmosphäre, eine anziehende Persönlichkeit oder Apparaturen, die auf die Bedürfnisse der sich entwickelnden Psyche abgestimmt sind. Die Beeinflussung wird vom Unbewußten leichter akzeptiert und in Autosuggestion verwandelt und bezieht gleichzeitig Bewußtseinserweiterung ein».

Der erregende und gefährliche Enthusiasmus, den diese neuen Einsichten in das Unbewußte hervorriefen, drückt sich deutlich in der folgenden Textstelle aus, die ein Lehrer als Beitrag zur *New Era* lieferte und in der sich eine hoffnungsfrohe Vorwegnahme der ‹*Tapferen Neuen Welt*› und des «Großen Bruders» von Aldous Huxley ausdrückt.

> Unsere ‹Berufung› wird ein wissenschaftlicher Beruf werden und anerkannte Experten und Spezialisten aus unseren eigenen Reihen haben. Die psychologische «Suggestion» wird bewußt im Phantasie- und Charaktertraining angewendet werden. Der Unterzeichnete wendet sie regelmäßig mit ausgezeichnetem Erfolg an . . . Eine Personalakte mit der psychischen Geschichte wird jeden Schüler während seiner gesamten schulischen Laufbahn begleiten . . . kluge Arbeitgeber werden derartige Akten anfordern. Er verläßt die Schule nicht auf Grund seines chronologischen Alters, sondern auf Grund seiner Reife. Er wird größere individuelle Freiheit und Wahlmöglichkeiten (unter Anleitung) haben als heute . . .

Wenn man dieses jetzt gelesen hat, fällt einem möglicherweise die Nachsicht mit dem alten prügelnden Schulmeister leichter, denn seine Methoden waren mindestens primitiv und wirkungslos.

In seiner Kritik an den Schulen des Höheren Lebens und in seinen Auseinandersetzungen mit Mrs. Ensor erkennen wir, daß Neill eine immer freizügigere Position bezieht. Die natürlichen Neigungen des Kindes sind gut, erklärt er, wie im Nachhall zu Homer Lane. Man darf sie nicht verformen, wie subtil und verständnisvoll dies auch geschehen mag. Aber das ist nur die eine Seite in Neills Denken: er ist weder geistig noch emotional für eine derartige weittragende Behauptung schon bereit. Geistig war er tief beeinflußt von der pessimistischen Wende in Freuds Denken nach dem Ersten Weltkrieg. Freud fiel es zunehmend schwerer, das Zerstörerische und die Irrationalität des Kriegs in sein früheres Konzept von der Persönlichkeit einzuordnen. Bislang hatte er Neurosen auf einen Konflikt zwischen triebhaften Wünschen und gesellschaftlicher Unterdrückung zurückgeführt. Nach 1920 nahm er einen angeborenen Drang zur Selbstvernichtung an, den er den «Todestrieb» nannte. Es war dieser Todestrieb, der den Menschen dazu veranlaßte, sich selbst zu töten bzw. als Kompensation andere Menschen (moralisch, und im Krieg auch physisch) im Dienst höherer Werte zu töten.

Gefühlsmäßig war Neill noch nicht bereit, sich den Folgerungen zu stellen, die eine völlige Bejahung der kindlichen Triebe mit sich bringen mußte: Folgen für die Sexualerziehung oder für die Beziehungen zwischen Schule und Gesellschaft. Zweck der Sexualerziehung sei die Sublimierung, erklärte er; Selbstbefriedigung sei das Ergebnis einer nicht genügend interessanten Umwelt.

«Die Lehren der Moralisten», behauptete er in seinem Buch ‹*A Dominie in Doubt*›, «reichen nicht aus, um zum Beispiel die Furcht und den Haß gegenüber der Sexualität zu erklären.» Ein Kind, selbst wenn es «auf wunderbare Weise . . . durch Elektrizität auf einem unbewohnten Eiland» aufgezogen würde, «. . . würde später in die menschliche Gesellschaft mit einer masochistischen todessüchtigen Psychostruktur eintreten». Mit anderen Worten, das Kind wird geboren zu Furcht, Scham und Schuldgefühlen. Aber was kann dann die Erziehung tun?

Neill gab darauf keine Antwort. Doch die Schwierigkeit löste sich von selbst, als er einen immer größeren Teil seiner Zeit mit «Problemkindern» (neurotischen, schlechtangepaßten, kriminellen Kindern) verbrachte. Obwohl Neill später fest behauptete, er sei gezwungen gewesen, mit solchen Kindern zu arbeiten, scheint es doch kaum zweifelhaft, daß wenigstens ein Teil seiner Persönlichkeit die Gelegenheit begrüßte. Die Psychologie faszinierte ihn, und 1926 erklärte er, er sei nicht länger Erzieher, sondern Kinderpsychologe – eine Selbstdarstellung, die noch im *Who's Who* enthalten ist. Überdies stellte die Arbeit mit schwierigen Kindern eine Art Flucht vor ungelösten intellektuellen und emotionalen Konflikten dar. Es war eine Möglichkeit, sich vor der Position eines ausgesprochen freiheitlichen Erziehers teilweise zu drücken, da derartige Kinder nahezu *per definitionem* «Sonderfälle» waren. Für sie ließ sich die vollkommene «Freilassung» nach dem Modell von Homer Lane mit therapeutischen Gründen rechtfertigen. «Ein Mann», erklärte Neill, «drückt sich in seinen Komplexen aus. Ich bin wahrscheinlich deshalb an Kriminalität interessiert, weil ich unbewußt ein Krimineller bin.» Genauer wäre es, zu sagen, daß er sich für «Problemkinder» interessierte, weil er sich seiner eigenen Probleme *bewußt* war.

Die Bücher, die er in den zwanziger Jahren schrieb, sind alle «problemorientiert». Sie behandelten Sonderfälle. Erzieher und Eltern konnten sich daher vor den meisten der radikalen Folgerungen für «normale» Kinder drücken. In der Tat neigten die Erzieher dazu, diese Bücher überhaupt zu ignorieren. Die Erziehungspsychologie hatte sich auf die Probleme von Intelligenztests gestürzt, und die akademische Psychologie experimentierte eifrig mit Ratten und anderen Tieren. Freudianer beschuldigten Neill, er wende die Ideen und Methoden des Meisters falsch an; wohingegen die Jungianer die Emphase mißbilligten, die Neill den Genitalien (selbst bei Problemkindern) widmete. Andererseits wurde er von Laien und jungen Lehrern mit großer Begeisterung gelesen. Seine Bücher wurden in Skandinavien und in Japan (das immer nach neuen Ideen sucht) weit verbreitet. Neills größter direkter Einfluß aber ergab sich bei der Behandlung schlechtangepaßter Kinder. David Wills, Otto Shaw, Lucy Francis und andere leiteten Sonderschulen, die weitgehend von Neills Vorstellungen beeinflußt waren. Auf der anderen Seite blieb sein Einfluß auf wenige «fortschrittliche» Schulen beschränkt. Die Bewegung betrachtet ihn zwar als anregend, hält ihn aber für verrückt. Die Ausnahmen sind Kilquhanity House in Schottland, das 1940 von dem Neill-Schüler John Aitkenhead gegründet wurde, und Burgess Hill in London, das für einige wenige Jahre vor seinem Zusammenbruch einen Headmaster mit eindeutigen Neill-Tendenzen – und einer notorischen Reputation – hatte.

Im Jahre 1927 verlegte Neill seine Schule Summerhill von Lyme Regis nach Leston in Suffolk, wo sie noch heute ist. Für 3500 Pfund erwarb er «ein häßliches, aber nicht deprimierendes rotes Backsteinhaus aus dem 19. Jahrhundert, das sich hinter der Bahnstation von Leiston versteckte». Um das Haus erstreckten sich mehrere Morgen verwahrlosten, herrenlosen Bodens, der im Lauf der Jahre nach und nach gerodet wurde, um Platz für einen Sportplatz, einen Tennisplatz, Eisenbahnwaggons und andere merkwürdige Gebäude zu schaffen. Mit ihm zogen zwei Dutzend Problemkinder nach Leiston – und eine Frau.

Es war Ada Lilian Neustätter. Sie war geschieden und ein paar Jahre älter als er. Zum erstenmal war er ihr in der King Alfred School begegnet, die ihr Sohn besuchte. Damals war sie mit Dr. Otto Neustätter verheiratet, einem deutschen Beamten (der Dr. Otto aus ‹*A Dominie Abroad*›), und im Haus der beiden in Dresden war Neill Gast gewesen. Sie stammte aus Australien und teilte Neills Enthusiasmus für die Reformerziehung, wenn auch offenbar nicht für die Schülerselbstverwaltung, und aus der bewegenden Erinnerung, die Neill nach ihrem Tode im Jahre 1944 schrieb, wird deutlich, daß sie den «praktischen» Teil in dieser Partnerschaft darstellte. Summerhillianern war sie als Mrs. Lins bekannt. Die Ehe, wenngleich «ideal», blieb kinderlos; erst seine zweite Ehe mit Edna Wood machte Neill schließlich im Alter von sechzig Jahren zum Vater.[15]

13. Problemkinder

Ab 1923, berichtet Neill, konzentrierten sich seine Erfahrungen hauptsächlich auf «schwierige» Kinder. Er hatte es mit Pyromanen, Dieben, «notorischen Lügnern», Bettnässern und anderen Spezies von Neurotikern und Delinquenten zu tun. Er kam zu dem Schluß, daß Kindheitsneurosen ausschließlich auf den Versuch zurückzuführen seien, dem Kind Moral einzupflanzen. «Ich bin überzeugt, daß es die Moralerziehung ist, die das Kind schlecht macht. Ich stelle immer wieder fest, daß ein schlechter Junge ein guter Junge wird, wenn ich die moralischen Vorschriften zertrümmere, die man ihm gegeben hat.» Moralische Anleitung im positiven Sinn – die moralische Ermahnung – bestand darin, dem Kind Ideale zu vermitteln: es mußte gut sein, hart arbeiten, sich sauber halten usw. Derartige Ideale standen im allgemeinen im Widerspruch zu manchen Interessen und Gewohnheiten der Kinder. Also wurde die Ermahnung konsequenterweise durch das Verbot bekräftigt, was darauf abzielte, dem Kind angesichts dieser Interessen oder Gewohnheiten Angst- und Schuldgefühle einzuimpfen, indem man Ausdrücke wie «Bäh-Bäh» oder «schmutzig» und «schlimmes Kind» verwendete und sie durch Androhung von Bestrafung (in diesem oder im nächsten Leben) oder durch moralische Bestechung unterstützte («Mami hat dich gar nicht mehr lieb, wenn du das machst»). Am typischsten und schädlichsten wurde derlei im sexuellen Bereich praktiziert, obwohl man es natürlich überall einsetzen konnte, um kindliches Verhalten zu unterdrücken, das den Erwachsenen nicht behagte. Das Ergebnis der Moralerziehung war, daß man zwischen Instinkt (Trieb) und Ideal einen Konflikt heraufbeschwor (oder mit Neills Worten, «zwischen dem von Geburt aus Richtigen und dem erworbenen Falschen»); daß man, spezifischer, das Interesse des Kindes auf ein verbotenes Tun lenkte und auf diese Weise den Konflikt zwischen seinem geschärften Interesse und den Schuldgefühlen betonte, den das Nachgeben gegenüber diesem Interesse hervorrief. Die Spannungen, die sich aus diesem Konflikt ergaben, konnten sich in einem speziellen neurotischen oder antisozialen Verhalten ausdrücken oder einfach in einem Zustand von allgemeiner Nervosität, Angst und Unglücklichkeit.

An anderer Stelle spricht Neill davon, daß Kindheitsneurosen die Folge eines Mangels an Liebe oder Zuneigung seien. Manche seiner Fallgeschichten – so der Junge, der Möbel zertrümmerte, weil er meinte, seine Schwester werde von der Mutter mehr geliebt – sind anscheinend mehr Beispiele für die Theorie von der fehlenden Zuneigung als für die der Moralerziehung. Da Neill jedoch Liebe in einer Weise erklärt, die moralische Erziehung ausschließt, wird die Frage, was von beiden Hauptursache für Neurosen sei, irrelevant. Für Neill bedeutet Liebe im wesentlichen «Billigung»: man kann ein Kind nicht lieben, ohne seinen Trieben Zustimmung zu schenken, und das bedeutet, daß man davon absieht, ihm durch Moralerziehung ein «Gewissen» in bezug auf diese Triebe zu oktroyieren. Moralerziehung sieht Neill als eine Projektion des Selbsthasses oder der Selbstmißbilligung des Erwachsenen auf das Kind. Der moralisierende Erwachsene liebt tatsächlich in gewisser Weise das Kind, doch ist diese Liebe so stark mit seinen eigenen Problemen verflochten, daß sich ihr Ausdruck verwirrt und pervertiert. Im Umgang mit Kindern, denen Bestätigung gefehlt hatte, war es nach Neills Überzeugung vor allem wichtig, daß man sich ganz «auf ihre Seite» stellte; daß man jeder Versuchung widerstand, in ihre Bestrebungen einzugreifen oder sie auf «wünschenswertere» Ziele umzulenken. Der Eingriffsversuch würde nach Neills These mit Sicherheit zu einer Identifizierung des Erziehers mit früheren «mißbilligenden» oder «moralisierenden» Erwachsenen führen und so die mögliche Heilung verhindern.

Dies wurde Neill blitzartig in Hellerau klar, als es ihm mißlang, ein Mädchen von seinem «Autoritätskomplex» zu heilen. Als es nach sechs Monaten voller Zerstörungswut die Schule verließ, sagte er zu dem Mädchen: «Na, viel habe ich dir ja nicht geholfen, oder?» – «Und weißt du auch warum?» sagte sie mit einem dünnen Lächeln. «An meinem ersten Tag in deiner Schule habe ich eine Kiste gebaut, und du hast gesagt, ich verbrauche zu viele Nägel. Von dem Moment an wußte ich, daß du haargenau wie jeder andere Schulmeister auf der Welt warst: ein Boss. Von dem Moment an war es aus mit deiner Hilfe.» – «Du hast recht», sagte Neill. «Auf Wiedersehen.»

Neills «Therapie» (wie sie in seinen Büchern über «Problemkinder» erläutert wird) bestand darin, dem speziellen neurotischen Symptom völlige Unterstützung zu bieten, durch welches das Kind gerade Befreiung suchte; ihm jede Möglichkeit zu «kreativen» Sublimierungen zu bieten; wo es nötig war, eine direkte Analyse vorzunehmen, um die Ursachen der Neurose offenzulegen (Neill nannte das «Privatstunden»); im allgemeinen die Schaffung einer liebevollen, anerkennenden und permissiven Atmosphäre, die es dem Kind erlauben würde, sich zu «entkrampfen», sich zu entspannen und es selbst zu sein.

«Die Grundidee meiner Schule», schrieb Neill in ‹*The Problem Child*›, «ist Befreiung; ist das Ausleben eines Interesses.» Wo sich das neurotische Symptom in antisozialem Verhalten ausdrückte, bedeutete dies, daß es gefördert werden müsse, wie destruktiv es auch immer sein mochte, genau wie Homer Lane seine jugendlichen Delinquenten ermuntert hatte, Geschirr und Möbel zu zertrümmern. «Wenn ich gerade eine Tür streichen würde», schrieb Neill, «und Robert käme vorbei und würde Dreck auf die frische Farbe werfen, dann würde ich ihn aus vollem Herzen verfluchen, weil er zu uns gehört. Was ich zu ihm sage, spielt dabei keine Rolle. Aber nehmen wir an, Robert sei gerade von einer scheußlichen Schule gekommen, und sein Dreckschleudern ist ein Ausdruck dafür, daß er sich an der Autorität zu rächen versucht, dann würde ich mit ihm zusammen Dreck schmeißen, weil seine Rettung wichtiger ist als eine Tür.»

Am deutlichsten zeigt sich diese Einstellung Neills in seiner Reaktion auf Diebereien unter Schülern. Zwanghaftes Stehlen (Kleptomanie) betrachtete er stets als einen symbolhaften Ausdruck für das Stehlen von (vorenthaltener) Liebe, als Demonstration des Anspruchs auf Liebe, der auf der Erwartung beruhte und durch sie gerechtfertigt wurde, daß eben diese wirkliche Liebe vorenthalten werden würde. Diese Erwartung besteht ihrerseits eben darin, daß der Akt des Diebstahls die Mißbilligung der Eltern bewirken werde (ihren «Haß»), was wiederum das Motiv für den darauffolgenden Diebstahl lieferte. Das Problem bestand darin, den Circulus vitiosus zu durchbrechen, der sich aus Bedürfnis und widersprüchlicher Erwartung bildet. Neill argumentierte: wenn Zustimmung (= Liebe) an die Stelle von Mißbilligung (= Haß) als Reaktion der Erwachsenen gegenüber einem Diebstahl gesetzt würde, dann würde das Motiv für Diebstahl verschwinden. Davon ausgehend entwickelte er als psychologischen Trick, den Akt des Diebstahls zu belohnen, wobei die Belohnung einfach Billigung symbolisierte. Dadurch wurde die Wirklichkeitserfahrung des Kindes erschüttert, die bisher seine Klauerei gerechtfertigt hatte, und es öffnete sich so ein Weg zur Heilung.

Wenn ich einem Jungen Geld dafür gebe, daß er meinen Tabak gestohlen hat, dann appelliere ich an seine unbewußten Gefühle, nicht an seinen bewußten Verstand. Er denkt vielleicht, daß ich ein Narr bin, aber was er denkt, spielt gar keine so große Rolle. Was er fühlt, ist wichtig. Und er fühlt, daß ich sein Freund bin, daß ich ihn gelten lasse . . . Früher oder später hört er auf zu stehlen, weil die Liebe, die früher in der Form von Geld oder Dingen gestohlen werden mußte, nun freiwillig gegeben wird und eben deshalb nicht mehr gestohlen werden muß.

Die Leute mißverstanden die therapeutischen Absichten derartiger Methoden und glaubten, daß die «Tu-was-du-willst»-Schulen die Kinder zu allen möglichen Arten von Unmoral und Zügellosigkeit ermutigten – eine Überzeugung, die durch die Berichte in der Sensationspresse noch gestärkt wurde. Aber Neill machte stets einen klaren Unterschied zwischen Freiheit und Zügellosigkeit. Ungehemmtheit war gegebenenfalls für die Heilung nötig; die Zerstörung (des Komplexes) mußte dem Aufbau vorangehen. Doch für durchschnittliche Kinder mußte die Freiheit dort eingeschränkt sein, wo die Rechte anderer verletzt werden konnten; ein Punkt, den enthusiastisch gestimmte «fortschrittliche» Eltern, die mit vernarrter Bewunderung zusehen, wie ihre Kinder Nägel ins Klavier hämmern, nicht leicht begreifen konnten.

Die Ansicht, daß Kinder, wenn sie von dem zivilisierenden Einfluß der Erwachsenen befreit werden, sich in die Barbarei zurückstürzen, wurde in William Goldings Roman ‹*Der Herr der Fliegen*› nachdrücklich dargestellt. Es könnte den Anschein haben, als bestätige Summerhill Goldings These. Wie Neill selbst eingesteht, werden Kinder, die von strengen Schulen nach Summerhill kommen, in ihrem Verhalten beinahe zu Wilden und bestätigen so scheinbar das Urteil des Freudianers Ernest Jones, daß das Individuum ohne die umgestaltenden Einflüsse der Erziehung «ein selbstsüchtiges, neidisches, impulsives, aggressives, schmutziges, unbescheidenes, grausames, egozentrisches und eingebildetes Tier ohne Rücksichtnahme auf die Bedürfnisse anderer» bleiben würde. Neill bekämpfte diese Auffassung heftig. Er bestreitet mitnichten, daß Jungen, die aus «Barackenschulen» befreit werden, sich etwa in der von Golding beschriebenen Weise aufführen würden. Doch während Golding glaubt, daß dies das Verhalten von Kindern im «Naturzustand» sei, sieht Neill darin eine extreme Reaktion auf eine aufgezwungene Disziplin: Goldings Jungen auf der Insel drücken ihren Haß aus, der durch moralisierende und haßvolle Eltern und Lehrer in ihnen geschaffen und aufgestaut wurde. Neills «Heilung» bestand darin, diesen Haß freizusetzen, indem er die extrem antisoziale Verhaltensweise kurzfristig tolerierte und unterstützte und dann die Energie, die hinter diesem Verhalten steckte, in sozial nützliche Bahnen umlenkte. Bei Golding stehen die Kinder nur mit ihren «ausgehungerten Gefühlen» und «pervertierten Einbildungen» da, wenn sie ihre Rettung bewerkstelligen müssen. «Für mich», schreibt Neill, «ist das Buch der Beweis dafür, daß die Art, wie wir unsere Kinder schulen, falsch und gefährlich ist. Seine morbide Insel ist, en miniature, die morbide Insel, die wir Großbritannien nennen.»

Summerhill bot (zumindest als es florierte) die ganze Skala künstlerischer wie handwerklicher Beschäftigungen und andere Sublimierungsmöglichkeiten; eine Besonderheit war, daß wöchentlich von den Kindern geschriebene Stücke aufgeführt wurden. Daß Neill in seinen Schriften diese Sublimierungsmethoden nicht allzu stark betonte, rührt von seinem Argwohn her, daß viele demonstrativ fortschrittliche Leute sie befürworten könnten als eine Alternative zu wirklicher Freiheit, wie etwa jene aufgeklärten Sexualpädagogen, die Jungen erklären, es sei viel besser, Sport zu betreiben, als zu onanieren. Das mag ja zutreffen: aber Neill unterstreicht die Tatsache, daß nur, wenn ein Junge dazu ermutigt wurde, sein Interesse an der Selbstbefriedigung ohne Schuldgefühle und Vorwürfe «auszuleben», die Sublimierung wirksam sein kann: es tritt nur eine Verlagerung des Symptoms ein.

Die Privatstunde (P. S.) war eine Psychoanalyse im kleinen und zielte darauf ab, «die Anpassung des Kindes an die Freiheit zu beschleunigen». Im allgemeinen wurde sie nur bei schwierigen Kindern angewendet; doch jüngere Kinder meldeten sich dazu oft ganz spontan, wenn sie über etwas beunruhigt waren. Folgendes Beispiel ist charakteristisch:

Ein Mädchen (sechsjährig) tritt ein und sagt: «Ich möchte eine P. S.»

«Gut», sage ich.

Sie setzt sich in einen Sessel.

«Was ist eine P. S.?» fragt sie.

«Eine P. S. ist leider nichts zum Essen», antworte ich. «Aber ich glaube, ich habe noch ein Bonbon in der Tasche. Ja, hier.» Ich gebe es ihr.

«Warum willst du eine P. S.?» frage ich sie.

«Evelyn hatte eine, und ich will auch eine.»

«Gut. Fang an. Worüber willst du reden?»

«Ich habe eine Puppe. (*Pause*) Woher hast du das Ding da? (*Eine Antwort darauf will sie offensichtlich gar nicht haben.*) Wer hat vor dir hier gewohnt?»

Ihre Fragen lassen darauf schließen, daß sie über irgend etwas Wichtiges die Wahrheit wissen möchte, und ich hege den Verdacht, sie möchte erfahren, woher die kleinen Kinder kommen.

Also frage ich sie ganz unvermittelt: «Woher kommen die Babies?»

Margaret springt auf und marschiert zur Tür.

«Ich hasse P. S.», sagt sie und verschwindet. Ein paar Tage später bittet sie aber erneut um eine P. S., und nach und nach machen wir dann Fortschritte.[16]

Neill ließ keinen Zweifel daran, daß er P. S. nur gab, um Emotionen freizusetzen, nicht aber, um das Kind für den Mathematik- oder Geschichtsunterricht einzustellen. Dies ist von grundlegender Wichtigkeit, will man sein Ziel verstehen. In ‹*Disziplin ohne Strafe*› berichtet der Adler-Anhänger Oskar Spiel von dem Einsatz psychologischer Techniken an einer großen Wiener Schule. Er unterscheidet bei Kindern solche, die «nützliche», und solche, die «nutzlose» Lebensstile angenommen haben. Aufgabe des Lehrers ist es, das Kind, das einen «nutzlosen» Lebensstil angenommen hat, dazu zu bewegen, den «fundamentalen Irrtum» seines Verhaltens einzusehen, und es zu überreden, «das ihm vorgesetzte positive Ziel anzustreben». Der Lehrer muß erkennen – und hier liegt die Aufgabe der Psychologie –, daß Faulheit, Dummheit und Schwänzen nicht «gegebene» und «unveränderliche» Eigenschaften sind; sie besitzen im Gegenteil spezifische psychische «Zwecke», die «dynamisch» gesehen werden müssen. «Wenn wir Faulheit in Fleiß verwandeln wollen . . . müssen wir zunächst einmal den fehlerhaften Standpunkt des Kindes begreifen; wir müssen den Punkt zu entdecken versuchen, an dem der Irrtum des Kindes begann.» Doch der Zweck der Therapie war stets der gleiche: «. . . das Kind zur Erfüllung der Anforderungen zu erziehen, die die Gemeinschaft an es stellt.» Diese mechanistische Methode der «Anpassung an die Gesellschaft» in der gewöhnlichen Psychiatrie verabscheute Neill sein Leben lang. Tatsächlich würde er – vor die Wahl gestellt – zweifellos den «dreschenden» Schulmeister dem «verständnisvollen Anpasser» vorgezogen haben. «Das aufgeweckte Kind», schreibt er, «kann gegen einen harten Boss rebellieren, aber ein weicher Boss macht es nur hilflos und weich.» Je mehr Neills Argwohn gegenüber der Psychologie wuchs, desto mehr gab er nach und nach die

Privatstunden zugunsten eines völligen Nichteingreifens auf.

Dennoch, Hauptbestandteil seiner «Kur» war eine Atmosphäre der Anerkennung und des Gewährenlassens. Formal drückte sich dies hauptsächlich in der freiwilligen Teilnahme am Unterricht und in der Schülerselbstverwaltung aus. Der therapeutische Wert der Freiwilligkeit beim Unterricht war klar. Faulheit, Schwänzen, Stumpfheit, Tagträumen waren oftmals reine neurotische Fluchtmechanismen. Zwingt man einen Jungen, am Unterricht teilzunehmen, wenn seine Libido von «nutzlosen Dingen» gefesselt wird, so ist das nicht nur sinnlos, sondern ausgesprochen schädlich, weil dies seine Probleme nur verschärft. Nur wenn die emotionalen Ängste gemindert worden sind, kann ein Kind seine ganze Libido für den Unterricht in der Klasse einsetzen.

Auch bei normalen Kindern war Neill immer gegen die «Spielmethode» eingestellt, gegen den Versuch, langweilige Themen «künstlich» interessant zu gestalten. Faulheit oder Mangel an Interesse waren für ihn nicht primär «neurotisch» (obwohl dies durchaus der Fall sein konnte), sondern drückten eine völlig natürliche und gesunde Abneigung seitens des Kindes aus, sich langweilen zu lassen. Da er überzeugt war, daß das Kind seine Interessen selbst am besten beurteilen könne, hielt er es für ein «Verbrechen», Kinder gegen ihre Neigung zur Teilnahme am Unterricht zu zwingen: bei ihm sollten sie kommen, wenn sie dazu bereit waren. Diese Ansicht scheint ziemlich naiv zu sein. Das Kind wird stark durch seine Umwelt beeinflußt. Und die Umwelt in Summerhill war stets gegen den Klassenunterricht eingestellt, was verständlich war, als die Hauptaufgabe in der Heilung von Problemkindern bestand. «Ich wünschte, ich könnte mich mehr für Unterrichtsthemen interessieren», schrieb Neill einmal, «sie langweilen mich, und es ist offenkundig, daß sie die Kinder langweilen.» Susan Isaacs dagegen stellte fest, daß sich Kinder für recht abstrakte geistige Probleme interessieren. Ob die Umwelt «lernfreundlich» oder «lernfeindlich» ist, spielt also auf jeden Fall eine wichtige Rolle bei der Einstellung des Kindes zum Unterricht, und darum ist der «Instinkt» des Kindes kein sicherer Beweis.

Neills Abneigung gegen das Lernen stammt aus der Zeit, als er gezwungen war, den Kindern den Kopf mit Lehrstoff vollzustopfen, der in keinerlei Zusammenhang mit ihrem Leben stand. Aber seine Überzeugung, daß Lernen «an nichts Grundlegendes rührt», hängt mit Freuds Entdeckung des Unbewußten zusammen. Wenn alle Bewußtseinsprozesse nur Rationalisierungen tiefer und im allgemeinen verbotener unbewußter Impulse sind, dann sind «Geistestraining» und Entwicklung der «Verstandeskräfte» eine Illusion – sie machen den Verstand nur geschickter bei der Verteidigung der aus dem Unbewußten ererbten Voreingenommenheiten. Wenn es wirklich das Ziel der Psychoanalyse ist, das Individuum von seinem falschen Selbstbild zu befreien, dann macht geistiges Training, das die Verteidigungsstrategien geschickt entfaltet, eine erfolgreiche Behandlung nur schwieriger. Neill scheint damit anzudeuten, daß gebildete und intellektuelle Personen mehr zur Selbsttäuschung neigen als andere und daß ein Freisein von Neurosen durch «spontane» Begeisterung und verschwommenes Denken charakterisiert seien. Diese irrationalistische Reduktion bewußter geistiger Prozesse auf Zweitrangiges und Triviales ist wahrscheinlich das am wenigsten glückliche Vermächtnis der Freudschen Psychologie.

Selbstverwaltung und die Freiwilligkeit der Teilnahme am Unterricht wuchsen mit der Schule heran. Neill behielt sich die Verantwortung für Ernährung, Gesundheit, Lehrerbestallung, Finanzen und allgemeine Verwaltung vor. Er verbot Sex und Alkohol (letzteres aus Gesundheitsgründen, ersteres aus Rücksicht auf die öffentliche Meinung). Im übrigen regierten sich die Schüler selbst, wozu sie sich einmal wöchentlich im Hauptsaal trafen, um über Verordnungen zu diskutieren und über Gesetzesbrecher zu Gericht zu sitzen. Wer älter als acht Jahre war, war stimmberechtigt; der Präsident und die Beisitzer wechselten turnusmäßig; alle über Elfjährigen konnten gewählt werden. Die Diskussionen drehten sich gewöhnlich um Schlafenszeit, Rauchen, das Betragen im Dorf und darum, wie man gegen unsoziales Verhalten wie etwa das Schikanieren Schwächerer vorgehen solle. Die Strafe war gewöhnlich eine Geldstrafe. Der Schulleiter mußte – genau wie jeder andere – blechen, wenn er außer der Reihe sprach, und seine Stimme zählte genau soviel wie die eines Achtjährigen, wenn auch seine Meinung beträchtlich mehr Gewicht hatte. Jeder war aufgefordert, freiweg seine Meinung zu sagen, und die meisten Kinder taten dies auch. Besucher staunten über die Toleranz der Kinder und ihr Gefühl für Fairness.

Die Selbstverwaltung besitzt mehrere Vorzüge. Zunächst einmal ist sie therapeutisch: durch sie werden in ehrlicher Diskussion Spannungen gelöst. Zweitens scheint die Autorität der Gemeinschaft bei weitem weniger Ressentiments hervorzurufen als die Autorität Erwachsener, selbst wenn sie ebenso lästig und drückend ist. Eine Erklärung dafür mag sein, daß Kinder, wenn sie sich ihre Gesetze selbst gegeben haben, wahrscheinlich von ihrer Notwendigkeit überzeugt sind, selbst wenn sie sie vielleicht brechen; wenn die gleichen Verordnungen von Erwachsenen erlassen werden, können sie eher als «Beeinträchtigung» aufgefaßt werden. Neill schlägt eine weitere Erklärung vor: daß nämlich der einzelne berechtigt sei, die Gruppe zu «hassen» und seinen Haß «auszuleben», wohingegen er gezwungen sei, seinen Haß gegen den erwachsenen Gesetzgeber zu «unterdrücken». Drittens wird in der Selbstverwaltung vermieden, daß die derzeitigen Lehrer in Zusammenhang mit früheren «disziplinierenden» Erwachsenen gebracht werden. Die Disziplin geht vom Lehrer auf die Schülergruppe über, wodurch es Lehrern und Schülern möglich wird, Freundschaft zu schließen. Dieser Wunsch der fortschrittlichen Lehrer, die Identifikation mit vormaligen unterdrückenden

Autoritätspersonen zu vermeiden, ist weitgehend schuld an der ziemlich lächerlichen Bedeutung, die man der Verwendung von Vornamen beimißt. Wie David Wills sagt, weckt «Herr» («Sir») Assoziationen an den «verlogenen» Respekt, den Erwachsene früher verlangten. «Wir müssen also, wenn es auch anmaßend erscheint, den Eindruck zu erwecken versuchen, daß *wir* anders sind.» Und schließlich kann man die Schülerselbstverwaltung als experimentelle Staatsbürgerkunde betrachten, als eine Methode, mit der Kinder durch Erfahrungen in einem sozialen Gefüge entdecken können, daß Vorschriften nötig sind. So können sie unterscheiden lernen zwischen «notwendigen» Vorschriften und Gesetzen, die sich auf «unwichtige» moralische Überlegungen stützen. Vor der panischen Krebsangst war die Argumentation möglich, daß das Rauchverbot für Kinder (ebenso wie das Onanierverbot) sich auf völlig wilde gesundheitliche Argumente stütze, die als Vorwand für ein moralisches Verbot benutzt würden. Neill neigte in seinen «Problem»-Büchern dazu, das Rauchen als ein leichtes neurotisches Symptom zu bewerten, das aufgegeben würde, wenn man es zunächst fördere, damit es «durchlebt» werden könne. Dabei wurde sowohl die physische Suchtbildung als auch die enorme gesellschaftliche Verbreitung übersehen.

Am großen therapeutischen Wert der Selbstverwaltung kann es kaum Zweifel geben. Wir haben bereits darauf hingewiesen, wie nützlich dieses System ist, wenn Schikanierer bloßgestellt und Dampf abgelassen werden sollen. Neill war der Meinung, daß «die Schule, die keine Schülerselbstverwaltung hat, nicht als fortschrittliche Schule bezeichnet werden sollte». Er gibt allerdings zu, daß eine «gute Selbstverwaltung» nur möglich sei, wenn es wenigstens eine Minderheit älterer Kinder gebe; denn wenn auch Kinder im «Gangster-Stadium» (etwa von acht bis zwölf Jahren) wild darauf seien, Regeln aufzustellen, so seien sie doch genauso wild darauf, sie zu brechen. Andererseits schreibt David Wills, der in seiner Schule für verhaltensgestörte Kinder Neills Lehren befolgt: «In der Praxis ist (die Schülerselbstverwaltung) eine scheußlich lästige Geschichte, als Instrument ist sie nicht von großer Bedeutung, und als disziplinarisches System ist sie unwirksam.»

14. Der Einfluß Wilhelm Reichs

Mrs. Lins, Neills Frau, reiste gern; sie und Neill gingen daher im allgemeinen während der Sommerferien auf Kreuzfahrt – nach Südafrika oder Skandinavien. Eine dieser Fahrten – im Jahre 1937 – führte sie nach Oslo, und dort begegnete Neill dem Psychoanalytiker Wilhelm Reich, der sein Leben in gleichem Maße wie Homer Lane beeinflußte. Drei Wochen Therapie bei Reich, erinnerte sich Neill, hätten ihm besser getan als die ganzen Jahre «geschwätziger» Analyse bei Lane, Stekel und anderen. Von gleich großer Bedeutung war es, daß die Ideen Reichs seinem Denken eine ganz neue Dimension eröffneten.

Reich, der brillanteste Freud-Schüler, trennte sich 1933 von dem Meister und arbeitete von 1934 bis 1939 an der Universität in Oslo. In den USA setzte er seine Arbeit an einem Spezialinstitut fort, das er selbst ins Leben gerufen hatte. Im Jahre 1954 eröffnete die US-amerikanische Federal Food and Drug Administration (Bundesamt zur Überwachung von Lebensmitteln und pharmazeutischen Erzeugnissen) ein Untersuchungsverfahren gegen ihn. Eine gerichtliche Verfügung ordnete die Vernichtung von Reichs Büchern und Apparaten an. Wegen Nichterfüllung dieser Verfügung wurde er ins Gefängnis gesteckt und starb dort im November 1957. In den Augen seiner Jünger ist Reich eine christusähnliche Figur, die vernichtet wurde, weil sie eine Herausforderung an eine bösartige Gesellschaftsmoral darstellte; seine Gegner sehen in ihm einen gefährlichen Scharlatan, der an Verfolgungswahn gelitten habe. In etwas ausgewogeneren Wertungen wird anerkannt, daß seine frühen Arbeiten einen großen wissenschaftlichen Beitrag darstellen, während man höchst skeptisch (um es milde auszudrücken) gegenüber seinen späteren Forschungen über die «Orgone» und der Entwicklung seiner «Orgonmaschine» geblieben ist.

Reichs Arbeit kann als Versuch betrachtet werden, die Psychologie Freuds mit der Gesellschaftsanalyse von Marx zu verbinden. Für Marx bestand das «objektive» gesellschaftliche Faktum darin, daß die Massen von einer kleinen herrschenden Klasse ausgenutzt würden. Dies war die «gesellschaftliche Wirklichkeit». Daraus folgte, daß die herrschende Gesellschaftsordnung verschwinden würde, wenn man die Ausgebeuteten zur Erkenntnis dieser Tatsache bewegen könnte, da die Ausgebeuteten die Ausbeuter bei weitem zahlenmäßig übertrafen. Irgendwie jedoch hatten die Ausbeuter die Massen zu dem Glauben überredet, daß eine Fortführung der bestehenden Ordnung ihrem eigenen Besten diene. Mit anderen Worten, sie hatten die Massen dazu überredet, die kapitalistische Ideologie anzunehmen. In dieser Weise «hinters Licht geführt», unterstützten die Massen weiterhin – wenn auch zeitweilig rebellierend – die Herrschaft ihrer Unterdrücker. Für Marx bestand das Problem hauptsächlich in geistiger Emanzipation: darin, das «Bewußtsein» der Massen bezüglich ihrer wahren Interessen zu entwickeln oder zu verschärfen. Doch die Massen blieben an ihre Ketten geschmiedet, so daß selbst dann, wenn aktuelle Umstände (wie in einer Wirtschaftsdepression) die überzeugendste Bestätigung dafür lieferte, daß sie wirklich unterdrückt waren, die Massen sich weigerten, loszuschlagen und ihre Freiheit zu erringen.

Marx lieferte wenig Aufklärung über die Weise, in der die Übertragung der kapitalistischen Ideologie auf die Arbeiter stattfindet und über den Mechanismus, mit dem dies erreicht würde. Und hier war Freud von direkter Relevanz. Er hielt das patriarchalische Familiengefüge für die Gesellschaftsinstitution, durch die das Kind in Kontakt mit der «Realität» gebracht werde. Die Familie mit ihren Gehorsams- und Moralanforderungen repräsentierte die Wirklichkeit der Außenwelt. Das Bedürfnis des Kindes nach elterlicher Zuneigung und Billigung zwang es dazu, die elterliche Unterdrückung seiner natürlichen Instinkte zu «internalisieren», mit anderen Worten, die Einstellung der Eltern ihm gegenüber als seine eigene zu akzeptieren. Auf diese Weise wird Repression von außen zu innerer Repression; das Kind entwickelt ein Gewissen oder Angstgefühle, das Falsche zu tun; Vergehen werden zur Sünde, und der ursprüngliche Konflikt zwischen kindlichen Wünschen und elterlichen Verboten setzt sich als innerer Konflikt zwischen Instinkt und Moral fort. Für Freud war die Entwicklung dieses Gewissens eine notwendige Voraussetzung für die Aufrechterhaltung und das Wachstum der «Kultur», da sie ermöglichte, daß unterdrückte Wünsche in geistige, ästhetische und schöpferische «Sublimierungen» übertragen werden konnte.

Reich stand dieser Formulierung höchst kritisch gegenüber. «Wenn man die Geschichte der sexuellen Unterdrückung studiert», schrieb er, «findet man heraus, daß sie in den Frühstadien der Kulturbildung nicht existiert. Demzufolge kann sie nicht die Vorbedingung für Kultur sein.» – «Die Frage», schloß Reich, «ist keine kulturelle, sondern eine der Gesellschaftsordnung.» Wie sich diese repressive Gesellschaftsordnung entwickelte, wird nirgendwo ganz deutlich erklärt. Reich setzt voraus, daß anfänglich eine patriarchalische Familienstruktur sich möglicherweise gemäß realer wirtschaftlicher und militärischer Notwendigkeiten entwickelt haben könne, daß jedoch der so geformte Individualcharakter und die gesellschaftliche Ideologie jener Periode noch lange weiterlebten, nachdem die «objektive» Lage sich geändert hatte. Der Grund, warum sich die Ideologie so sehr viel langsamer verändert habe als die «sozioökonomische Grundlage», besteht darin, daß die «Charakterstruktur» des einzelnen in der frühen Kindheit erworben werde und nur geringen Wandlungen unterworfen sei, da sie in der Familie von Generation zu Generation weitergereicht werde, so daß sie am Ende den neuen Bedingungen nicht mehr entspräche.

Repression der Triebe – von einem marxistischen Standpunkt aus betrachtet – wurde also als innerliche Anpassung an ein Realitätsbild betrachtet, das darauf abzielte, die bestehende Gesellschaftsordnung fortzusetzen; die Familie – und später die Kirche und die Schule – waren Einrichtungen, die das Kind gemäß den Interessen der herrschenden Klassen «sozialisierten». Ziel dieser Sozialisierung war es, den Arbeiter «psychisch zu kastrieren», indem man bereits das Kind zu Furcht, Scheu, Autoritätsangst erzog, zur «Bravheit» und zur «Anpassung»; ferner indem man jeden Wunsch zu rebellieren mit Angstgefühlen belud und die kritische Denkfähigkeit unterdrückte. «Kurz gesagt», schreibt Reich, «das Ziel der ... Unterdrückung ist es, ein Individuum zu schaffen, das an die autoritäre Ordnung angepaßt ist und das sich ihr trotz allen Elends und aller Erniedrigung unterordnet.»

So formuliert, leuchtet Reichs Theorie wahrscheinlich vielen Menschen ein. Doch für Reich bedeutete die «Kastration» des Arbeiters mehr als nur eine Metapher: die gesellschaftliche Impotenz des Arbeiters rührte für ihn direkt von seiner sexuellen Impotenz her. Dies läßt sich an Hand der Reichschen Theorie von der Entstehung der Neurosen demonstrieren.

Für Reich war die seelische Störung nur der Überbau der Neurose: die wirkliche Neurose war die ökonomische Dysfunktion der Libido. Wie Freud hielt auch Reich die Libido für ein geschlossenes Energiesystem, bestehend aus den Trieben nach instinktmäßiger und besonders sexueller Befriedigung. Doch im Gegensatz zu Freud hielt Reich die Libido-Energie für eine physikalische Energie, wenn auch von einem neuen und bislang unentdeckten Typus. Er nannte sie Orgon-Energie, «eine kosmische Primordialenergie, universell gegenwärtig und visuell, thermisch, elektroskopisch und durch Geiger-Müller-Zähler demonstrierbar». Reich «entdeckte» diese Energie zwischen 1936 und 1940, doch allem Anschein nach ist sie bisher Physikern, Biologen und anderen Wissenschaftlern unbekannt geblieben. Nach Reich entstanden Neurosen durch einen Stau oder eine «Stasis» dieser Orgon-Energie, was verhinderte, daß diese ihr natürliches Ventil fand: die sexuelle Befriedigung. Die Kapazität der sexuellen Befriedigung wurde als mehr als nur «erektive und ejakulatorische Potenz» angesehen, sondern eher als die Fähigkeit der vollkommenen Erfüllung im Geschlechtsakt, «der völligen Preisgabe gegenüber der willensunabhängigen Konvulsion des Organismus und der völligen Entladung der Erregtheit auf dem Gipfel des Geschlechtsverkehrs». Diese aufgestaute Sexualenergie wird verwendet, um jenen neurotischen Charakter aufzubauen und zu erhalten, den Reich für die westliche Gesellschaft als typisch erachtete; er bezog seine Befriedigung aus «Sekundärtrieben», die sich in extremen Fällen als destruktives Sozialverhalten, in weniger extremen in irrationalen Ängsten manifestierten, die zu einer moralistischen und religiös-eskapistischen Lebenseinstellung führten. Charakterstruktur oder Charakterpanzerung des neurotischen Individuums ließen sich nur schwer verändern, da sie sich nicht nur «psychisch», sondern auch physisch ausdrücken. Die Charakterstruktur des Neurotikers war gekennzeichnet durch Muskelversteifung: der Organismus drückt «körperlich aus, daß er sich zurückhält. Die Schultern sind zurückgenommen, der Brustkorb hochgezogen, das Kinn steif, die Atmung ist flach, das Kreuz gekrümmt, das Becken zurückgezogen und ‹tot›, die Beine sind steif ausgestreckt ...» Dieser Muskelpanzer war nach Reich in Segmenten als rechtwinklige Ringe zum Rückgrat angeordnet. Sie sollten das Strömen sexueller Energie an den Punkt ihrer natürlichen Freisetzung verhindern: die Genitalien. In einem Diagramm läßt sich der Prozeß darstellen:

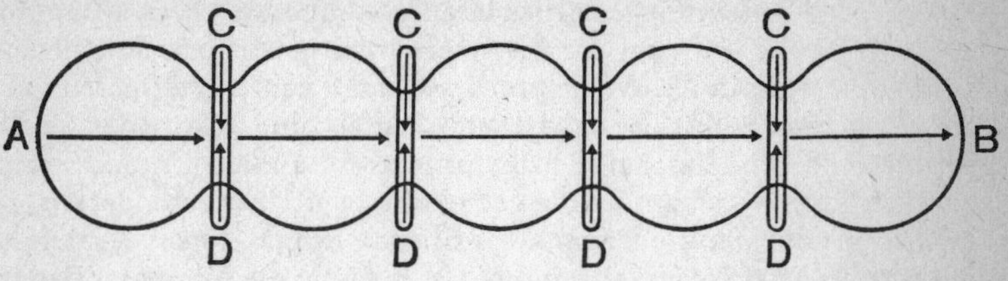

A–B stellt den natürlichen Fluß der Orgon-Energie dar. C–D stellt die «Muskelschutzmaßnahmen» dar, die diese Energie blockieren und eine «Stasis» hervorrufen. Die Charakterstruktur ist der psychische «Überbau» dieser biophysikalischen Entwicklung.

Reichs therapeutische Absicht galt also zweierlei: zunächst der Beseitigung der Muskelschutzmaßnahmen durch – wie er es nannte – «Vegetotherapie» und zweitens in der Wiederherstellung der Orgasmuspotenz, wofür in seinen späteren Arbeiten die Anwendung eines «Orgonkastens» oder Akkumulators nötig wurde, der angeblich irgendwie die «Bionen» oder Teilchen dieser Orgon-Energie einzufangen vermochte. «Sexuelle Befriedigung», schrieb er, «eliminiert durch Beseitigung der aktuellen Neurose (Stasis-Neurose) den somatischen Kern der Neurose . . . und eliminiert auch den psycho-neurotischen Überbau.»

Die Tatsache, daß Reichs Analyse darauf abzielte, die Sexualpotenz wiederherzustellen, statt wie in der Freudschen Therapie «Sublimierungen» zu bewirken, trägt wohl daran schuld, daß man ihn ins Gefängnis steckte und seine Schriften vernichtete. Zudem konnte man ihn zur Zeit, da der MacCarthyistische Kommunistenwahn gerade seine Hochblüte erlebte, auch auf plausible Weise als Agenten der kommunistischen Weltverschwörung darstellen, die ihre Ziele auf subtile Weise durch die Förderung von «schmutzigen» und «degenerierten» Praktiken zu erreichen suchte. Der US-amerikanische General in dem Film ‹*Dr. Strangelove – oder wie ich lernte, die Bombe zu lieben*›, der überzeugt war, daß seine «Sexualströme» von kommunistischen Agenten korrumpiert worden seien, ist ein nicht völlig aus der Luft gegriffenes Beispiel für die Reaktionen auf Wilhelm Reichs Arbeit.

Diese Arbeit beeinflußte Neills Werk hauptsächlich in zwei Bereichen. Zunächst klärte sie seine Zweifel über den Todestrieb. Man erinnere sich, daß nach 1920 Freud einen ursprünglichen Masochismus postulierte, ein «biologisches Streben nach Unlust». Früher hatte er argumentiert, daß Neurosen aus dem Konflikt zwischen Instinkt und Umwelt resultierten (also zwischen Libido und der Furcht vor Strafe). Nun argumentierte er, daß Neurosen aus dem Konflikt zwischen Instinkt (= Trieb) und dem Bedürfnis nach Strafe resultierten (Libido gegen Strafwunsch). Die Bedeutung der frustrierenden Außenwelt wurde damit in den Hintergrund gedrängt. Und wenn dieser Bruch in der menschlichen Psyche, theologisch als Widerspruch zwischen dem «niedrigeren» und dem «höheren» Selbst oder zwischen «Teufel» und «Gott» dargestellt, selbstgewollt ist – das heißt nicht primär auf äußere Unterdrückung zurückzuführen –, dann bot die Erziehung oder eine Veränderung der Gesellschaft nur wenig oder gar keine Chance, Schuld- und Angstgefühle zu beseitigen. Reich sagte zusammenfassend über die Folgen der Beseitigung des Todestriebs:

Dadurch glaubte man, die Antwort auf die Frage, woher das Leiden kommt (statt mit dem Satz: «aus der Außenwelt, aus der Gesellschaft»), durch die Formel: «Aus dem biologischen Willen zum Leiden, aus dem Todestrieb und Strafbedürfnis», geben zu können. Diese Auskunft versperrt den schwierigen Weg in die Soziologie des menschlichen Leidens, den die ursprüngliche psychologische Formel über den psychischen Konflikt breit geöffnet hatte. Führt die Todestrieblehre . . . zu einer Kulturphilosophie . . . wonach das menschliche Leiden unaustilgbar sei, weil die destruktiven und nach Selbstvernichtung strebenden Antriebe nicht zu bewältigen wären, so führt im Gegensatz dazu die ursprüngliche Formel über den psychischen Konflikt zur Kritik der sozialen Ordnung.[17]

Die intellektuelle (und emotionale) Lösung seiner Zweifel bezüglich des Todestriebs befreiten Neill von dem Zwang, mit «Problemkindern» arbeiten zu müssen. Reich hatte bemerkt, daß «wir unsere Aufmerksamkeit recht armselig streuen, wenn wir 98 Prozent auf analytische Detailarbeit und nur zwei Prozent auf die Gesamtschäden konzentrieren, die Kindern *von den Eltern* zugefügt werden». Bislang hatte Neill sich ausschließlich auf die «Heilung» beschränkt, nun verlagerte sich sein Interesse mehr und mehr auf die Prophylaxe. Es wurde ihm klar, daß er «nur seine Zeit verschwendete», wenn er versuchte, Kinder wieder zusammenzuflicken, die nahezu irreparabel durch das Fehlverhalten der Eltern beschädigt worden waren. Er erkannte, daß die tiefere Aufgabe darin bestehe, sie vor dieser Fehlbehandlung zu bewahren. Eigentlich ging seine Reaktion auf «Problemkinder» viel weiter als diese Einsicht. «Jahrelanges Zusammenleben mit allen möglichen Typen von Gaunern und Betrügern und Lügnern bewies mir, daß sie alles in allem minderwertig waren.»

Aber Reichs Theorien würden – falls sie richtig wären – einen weit radikaleren Angriff auf die bestehende Sozialordnung erfordern, als der, zu dem Neill bereit war. Seine Arbeit mit straffälligen Kindern war in gewisser Weise eine Flucht vor den logischen Konsequenzen seiner eigenen sich vertiefenden Einsichten gewesen. Doch vor Reichs Alternativen gab es keinen intellektuell vertretbaren Ausweg. Sexualerziehung, schrieb Reich in seinem Buch ‹*Die sexuelle Revolution*›, werfe Probleme von weit größeren Konsequenzen auf, als sich die meisten Sexualreformer jemals träumen ließen. Derzeit kämpften sie gegen einen mächtigen Gesellschaftsapparat, der sich im Augenblick auf passiven Widerstand beschränke, jedoch beim ersten ernst zu nehmenden Versuch der Sexualreformer zum aktiven Widerstand übergehen werde. Sämtliche Unentschlossenheiten und Tendenzen, in der Sexualerziehung Kompromisse zu schließen, ließen sich nicht nur auf die eigene sexuelle Unterdrückung zurückführen, sondern auf die Furcht, in ernste Schwierigkeiten mit der konservativen Gesellschaftsordnung zu geraten.

Die Kernfrage war, ob der Erzieher bereit war, «der Sexualität ihren natürlichen Lauf zu lassen», was nicht nur die Billigung kindlicher Sexualität bedeutete, sondern auch den Geschlechtsverkehr zwischen Heranwachsenden in und nach der Pubertät.

Neill war bei aller Unorthodoxie nicht aus dem Stoff, aus dem man Märtyrer macht, und er leugnete dies auch keineswegs. Seit den späten dreißiger Jahren bezog er in seinen Schriften einen konsequent positiven Standpunkt zugunsten eines Sexuallebens für Heranwachsende. «Ich kenne kein Argument gegen ein Liebesleben bei jungen Menschen, das stichhaltig wäre . . . Keines beantwortet die Frage, warum die Natur oder Gott dem Menschen einen starken Sexualtrieb gegeben hat, der für die Jugend tabu sein soll, außer die älteren Mitglieder der Gesellschaft haben ihn sanktioniert.» Aber offiziell gestattete Neill niemals, daß die Mädchen und Jungen in Summerhill miteinander schliefen, und er hat auch nicht empfängnisverhütende Mittel an sie ausgegeben. Teilweise läßt sich dies wohl aus seinen eigenen frühen Erfahrungen mit sexueller Repression erklären: er bekennt sich zu einer «Spur von Paulinismus» in seinem Erziehungssystem; doch größeren Einfluß hatte möglicherweise die Furcht, daß sein Internat geschlossen oder daß Eltern abgeschreckt werden könnten. Summerhill war seine ganz persönliche Schöpfung, er war stolz darauf und wollte, daß sie sich weiterentwickle. «Da ich ein menschliches Wesen bin», schrieb er 1948, «bedeutet Summerhill für mich mehr, als es die Gesellschaft tut, und ich werde weiterhin Insulaner bleiben.»

Er blieb jedoch dabei, in seinen Büchern ‹*The Problem Family*› (1948) und ‹*The Free Child*› (1953) mit großer Verve und heftigem Zorn die konventionellen Reaktionen von Eltern auf frühkindliche Sexualität zu attackieren. Sämtliche früheren Methoden, Kinder abzurichten oder zu «sozialisieren» – wie ein «Fütterungsrhythmus», Sauberkeitserziehung und Tabus gegen Nacktheit und Selbstbefriedigung –, sind demnach darauf ausgerichtet, dem Kind Schuldgefühle wegen seines Körpers und seiner Triebe zu vermitteln. «Es ist fast nicht zu glauben», schrieb Neill, «daß unwissende Ärzte und Eltern es wagen können, in die natürlichen Triebe und Verhaltensweisen einzugreifen und Freude und Spontaneität mit ihren absurden Vorstellungen von Führung und Formung zu zerstören wagen. Diese Führer setzen die universelle psychische und somatische Krankheit der Menschheit in Gang, und daraufhin setzen Kirche und Schule diesen Erziehungsprozeß fort, der freudefeindlich und freiheitsfeindlich ist.» Und an anderer Stelle: «Ein Kind, dem man nicht verbietet, seine Genitalien zu berühren, hat die besten Chancen, mit einer ehrlichen und befriedigenden Einstellung zur Sexualität aufzuwachsen.»

War Reich berechtigt, die sexuelle Revolution als den Schlüssel zur Gesellschaftsrevolution zu betrachten? Eric Hobsbawm schrieb von «einer anhaltenden Affinität zwischen Revolution und Puritanertum»[18]. Von diesem Standpunkt aus resultiert *jeglicher* Erfolg aus der Unterdrückung von Trieben, gleich ob es sich um eine Revolution, um Geld oder um ein Kunstwerk handelt. Andererseits könnte man argumentieren, daß sexuell freie Erwachsene die Disziplinarstruktur nicht länger akzeptieren würden, die zur Aufrechterhaltung einer kapitalistischen Gesellschaft beitragen. Sie würden mehr auf ihre geistige Distanz hinarbeiten, als daß sie den Frontalangriff nach altem revolutionärem Muster zur Überwindung der gesellschaftlichen Verhältnisse benutzen würden. Wo immer auch die Wahrheit liegen mag, klar ist, daß Neill sich dem Streit entzog. Er sah, daß es seine Aufgabe als Erzieher war, die Kinder glücklich zu machen: die Revolution sollte sich um sich selber kümmern.

Der Punkt, an dem man Neill wirklich kritisieren kann, ist der der umfassenden Entwicklung des Menschen. In der Nachfolge von Reich ist er überzeugt, daß jegliche sexuelle Unterdrückung von Übel sei. Er erkennt jedoch nicht, daß Unterdrückung in einem bestimmten Maß durch Durchbrechen des Sexualtriebs zu intensiveren und befriedigenderen Formen «sublimierten» Vergnügens führen könnte. Er übersieht, mit anderen Worten, daß – nach Herbert Marcuse – ein Unterschied besteht zwischen der «basischen Unterdrückung», die künstlerische, geistige und andere Befriedigungen ermöglicht, und der «Überschuß-Repression», wie sie von einer besonderen Wirtschafts- und Gesellschaftsordnung erfordert wird. Die Notwendigkeit dieser basischen Repression erwächst nach Marcuse aus der «Verschmelzung» der «Sexualtriebe» mit den «Zerstörungstrieben», kurz aus eben jenem Todestrieb, den Reich zu beseitigen versucht hatte.[19]

Ein solch düsteres Bild der menschlichen Psyche mit den Anspielungen auf die «Erbsünde» konnte Neill einfach nicht gelten lassen. Nachdem er über achtzig Jahre alt geworden war und nach und nach alle seine Hoffnungen und Illusionen abgestreift hatte, blieb nur noch die eine ursprüngliche Überzeugung seines ganzen Lebens unerschüttert – nämlich der unerschütterliche Glaube an das Gute im Kind, an das Kind als etwas primär Gutes, nicht Böses. Über vierzig Jahre lang war Neill in dieser Überzeugung nicht wankend geworden, ja sie wurde sogar zu seiner endgültigen Überzeugung.

Teil IV

Hahn und Gordonstoun

15. Die Anfänge

Im Sommer des Jahres 1903 planten drei Zöglinge von Abbotsholme eine sommerliche Wandertour durch Süddeutschland. «Marcans Freund Hahn (ein Deutscher) . . .» schrieb einer der drei an seinen Vater, «sollte sich uns anschließen, ferner sein Onkel, ein bekannter Bakteriologe.»

Kurt Hahn war damals sechzehn Jahre alt. Aus seinem früheren Leben ist wenig bekannt. Er wurde als Sohn jüdischer Eltern geboren und im mosaischen Glauben erzogen. Sein Vater stammte aus einer Familie wohlhabender gutbürgerlicher Unternehmer, doch gab es ebenfalls eine starke pädagogische Tradition in der Familie: Kurt Hahn gehörte zur vierten Generation, in der ein Sohn Lehrer wurde. Die Familie mütterlicherseits stammte aus Polen und verfügte über beachtliche Musikalität, die jedoch Kurt Hahn nicht geerbt hatte. Hahn war der zweite von vier Brüdern (der von ihm bewunderte ältere Bruder war mit elf Jahren gestorben).

Die Wanderung war ein Riesenerfolg. «Professor Hahn ist schrecklich nett zu uns gewesen. Wir hatten hervorragendes Wetter, und die letzten drei Tage oder mehr in den Dolomiten waren phantastisch . . . Bitte schick mir etwas Geld.» Die drei Schüler von Abbotsholme glühten vor Begeisterung für ihre Schule, für deren Prinzipien und für ihren ungewöhnlichen Headmaster, Cecil Reddie. Ihr Enthusiasmus übertrug sich auf ihren jungen romantischen Begleiter. Von ihnen lernte er, Erziehung mehr als eine Übung des Charakters denn des Verstandes zu betrachten. Das Präfektensystem beeindruckte ihn, das in der in Abbotsholme praktizierten Form die Verantwortlichkeit der älteren Jungen für das Wohlergehen der jüngeren betonte. Die Vorstellung von der Schule als einer Gemeinschaft, in der jeder einzelne zum Wohlergehen des Ganzen beitrug, war damals in Deutschland praktisch unbekannt[1], und Hahn beschloß sofort, zum Pionier dieser Idee in seinem Vaterland zu werden. Das Beispiel des Dr. Hermann Lietz, mit dessen Buch ‹*Emlohstobba*› ihn seine Wandergefährten bekannt machten, bestätigte, was sie ihm erzählten, und überzeugte ihn davon, daß das Projekt durchführbar sei. Er las das Buch und «fühlte, daß sein Schicksal ihn rief».

Zwischen 1904 und 1914 studierte Kurt Hahn an zahlreichen Universitäten: Berlin, Heidelberg, Göttingen und Oxford. Er vermochte nur mit Unterbrechungen zu arbeiten, da ihm im Sommer ein Sonnenstich zu schaffen machte: drei Dekompressionsoperationen waren nötig, um ihn zu heilen. Folglich war er während seiner Studienzeit in Oxford (1910 bis

1914) gezwungen, den Sommer im kühleren Klima Nordschottlands zu verbringen. «Dadurch», schrieb H. L. Brereton, «kam er nach Morayshire, wo er an den Ufern eines der romantischsten europäischen Flüsse lebte, dessen Schönheit und Legenden er in sich aufnahm.» Als Emigrant kehrte er nach Morayshire zurück und gründete 1934 Gordonstoun.

Nach Oxford ging er auf den Rat eines seiner Professoren, der ihm erklärt hatte: «Wenn Sie am Alten interessiert sind, um dem Neuen zu helfen, dann können Ihnen nicht die deutschen Universitäten dabei helfen, sondern Oxford.» Hahns Aufenthalt in dieser Universitätsstadt fiel mit der kurzen Herrschaft des Idealismus in der englischen Philosophie zusammen, dessen Repräsentant F. H. Bradley war.

Bradleys Philosophie ist als «Hegelianismus, durch angelsächsische Vorsicht modifiziert» beschrieben worden. Der Idealismus befaßte sich mit der Wahrheit über das «ganze» Universum, nicht mit getrennten Einzelaspekten und mehr oder weniger oberflächlichen Wahrheiten. Die Idealisten glaubten an eine absolute Wirklichkeit. Sie strebten danach, die «innerlichen Zusammenhänge» der scheinbar unverbundenen und fragmentarischen Pluralität der Objekte in der Welt der Sinne zu enthüllen. Die scheinbar zufällige Verbindung von Materie konnte, mit dem Auge der Vernunft betrachtet, als Teil eines göttlichen Planes gesehen werden, der Logik, Ordnung und Harmonie verrät. Das moralische Verhalten konnte daher nach dem Grad der «Einsicht» in den göttlichen Plan bewertet werden, nach dem die Menschen ihre Funktion oder ihre Aufgabe zu erfüllen hatten.

Von Professor J. A. Stewart, dem führenden Platoniker seiner Zeit, wurde Hahn in diese Welt eingeführt. Und von Platon übernahm er auch mehrere Leitideen, die für seine erzieherischen Programme von entscheidender Bedeutung sein sollten. Die erste war das Dogma von den Idealen, die wir bereits in Zusammenhang mit Reddie erwähnten. Platon glaubte, daß jede körperliche Substanz eine «vollkommene Form» besitze und daß der Sinn des Lebens darin bestehe, sich immer mehr diesen vollkommenen Formen zu nähern. Die vorbestimmte Bewegung des Lebens (vergleichbar der Entwicklung vom Samen bis zur vollentfalteten Pflanze) wurde nur begreifbar, wenn man den Prozeß ansah als von dem Ziel gelenkt, auf das er gerichtet war: was in der Natur unbewußt geschah, wurde im Menschen zu einem bewußten Streben nach einem «Muster an Vollkommenheit» in den Himmeln.

Die zweite Idee, die Hahn von Platon übernahm, war das Prinzip, daß diese Vollkommenheit Harmonie und Ausgewogenheit sei. Die Vollkommenheit des Leibes, behauptete er, beruht auf dem harmonischen Zusammenwirken seiner materiellen Bestandteile; und die griechische Medizin war beherrscht von dem Prinzip, daß Heilung die Wiederherstellung der durch die Krankheit gestörten Ausgewogenheit sei. Die Tugend (Arete, die Gesundheit der Seele) ist die Harmonie oder Ausgewogenheit zwischen den verschiedenen Eigenschaften der Seele: Vernunft, Triebe und Geist. Tugend im Staatsgebilde ist die Harmonie zwischen seinen funktionalen Bestandteilen: den Denkern («Philosophen»), Soldaten und Handwerkern – auf Beziehungen zwischen Menschen, Staaten usw.

Platon war ein politischer Reformer, der versuchte, die Athener zu den alten Bürgertugenden zurückzuführen, die, wie er glaubte, durch demokratischen Übereifer und ein verweichlichtes Leben zerfressen worden waren. Sein Ziel war die Heranbildung einer elitären Führungsschicht auf einer «gesunden Weide», fern von verderblicher Umgebung, deren Aufgabe es sein sollte, die Gesellschaft zu erneuern. Hahn muß von ähnlichen Verfallsvisionen heimgesucht gewesen sein, als er 1913 unter dem Eindruck dieser Ideen Pläne für eine Schule entwarf, die nach den platonischen Prinzipien gestaltet war. Der Krieg, der ein Jahr später ausbrach und mit dem Zusammenbruch Deutschlands endete, sollte dem zusätzliche Dringlichkeit verleihen, sollte eine Spekulation, die möglicherweise rein akademisch geblieben wäre, in einen Feldzug für die gesellschaftliche und politische Erneuerung verwandeln.

Hahn selbst spielte in der deutschen Politik während des Ersten Weltkriegs eine wichtige Rolle als Berater, Inspirator und Bestärker einer Personengruppe, die für einen «Verständigungsfrieden» eintrat. Diese gemäßigte Haltung sollte ihm die Wertschätzung der britischen Liberalen eintragen, die sich ihrerseits als große Hilfe bei seinen Erziehungsprojekten erwiesen, als er sich schließlich 1934 in England niederließ. Doch erweist es sich als nötig anzumerken – da dies späterhin zu beträchtlicher Verwirrung führte –, daß Hahns Liberalismus nicht von der englischen Art war, wenn auch möglicherweise die nächstverwandte deutsche Entsprechung.

Hahn und seine Freunde standen nie in Opposition gegen den Krieg, weder privat noch in der Öffentlichkeit. Im großen und ganzen beschränkten sie ihre Aktivitäten auf Versuche «hinter den Kulissen», Einfluß auf die Kriegsziele zu nehmen. Damals existierte in Deutschland keine starke politische Opposition gegen den Krieg. Hahn vertrat den Standpunkt, daß der Krieg die Sache aller sei und daß es unpatriotisch sei, gegen den Krieg zu opponieren. In England wurden die liberalen Dissidenten in die Labour Party getrieben, oder doch wenigstens in die kriegsfeindliche Linke. Hahn mochte die Linken nicht. Statt dessen waren seine bedeutendsten Verbündeten der Erbprinz Max von Baden und der politische Berater General Ludendorffs, Oberst Haeften. Nur wenige Liberale in England hätten sich für ihre Anti-Kriegs-Bewegung nach Verbündeten bei Adel und Militär umgesehen.

Doch der wichtigste Unterschied zu den Ansichten der britischen Liberalen tritt bei den Kriegszielen zutage. Golo Mann argumentiert in seinem instruktiven Essay über die politischen Aktivitäten Kurt Hahns,

Hahn sei einfach für «den Frieden» eingetreten, mehr noch, einen «Verhandlungsfrieden . . . die Machtverhältnisse mehr oder weniger so belassend, wie sie waren». Das ist unrichtig. Hahn vertrat ohne Zweifel den Standpunkt einer Rückkehr zum Status quo im Westen, besonders den eines Verzichts auf irgendwelche Ansprüche an Belgien. Doch für den Osten schlug er vor, daß man Rußland beträchtliche Gebietsteile wegnehmen solle. In diesem Ziel ging er einig mit den Militaristen, den Alldeutschen und anderen expansionslüsternen Gruppen. Er nannte diese Politik «Ethischen Imperialismus». Die Liberalen in Deutschland betrachteten Rußland ungefähr so wie die Liberalen in England das Ottomanische Reich gesehen hatten: als eine korrupte Despotie, die die unterworfenen Völker in Knechtschaft hielt. Sie wollten die Polen, Finnen und andere nichtrussische Völker auf die gleiche Weise «befreien», wie die Briten u. a. im Befreiungskampf der Griechen in den zwanziger Jahren des 19. Jahrhunderts mitgeholfen hatten. Die Erreichung solcher Ziele hätte jedoch eine entschiedene Veränderung des Machtgleichgewichts in Europa zugunsten Deutschlands mit sich gebracht. Sie hätte deutsche Siege vorausgesetzt, die zur Zerstückelung des Russischen Reichs geführt hätten, das wiederum von den Westalliierten als wesentliches Gegengewicht zur Hegemonie der Deutschen auf dem Kontinent betrachtet wurde. Überdies hätte nur die deutsche Armee diese Aufgaben durchführen können, und die Armee teilte keineswegs die Ideale der Liberalen, sondern dachte hauptsächlich an Eroberung und künftige Sicherheit. Auch fehlte es keineswegs an anderen Gruppen, die sehr unethische Vorstellungen hegten, was mit den «befreiten» Gebieten geschehen solle. «Pan-Germanen» und «Mitteleuropäer» dachten im wesentlichen daran, eine wirtschaftliche und politische Vorherrschaft der Deutschen in Osteuropa aufzubauen. Die Westalliierten waren nicht bereit, eine deutsche Expansion nach Osten zu gestatten, in welcher Formulierung diese auch immer präsentiert werden mochte; und an diesem Felsen zerschellten Hahns Pläne für einen Friedensschluß.

Da Hahn sich auf die Stärke Deutschlands verließ, um seine ethischen Ziele zu erreichen, war seine moralische Position von Beginn an kompromittiert. Er machte jene bekannte «Gewissenskrise» durch, die die Liberalen in Deutschland dann in verschärfter Form in den dreißiger Jahren erfahren sollten. Da die Armee in seinen Plänen von instrumentaler Bedeutung war, sah er sich gezwungen, die Kriegspolitik zu unterstützen. Seine «moralischen Appelle» zielten weitgehend darauf ab, die Kriegsabsichten Deutschlands zu beschönigen. Sein Freund Oberst Haeften drückte es so aus: «Das deutsche Schwert schneidet schärfer, wenn es sauber ist.» Darum protestierte Hahn gegen den uneingeschränkten U-Boot-Einsatz, weil er die USA in den Krieg bringen würde; gegen den Versuch, Belgien besetzt zu halten, weil dies die Entschlossenheit der Engländer im Krieg bestärken würde; gegen Kriegsgreuel, weil dadurch

Deutschlands Verhandlungsposition am Grünen Tisch geschwächt würde. Sogar der «ethische Imperialismus» wurde taktisch benutzt, um die Bevölkerung zur Unterstützung des Krieges zu bewegen und um die Sozialisten für den Krieg zu gewinnen. Gleichzeitig opponierte Hahn gegen einen «demokratischen» Frieden, weil dadurch die «Mission» Deutschlands unerfüllt bleiben würde, und sogar noch im Oktober 1918 drängte er Prinz Max (der mittlerweile Kanzler des Deutschen Reichs geworden war), weiterzukämpfen, um die «Ehre» Deutschlands zu retten. Seltsamerweise besaß Hahn, der in seinen erzieherischen Schriften die «Selbsttäuschung» als die größte aller Schwächen anprangerte, eine nahezu grenzenlose Fähigkeit, sich selbst nicht nur über seine eigenen Motive, sondern auch über die der Menschen in seiner Umgebung zu täuschen. Vielleicht trifft Golo Manns nachsichtige Erklärung zu: daß Hahn einfach nicht an das Böse im Menschen glaubte.

Welche Folgerungen zog Hahn für die Erziehung aus den Kriegsjahren? Die ‹*Memoiren*› von Prinz Max liefern einen beißenden Kommentar zur politischen Führung in Deutschland. Hahn beschuldigte die Politiker der Nachgiebigkeit gegenüber einer Politik, von der sie wissen mußten, daß sie sowohl unmoralisch als auch verhängnisvoll sein mußte – wobei er die verhängnisvolle Seite weit mehr betonte als die unmoralische: Kriegsverbrechen, totaler Einsatz der U-Boote, Umgehen der belgischen Frage, die Lösung im Osten, die das Modell für Versailles liefern sollte. Hahn führte diese Fehlurteile auf charakterliche Schäden zurück. Dies ist ein wenig unfair. Bethmann-Hollweg, Hertling und Michaelis waren sicher Männer mit mittelmäßigen Fähigkeiten, doch trugen sie auch Verantwortung, ohne Macht zu besitzen. Nur die Unterstützung durch das Volk hätte ihnen die Autorität verleihen können, gegen die Militärs anzugehen; doch sie waren Beauftragte des Hofes, die jederzeit zurückgepfiffen werden konnten. Hahn lag jedoch nichts daran, das System stärker in die Verantwortung zu ziehen. Er mißtraute instinktiv dem *demos* (dem Volk). Und der Krieg brachte die übelsten Eigenschaften des *demos* hervor: seinen Haß, die Hysterie, die Rachsucht, die Bereitschaft, jeden Exzeß in trunkenem Siegestaumel für gerechtfertigt zu halten und die Stimme der Besonnenheit und Vernunft zu unterdrücken. Die 1918 ausbrechende Revolution lieferte ihm ein weiteres Beispiel für die Gewalttätigkeit der Massen. In dieser Zeit bot ihm der Sozialphilosoph Max Weber ein Alternativmodell an Zivilcourage. Als Weber im Dezember 1918 sich bei einer Ansprache einer tobenden Menge von Spartakisten gegenübersah, erklärte er: «Mein Leben lang bin ich nicht vor Kaisern und Königen gekrochen, und ich werde jetzt nicht vor der Masse kriechen.» – «Die Menge zog sich zurück», erinnert sich Hahn, und «wir jubelten ihm zu.» Danach wurde für Hahn erfolgreiche Führerschaft mehr und mehr durch bestimmte persönliche Attribute definiert: Mut, Menschlichkeit, Entschlußkraft und moralische Stärke. Nur diese

Eigenschaften würden überzeugen können; sie waren die «aristokratischen» Eigenschaften, «wodurch die Demokratie gewürzt werden soll».

Und auf die Schaffung dieses Persönlichkeitstypus richtete Hahn nun seine Aufmerksamkeit.

Meiner Meinung nach (erklärt Prinz Max in seinen ‹*Memoiren*›) besteht kein Widerspruch zwischen Aristokratie und Demokratie. Das Mehrheitsprinzip ... übt auf den Aristokraten eine gesunde Beschränkung aus, der sich grund seiner Geburt oder Erziehung oder persönlicher Verdienste für die Führerschaft befähigt glaubt, und zwingt ihn, den Zugang zu seinen Mitbürgern zu finden, von deren «profanem vulgus» die Auserwählten sich stets fernzuhalten versucht gewesen waren ... Überdies ist es für die Nobilität in ihrem eigenen Interesse von Wichtigkeit, sich von den beunruhigenden Privilegien des Geistes- oder Geburtsadels zu befreien.

Um diese «Auserwählten», diese Elite zu schulen und gleichzeitig von ihren «beunruhigenden Privilegien» zu befreien, wurde Salem gegründet.

16. Salem, Gordonstoun und Atlantic College

In einer BBC-Sendung kurz nach seiner Ankunft in England sprach Kurt Hahn von dem Ehrgeiz des Prinzen Max, «durch Erziehung die Heilung Deutschlands von seinen inneren und internationalen Problemen in die Wege zu leiten». Welchen Anteil an diesem Programm Prinz Max und welchen Hahn hatte, ist schwer zu unterscheiden. Ohne Zweifel scheint das Ziel der Überbrückung der Kluft zwischen Einsicht und Aktion, die Schaffung «ganzer Menschen», Hahns Beitrag zu sein. Die Führungsrolle der Aristokratie sagte offenbar dem Erben der Markgrafenschaft Baden zu; eine Führungsrolle einer «Aristokratie der Begabung» hingegen scheint seinem Privatsekretär (Hahn) sympathischer gewesen zu sein. Auch das Gewicht, das auf die traditionellen Werte gelegt wurde, rührte weitgehend von Prinz Max her: Erich Meissner schrieb von der Furcht des Prinzen Max vor «moralischer Anarchie». Hahn dagegen müssen wir den Versuch zuschreiben, traditionelle Wertmaßstäbe modernen Gegebenheiten anzupassen. Der Wunsch, die privilegierte Elite vor den «beunruhigenden» Auswirkungen des Luxus zu bewahren, wurde Hahn möglicherweise vom englischen System der Public Schools suggeriert, besonders in seiner in Abbotsholme praktizierten Form mit kalten Duschen und abhärtenden Tätigkeiten im Freien.

Auch der Wandervogel lieferte einen charakteristischen Beitrag. Er war eine Rebellion der Jugend – gegen die Erwachsenen, doch mehr noch und wichtiger gegen die moderne industrielle Zivilisation. Diese jugendlichen Wanderer, die Erben des «Sturm und Drang»[2], entsagten den Städten und streiften durch Felder, Wälder und Auen – auf der Suche wonach? Es war ihnen nie ganz klar, doch sie wußten, was sie verabscheuten: das moderne Leben in allen seinen Erscheinungsformen. Die Zeilen Hölderlins, ihres Leitsterns, drücken ihren Idealismus, ihre Trauer und ihre Unschuld aus:

> Aber Freund! wir kommen zu spät. Zwar leben die Götter,
> Aber über dem Haupt droben in anderer Welt.
> Endlos wirken sie da und scheinens wenig zu achten,
> Ob wir leben, so sehr schonen die Himmlischen uns.
> Denn nicht immer vermag ein schwaches Gefäß sie zu fassen,
> Nur zu Zeiten erträgt göttliche Fülle der Mensch.
> Traum nur von ihnen ist drauf das Leben. Aber das Irrsaal
> Hilft, wie Schlummer und stark machet die Noth und die Nacht ...[3]

Hier lag die psychologische Basis für Salem, Gordonstoun und später den Outward Bound – die heroische und wirkungslose Zurückweisung der Industrialisierung und ihrer Folgen durch die Jugend, die Suche nach einem unbestimmten Ideal, was, wie Hahn glaubte, auf konstruktive Ziele umgeleitet werden könne.

Auch bei Goethe macht man Anleihen. In ‹*Wilhelm Meisters Wanderjahre*› stellt Goethe eine «pädagogische Provinz» vor, die den Schüler auf das Leben vorbereiten sollte, indem die Lebensumstände einer bäuerlichen Gesellschaft so genau wie möglich simuliert wurden. «Die Provinz», schreibt Sir John Adams, «ist ... eine große Weltschule ... sie ist in prachtvollem Maßstab geplant, mit Städten und Dörfern an Stelle von Klassenzimmern, mit Gebieten als Sportplätze, Bevölkerungen als Lehr- und Hilfspersonal und mit Gewerbe und Industrie und deren Einrichtungen als Lehrmittel.» Die Ausbildung sollte sowohl intellektuell als auch kulturell, als auch körperlich-praktisch sein, was alles für die Schaffung des «ganzen Menschen» unerläßlich war.[4]

Das Internat Salem wurde auf Schloß Salem, dem Erbschloß des Markgrafen von Baden in der Nähe des Bodensees eingerichtet. 1919 begann die Arbeit mit vier Zöglingen. Der Internatscharakter war zwangsläufig: wie alle echten Charakterbildner wollte Hahn so großen Einfluß wie möglich auf den gesamten Lebensbereich der Schüler gewinnen. Außerdem erkannte er nur zu klar, daß die Entwicklung in der Welt draußen der Art Erziehung, die er zu geben beabsichtigte, nicht gerade günstig war: bereits in den Salem-Tagen wurde die Schule als «ausgleichende» Kraft angesehen, oder im Hahnschen Vokabular, als eine «schützende» und «heilende» Weide. Hahn zog es – wie Reddie – vor, hauptsächlich mit Jungen in der Adoleszenz zu arbeiten[5], und hier sah er sich einem unmittelbaren Problem gegenüber: wie sollten die «Mißbildungen der Pubertät» (nicht näher ausgeführt) überwunden werden? Allgemeines Heilmittel war das von den Public Schools entlehnte Programm körperlicher Ertüchtigung, das Salem bot; doch Hahn entwickelte auch zwei besondere «Schutztechniken». Da war zunächst der

Übungsplan, der aus einer persönlichen Liste von Geboten und Verboten bestand, auf der jeder Junge tagtäglich abhaken oder ankreuzen sollte, ob er die Anforderungen erfüllt habe oder nicht. Dies pries man als unabdingbare Erziehung zur «Ehrlichkeit sich selbst gegenüber»; viel wahrscheinlicher ist, daß dadurch Schuldgefühle oktroyiert wurden, indem dem Jungen eine übertriebene Skrupelhaftigkeit gegenüber seinen Fehlern beigebracht wurde. Die meisten Punkte dieser Liste konzentrierten sich mehr auf körperliche (kalte Duschen, Zähneputzen) als auf moralische Sauberkeit, doch:

> Gelegentlich werden bestimmte Punkte mit einer Ziffer X eingetragen, deren Bedeutung nur dem Jungen selbst oder seinem Mentor bekannt ist, wenn er diesem Vertrauen schenkt. Diese Punkte können wichtige und subtile Probleme der Selbstdisziplin berühren. Die Eintragung ist nicht eine Beichte einem Fremden gegenüber, sie ist eine Beichte vor einem selbst und vor dem eigenen «Gewissen».[6]

Dem Gewissen hilfreich zur Seite stand die *grande passion*, der «Schutzengel in den Jahren der Adoleszenz». Hahn war überzeugt, daß in jedem Jungen ein verzehrendes Interesse schlummere, das die Energie von den «giftigen Leidenschaften» ablenken könne; und so pflegten an Samstagnachmittagen «Zünfte» von Forschern, Bauern und Herolden (Kunstliebhabern) im Geist des Wandervogels sich strebend ihren *grandes passions* hinzugeben, die ihren entflammten Sehnsüchten Linderung bringen sollte. Die Ergebnisse dieser Prophylaxe waren anerkanntermaßen bemerkenswert. Die Jungen in Salem, sagt Hahn, seien bekannt gewesen für das «Leuchten» in ihren Augen und ihre reine Haut. Ihr Ausdruck, so sollte er einem etwas verwirrten Besucher in Gordonstoun erzählen, sei «kristallklar und rein». «Solche Augen findet man bei zwei Arten von Menschen . . . dem Jäger aus dem Gebirge und dem Matrosen von der See.»[7]

Die Ausbildung zur Führungsrolle war eine Kreuzung zwischen dem Präfektensystem der Public School und dem Ideal des Dienstes am Mitmenschen. Genauer: es handelte sich um den Versuch, das alte Präfektensystem Arnolds wieder zum Leben zu erwecken, das zu einer verwöhnten Athletokratie degeneriert war. Die Funktionen der Präfekten gingen aus ihren Titeln hervor: Wächter und Helfer. Jedem Präfekten war eine bestimmte Verantwortung für einen Gemeinschaftsdienst zugeteilt: es gab einen Arbeitspräfekten, einen Präfekten für die Junioren (der die wenig glaubwürdige Aufgabe hatte, die «Interessen der Junioren gegenüber den Lehrern und Senioren» zu wahren), einen Präfekten der Außenposten, einen Organisationspräfekten usw. Gewählt wurden diese Präfekten aus der Gruppe der Farbenträger, die ein Viertel der Schülerschaft ausmachte. Es gab zwei «Würdegrade», die ein Junge erreichen mußte, ehe er hoffen durfte, Farbenträger zu werden: 1. nach einem Versuchstrimester erhielt er eine Uniform – graues Hemd und graue kurze Hosen, die ähnlich wie bei Reddie, so geschnitten waren, daß sie den Körper so weit entblößten, als gerade noch schicklich war, und 2. nach einem Jahr empfing der Zögling dann das «Privileg und die Bürde eines Übungsplans».

Der sich selbst wählende Präfektenkader war eine etwas hölzerne Nachahmung der «Pop»-Society Etons. Doch hiermit endet die Ähnlichkeit auch schon. Wie Reddie ließ auch Hahn eine zwanghafte Neigung erkennen, die Charakter-«Elemente» zu klassifizieren. Der Schulbericht befaßte sich mit dem «Gemeinschaftsgeist» des Zöglings, mit seinem «Gerechtigkeitsgefühl, der Fähigkeit zur präzisen Aussage, der Fähigkeit, das, was er für recht hält, angesichts von Widerständen, Gefahren, Langeweile, gegenüber seiner eigenen Skepsis und einer feindseligen öffentlichen Meinung durchzusetzen». Die Herausforderung Max Webers gegenüber den Spartakisten klang Hahn noch in den Ohren, nun hatte er ein Modell für «Zivilcourage» geschaffen, mit dem man dem «Volk» zugleich Widerstand entgegensetzen und Aufklärung bringen konnte.

Hahn befand sich in der Nachfolge Platons, wenn er Tugend im Individuum als Harmonie oder Ausgewogenheit der unterschiedlichen Fähigkeiten der Psyche definierte, oder in die Terminologie der Public School vereinfacht, als das Ideal des «Allround»-Menschen «Was tun Sie mit dem Extravertierten?» fragte man Hahn. «Ich stülpe ihn von außen nach innen», lautete die Antwort. «Und mit dem Introvertierten?» – «Den stülpe ich von innen nach außen.» «Bücherwürmer» sollten zu praktischer Betätigung angeregt werden; praktisch veranlagte Kinder in die Freuden des Geistes eingeführt werden (obschon diese Seite weniger vordringlich behandelt wurde). «Erfolg im Bereich der eigenen Schwächen», bemerkte Hahn, «ist oftmals eine ebenso große Befriedigung wie Triumph auf dem Gebiet der eigenen Begabungen.» Hier tat sich ein Weg auf, um die «Kluft» zwischen Denken und Handeln zu beseitigen. Für den extravertierten Zögling setzte Hahn gleichfalls «Perioden des Alleinseins» an, um das Kind in die Lage zu versetzen, «die Ernte seiner vielfältigen Erfahrungen einzubringen». So verlangte er beispielsweise von den Farbenträgern, daß sie jeden Sonntag zwei Stunden lang allein spazierengingen, «um einen Schutz gegen die zermürbenden und ablenkenden zeitgenössischen Zivilisationserscheinungen zu entwickeln».

Unglücklicherweise litten Bücherwürmer wie Athleten an körperlichen Gebrechen, die von den «leichten Beförderungsmöglichkeiten» und seßhafter Lebensweise herrührten. Im Prioritätengefüge Hahns nahm die körperliche Fitness einen sehr hohen Rang ein, nicht nur weil ein gesunder Körper auf einen gesunden Geist schließen ließ, sondern auch weil körperliche Übungen Gelegenheiten der «Überwindung» boten, zum «Sieg über den Defaitismus». In diesem Wechselspiel von Herausforderung und Reaktion darauf waren die Hürden im Sport ein Sinnbild für die Hürden im Leben: ihre Überwindung stärkte den Willen, indem sie dem Jungen Selbstvertrauen vermittelte und ihm ein Erfolgserlebnis bot. «Wir haben einen Stotterer durch Hochsprung geheilt», erklärte Hahn 1934. Sport im Sinne der Public School, der nur für «geborene Sportler» attraktiv war, wurde demzufolge vom Thron gestoßen und auf zwei Nachmittage pro Woche beschränkt. Statt dessen hielt man alle Zöglinge dazu an, vor dem Frühstück um den Garten zu laufen. Der morgendliche Unterricht wurde durch eine Pause von fünfundvierzig Minuten unterbrochen, die dem Schnellauf, Springen und Werfen gewidmet waren. Man förderte auch Ausflüge, um das körperliche Durchhaltevermögen zu stärken: 1925 gingen achtzehn Jungen nach Finnland, kauften sich ein eigenes Boot, ernährten sich selbst durch Jagen und Fischen, und kehrten ganz sicher «mit einem Leuchten in den Augen» zurück. Doch die Erfahrungen der Jungen, argumentierte Hahn, dürften nicht ausschließlich aus Triumphen bestehen, weil sie dies zu stolz mache. Sie sollten auch Niederlagen erleben, damit die Demut und die rechte Einschätzung der Grenzen menschlicher Macht gefördert würden.

Das berunruhigende Gefühl der Privilegiertheit sollte auf zweifache Weise angegangen werden. Zunächst plädierte Hahn dafür, daß 30 Prozent der Salem-Zöglinge aus ärmeren Familien kommen sollten, die «eine eindeutig kritische Einstellung mitbringen» würden und so das Gegengewicht gegen Selbsttäuschung und Selbstgefälligkeit darstellen könnten. Hahn glaubte fest an die anregende Wirkung von «schöpferischer Spannung». Dafür ist ein interessantes Beispiel seine Neigung, Lehrer einzustellen, deren Ansichten stark (aber nicht zu heftig) den seinen zuwiderliefen – ein rühmlicher, wenn auch weitgehend erfolgloser Versuch, eine Opposition gegen seine eigene dominierende Persönlichkeit aufzubauen. (Darin unterschied er sich deutlich von Reddie, der keine Opposition dulden konnte.) Erich Meissner, auf den wir weiter unten noch zurückkommen werden, ist wahrscheinlich das beste Beispiel dafür, wie ein ständiges Mitglied des Hofstaates von Hahn diese Aufgabe erfüllte. Daß Hahn dabei häufiger erfolglos als erfolgreich war, ergibt sich aus dem Kommentar eines frühen Besuchers in Gordonstoun, der notierte, daß Hahns Kollegium «ihn verehrte, ihm unterwürfig hinterherkroch und einen voll Entzücken mit den Worten und Taten des ‹großen Mannes› vollstopfte».[8] Die zweite Methode, mittels derer Hahn Privilegiertheit zu beseitigen versuchte, bestand darin, seine Jungen in das Leben der Umgebung einzugliedern. Die Lehrerschaft in Goethes pädagogischer Provinz sollte nichts weniger denn die «Bevölkerung» des umliegenden Landes sein. Hahn versuchte auf ähnliche Weise die Handwerker am Ort in den Schulbetrieb einzubeziehen. «Wir schickten unsere Jungen», erinnert er sich, «in ihre Werkstätten in den Dörfern: zum Buchbinder, dem Baumeister, dem Tischler, Schlosser, Schmied und

Holzschnitzer. Diese Handwerker erwiesen sich oftmals als echte Erzieher; sie zeigten angesichts unfertiger Arbeiten ein größeres Entsetzen als der Lehrer.» Umgekehrt betrachteten Hahn und Prinz Max die Schule als Zentrum der «Heilkräfte» in der Umgebung. In diesem Punkt war Hahn zutiefst von den Idealen der Zisterziensermönche beeinflußt, die bis 1804 in Salem gelebt hatten. Dieser Orden glaubte an den Dienst an der Gemeinschaft, nicht nur im geistigen Sinn, sondern durch aktive Hilfeleistung, wo immer sie nötig war. Die Zisterzienser, erklärte Prinz Max Hahn, «waren die Straßenbauer, die Ackerbauern, die Forstleute, die Ärzte, Tröster und Lehrer in diesem Bezirk». In Salem finden wir also eine Entwicklung jenes «Ideals des Dienens», das später zur größten von Hahns *grandes passions* werden sollte.

Das Patronat des Prinzen Max bot die sichere Garantie für den Erfolg des Internats, ähnlich wie später die Schutzherrschaft von Prinz Philip und Prinz Charles den Erfolg von Gordonstoun sicherte. Bereits damals ließ Hahn erkennen, wie klug er das Gewicht von Titeln zu bewerten wußte, und wichtiger noch, wie ungewöhnlich fähig er war, das «unruhige Gewissen» der Wohlhabenden zu kitzeln. Von vier Internatsschülern im Jahre 1919 stieg die Zahl auf 420 im Jahre 1933. Eine Gruppe von «Old Boys» (Ehemaligen), die «Salem-Vereinigung», wurde gegründet, deren Mitglieder ein gut Teil ihrer Zeit aufwendeten, um andere für den Ruf zum Dienen «auszubilden».

Der Ruf traf auf taube Ohren. «Kurt Hahn», schreibt Golo Mann, «wollte junge Menschen zur Meisterung des modernen Lebens erziehen, ohne daß ihre Seele dabei Schaden leiden sollte . . .» Doch bot Hahn diesen jungen Menschen sehr wenig wirkliche Erfahrung mit dem modernen Leben. Er verabscheute die Großstadt und alles, was sie repräsentierte, und er verabsäumte es zu unterscheiden, was vermeidbar war und was untrennbar zum Leben in einer modernen Industriegesellschaft gehörte. Dieser geschworene Feind des Eskapismus war selbst ein Eskapist: und diese Weltflüchtigkeit des Meisters übertrug sich leicht auf seine Schüler. «Es war kein Zufall», bemerkt Golo Mann, «daß sich ein ungewöhnlich hoher Prozentsatz der ehemaligen Salemzöglinge in jenes besondere Reservat der Unschuld und Ritterlichkeit, die Reichswehr, zurückzog» – und dies eben zu dem Zeitpunkt, als Deutschland «aktive Bürger» benötigte, um den Nazis entgegenzutreten.[9]

Auch nach dem Krieg ließ Hahns politisches Interesse nicht nach. «Bei besonderen Anlässen wurden Reden gehalten, Briefe wurden an britische Zeitungen und britische Politiker geschrieben, und gelegentlich ein Artikel in einer deutschen Zeitung.» Ziel des Ganzen war es noch immer, den «Verständigungsfrieden» zu erlangen, der 1919 nicht zustande gekommen war. Versailles würde – möglichst mit friedlichen Mitteln – revidiert werden müssen, doch «wenn alles andere zu nichts führte, dann würde das deutsche Schwert, das unbefleckt bleiben mußte, erneut sprechen müssen». Wie Golo Mann richtig bemerkt, war dies der Tenor der zwanziger Jahre (in Deutschland), und in Salem erhielt diese Einstellung noch den zusätzlichen Akzent des «ethischen Imperialismus». Hahn neigte dazu, die Weimarer Republik und alle ihre Werke zurückzuweisen. Der Stil paßte ihm nicht: er war weder würdevoll noch selbstbewußt, noch patriotisch. Für Hahn war die Weimarer Republik die Apotheose des «Parlamentarismus». Sie war das Ergebnis einer Revolte der «Sklaven», und dies allein genügte bereits, um sie in seinen Augen zu verdammen. Er brachte Deutschlands Niederlage in Zusammenhang mit der Novemberrevolution, und er trug dadurch sein Teil zu der berüchtigten Legende vom «Dolchstoß» (in den Rücken der kämpfenden Truppen) bei. In seinem begrenzten Bereich tat Hahn das Seine, um die Legitimität der Abkommen der Weimarer Republik zu unterminieren, was wiederum dem Hitler-Nazismus den Weg ebnete.

Er beobachtete Hitlers Aufstieg mit einer Mischung von Bewunderung, Hoffnung und Bestürzung. Wie in einem Nachhall seiner Gefühle aus dem Jahr 1914 glaubte er, daß Hitlers Anliegen «gut sein könne oder zum Guten gewendet werden könne». In jedem kriminellen Einzelwesen oder jeder kriminellen Gruppe gebe es etwas, das potentiell gerechtfertigt sei. Wenn es nur möglich gewesen wäre, den mißgeleiteten Individuen die Chance einer Erziehung in Salem zu bieten! Einige von ihnen hatten diese Chance. In Salem wurde eine Gruppe der Hitlerjugend gebildet. Hahn versuchte, ihnen die Unterschiede zwischen Elite im platonischen und im hitlerischen Sinn klarzumachen: sie blieben kriminell. Die gleiche Einstellung bezog er gegenüber der nationalistischen Bewegung. Hitler war das Symbol für Deutschlands Streben nach einer Revision der Versailler Verträge. Das war die 1932er Version der Vaterlandspartei. Hitler würde in einer breiteren Bewegung von weniger melodramatischem Charakter nützlich sein. Die Rechtskräfte in Deutschland gaben sich der Illusion hin, daß Hitler in Wirklichkeit in seinem Herzen ein guter Nationalist alter Prägung sei, den man sowohl von seinen unerwünschten Anhängern als auch von seinen eigenen «hochfliegenden Plänen» reinigen könne. Die politische Linke wußte es besser, doch in keiner Äußerung Hahns aus dem Jahr 1932 wird das «andere Deutschland» erwähnt, das aus Millionen anständiger und loyaler Menschen bestand, die bis zum Ende sozialistisch wählten, trotz der Mittelmäßigkeit ihrer Anführer.

Viele Jahre seines Lebens hatte Hahn nicht an die Wirklichkeit des Bösen geglaubt. Durch den «Fall Potempa» wurden ihm die Augen geöffnet. Im Herbst 1932 wurden fünf SA-Männer verhaftet und vor Gericht gestellt, weil sie einen jungen Kommunisten unter den Augen seiner Mutter zu Tode getreten hatten. Hitler schickte ihnen ein Telegramm – das «Beuthen-Telegramm» –, in dem er ihnen seine Hochachtung und sein Lob ausdrückte und sie seine Kameraden nannte. Nun endlich sprach Hahn Klartext: in einer eindeutigen und mutigen Botschaft forderte er seine ehemaligen Salem-Schüler auf, zwischen Salem und Hitler zu wählen: ein Kompromiß war unmöglich geworden. «Es geht um Deutschland», erklärte er, «um seine christliche Kultur, sein Ansehen, seine militärische Ehre.» – «Dies wäre der Augenblick gewesen», schreibt Brereton, «in dem alle guten Europäer in Deutschland hätten losschlagen müssen. Man folgte ihm (Hahn) nicht ...» Aber wie hätte das auch geschehen sollen? Niemand hatte sich vorbereitet. Und selbst wenn man alle Vorbedingungen berücksichtigt – die Demütigungen durch den Versailler Vertrag und bestimmte Traditionen der politischen und geistigen Denkstruktur Deutschlands –, hätte sich das Dritte Reich je ohne den wirtschaftlichen Zusammenbruch und die sechs Millionen Arbeitslosen fest etablieren können? Hahn äußerte sich dazu nicht. Um erfolgreich und wirksam zu sein, hätte man sehr viel früher als erst im Oktober 1932 wachsam sein müssen: Hitler war drei Monate später Reichskanzler. Hahns Stellungnahme zum «Fall Potempa» beleuchtet sowohl die positive wie die negative Seite seiner politischen Konzeption: er zieht die Grenze bei Mord, doch die Verzweiflung innerhalb der Gesellschaft, die zum Mord führt, übersieht er entweder oder er mißversteht sie.

Außerdem war ein Kompromiß – wie sich erweisen sollte – keineswegs wirklich ausgeschlossen. Selbst nachdem Hahn im März 1933 von den Nazis verhaftet worden war (er wurde nach der Intervention des damaligen britischen Premierministers Ramsay MacDonald wieder auf freien Fuß gesetzt), hoffte er weiterhin, daß sich ein besserer Hitler zeigen werde, der domestiziert und gereinigt und dessen Streben erwünschterweise auf die Politik des «Ethischen Imperialismus» umorientiert sein würde. Dieser «Erz-Freimaurer und Jude» (wie ihn die Nazis darstellten) flehte – einem Bericht zufolge –, daß man ihm gestatten möge, weiterhin in Salem zu bleiben.[10] Und erst als man es ihm unmöglich machte, in Deutschland zu leben und zu arbeiten, emigrierte er – mit einer Garantie der Hitlerregierung, daß «das Salem-System nicht verändert wird». Hahn selbst leugnete, daß er darum gebeten habe, bleiben zu dürfen. Aber seine Einstellung zum Nationalsozialismus unterschied sich kaum von der und war ebenso zweideutig wie die jedes Antisozialisten von vergleichbarer sozialer Herkunft und Erziehung in Deutschland. Es ist sehr zweifelhaft, ob er aus Deutschland emigriert wäre, wenn er nicht Jude gewesen wäre, aber andererseits hätte er sich wahrscheinlich an einer Verschwörung gegen Hitler wie etwa der Goerdelers beteiligt. Zweifellos würde er versucht haben, hinter den Kulissen auch weiterhin die Exzesse der Nazipolitik abzuschwächen, und – wie 1914 bis 1918 – zu Beginn des Zweiten Weltkriegs für eine «gerechte» Behandlung der eroberten Völker zu plädieren. Was ihn jedoch eindeutig zum Antifaschisten machte, war die veränderte Umgebung. In dieser Hinsicht ist er keineswegs eine Ausnahme: in Dänemark setzten Nazi-Beauftragte die antijüdische Politik immer zögernder durch. Und Hahns eigener Verhaltenswandel liefert ein drastisches Beispiel für das erzieherische Gewicht, das er einer «gesunden Weide» beimaß. In seinem Gewissen mischten sich individuelle und gesellschaftliche Gesichtspunkte. In Deutschland hätte er sich mit einer ewigen «Gewissenskrise» auseinandersetzen müssen, wenn er versuchte, seine Abscheu vor Mord mit seiner Vaterlandsliebe und seinem Glauben an die schicksalhafte Mission Deutschlands in Einklang zu bringen. In England löste sich dieser Konflikt weitgehend in Luft auf.

Sobald Hahn die Hoffnung aufgegeben hatte, je nach Deutschland zurückkehren zu können, machte er sich daran, Salem in England neu aufzubauen. Dieser jüdische Erzieher und Emigrant, der wegen seiner «antifaschistischen Aktivitäten» vertrieben worden war und der prominenten Liberalen in England bereits wohlbekannt war, die in ihm ihren Partner in Deutschland gesehen hatten, durfte mit einem herzlichen Empfang in den fortschrittlichen Kreisen rechnen. Hahn – als der große Publizist, der er war – verschmähte kein Podium, und so finden wir ihn im Jahre 1934 als Redner unter der etwas unpassenden Ägide der Mrs. Beatrice Ensor und der New Education Fellowship. Der Eindruck, den ein Teilnehmer schildert, gibt wohl treffend die Faszination wieder, der seine Zuhörer unterlagen, und erklärt seinen außergewöhnlichen Erfolg bei der Werbung von Anhängern:

> Es wurde mir sofort deutlich, daß er zu einer anderen Kategorie gehörte als die anderen (Mitglieder der New Education Fellowship). Die waren enthusiastisch, liebenswert, ziemlich verrückt und in gewisser Weise dillettantisch . . . wohingegen er ernst, schwer und profund erschien. Seine Vorträge lösten einen ziemlichen Wirbel aus, weniger wegen seiner Ausdrucksweise, glaube ich, sondern wegen seiner Persönlichkeit. Denn was immer man von Hahn als Erzieher halten mag, so kann man doch wohl kaum leugnen, daß er viel von dem besaß, was einen «großen Menschen» ausmacht. Er verströmte Persönlichkeit, und diese Persönlichkeit schleppte ein ziemlich schweres deutsches Gewicht hinter sich her. Er hatte ein volles, breites Gesicht, sein kleines Kinn verriet Entschiedenheit und sprang stark nach vorne. Seine Äußerungen klangen nach Weisheit und Autorität; sie waren aphoristisch und schienen in die Tiefe vorzudringen. Ich kann mich jetzt beim besten Willen nicht an eine einzige erinnern, aber ich erinnere mich immer noch an ihr Aroma und den Anschein von Tiefe, die er ihnen verlieh.

Eine Reihe von prominenten Akademikern, Politikern und Persönlichkeiten des öffentlichen Lebens unterstützten Hahns erzieherische Projekte. Es waren Männer wie Lord Allen of Hurtwood, William Temple, George Trevelyan, William Arnold-Forster, G. P. Gooch, Philip Noel-Baker. Viele davon waren gegen den Ersten Weltkrieg gewesen und traten für eine Freundschaft mit Deutschland ein. Sie waren Repräsentanten der liberalen Aufklärung und waren überzeugt, daß mit Vernunft und Konzilianz die meisten nationalen und internationalen Probleme gelöst werden könnten. Sie waren von höchst moralischem Ernst durchdrungen. Für sie war Hahn ein bedeutender Deutscher, der weitgehend die gleichen Anliegen vertrat, die auch ihnen am Herzen lagen. Er vermochte die Stellung Deutschlands in einer Art zu interpretieren und darzustellen, die sie verstehen und mit Sympathie akzeptieren konnten. Und als Erzieher schien er eine Variante des gemäßigten Fortschritts zu vertreten, den die englischen Liberalen nahezu ausnahmslos unterstützten. William Temple war zutiefst am Jugendproblem interessiert; Allen of Hurtwood seinerseits stand durch seine Frau Marjory (eine frühere Bedales-Schülerin) in Verbindung mit den Hauptströmungen in der Schulreformbewegung in England und hatte sogar eine eigene Schule ins Leben gerufen.

Darum boten diese Liberalen Hahn jegliche Unterstützung. Als erstes arrangierte Allen ein Treffen zwischen Hahn und einer Reihe von Erziehern, darunter Badley von Bedales, W. B. Curry, Headmaster von Dartington Hall, und Geoffrey Winthrop Young, Dozent für Pädagogik an der Universität London, der Hahn bereits nachdrücklich unterstützte. Hahn legte seine Vorstellungen dar, doch Curry blieb unbeeindruckt. Der Deutsche schien beunruhigend autoritär zu sein:

> Er ist (schrieb Curry an Allen) der richtigen Meinung, daß Kinder nicht die ganze Zeit, die sie im Freien und außerhalb der Klassenzimmer verbringen, dem Sport widmen sollten. Er schlägt vor, daß zwei Nachmittage pro Woche für Sport und Spiel wahrscheinlich ausreichten, und darin pflichte ich ihm bei. Aber was geschieht dann? Er sagt, wenn man an einem dritten Nachmittag Sport betreibe, dann müsse dies als strafbares Vergehen betrachtet werden, und er führte in seiner Antwort an Mr. Badley tatsächlich ein unerlaubtes Hockeyspiel als eines der Vergehen auf, die Bestrafung notwendig machten . . .

Auch der Übungsplan wurde mit Kritik bedacht:

> Oder weiter, nehmen Sie diese Sache mit der Strafe als Sühne. Leute wie Hahn . . . quälen sich selbst so sehr mit ihrem moralischen Fanatismus herum, daß sie in jeder Gemeinschaft, in der sie eine Rolle spielen, Schuldkomplexe aufbauen. Und nachdem sie diese Schuldkomplexe aufgebaut haben, benutzen sie sie als Entschuldigung für Bestrafung . . .

Der Schlußabsatz in Currys Brief war besonders drastisch:

> Was mich an der ganzen Sache zutiefst beunruhigt, ist, daß Menschen wie Sie, Arnold-Forster und andere, die ich für Liberale gehalten hatte, von Hahn bekehrt werden können. Wenn ich mich nicht grundlegend irre . . . dann ist die Erziehung, für die Hahn plädiert, mit einer wirklich liberalen Zivilisation unvereinbar. Sie scheint mir . . . das Produkt der gequälten deutschen Seele zu sein. Wie Toller in einem gerade erschienenen Buch sagt, sind die meisten Deutschen zum jetzigen Zeitpunkt unfähig, auch nur die Bedeutung der persönlichen Freiheit zu verstehen, so stark waren die Traditionen der letzten Generation. Ich begreife, daß Hahns Ansichten in Deutschland als liberal gelten könnten. Was mich jedoch schockiert, ist, daß man sie in England für

liberal hält. Ich räume ein, daß er ein Mann von immenser Kraft und Vitalität und beträchtlichen geistigen Fähigkeiten ist. Aber ich behaupte auch, daß seine Psychologie weit mehr in seiner eigenen emotionalen Natur als in der Natur anderer Menschen wurzelt ...

Allen kam typischerweise Hahn zu Hilfe.

... es berührt mich als äußerst sonderbar (schrieb er an Curry), wie zuerst die Rechte und danach die Linke vorprescht und bestimmte Erzieher für gefährliche Leute hält. Vor achtzehn Monaten wachte ich sorgfältig darüber, daß der rechte Flügel in der New Schools Association mit seinem Versuch, Dora Russell und Neill mit der Begründung auszuschließen, sie seien schreckliche und gefährliche Leute, nicht durchkam. Nun muß ich ebenso sorgfältig darauf achten, daß nicht die Beschuldigung, eine gefährliche Person zu sein, von der Linken gegen Kurt Hahn erhoben werde.

Im übrigen, fährt Allen fort,

bin ich ziemlich skeptisch bezüglich einer weitreichenden Freiheit für heranwachsende Menschen, die, wenn ich es recht verstehe, in unterschiedlichem Maß von Neill, Ihnen und Dora begünstigt wird ... Ich bin überzeugt, daß er mit größerer Wahrscheinlichkeit Kinder schafft, die eine dynamische Lebenseinstellung und hohe Wertmaßstäbe besitzen, als die fast uneingeschränkte Freiheit, die an manchen anderen Schulen herrscht.[11]

Gordonstoun wurde im Apirl 1934 eröffnet. Hahn wählte einen Platz in seinem geliebten Morayshire, nahe bei Elgin und Lossiemouth und nur einen knappen Kilometer vom Firth of Moray entfernt. Zunächst waren es nur dreizehn Jungen, doch wuchs die Zahl rasch. Für September 1935 waren fünfundvierzig Jungen angemeldet, fünfzehn davon kamen aus Salem. Der Schulprospekt war zweifellos eindrucksvoll. An der Spitze des Kuratorengremiums stand William Temple, der Erzbischof von York. Andere prominente Persönlichkeiten waren Allen of Hurtwood, Mark Arnold-Forster, R. M. Barrington-Ward, später Herausgeber der *Times*. John Buchan, der Romancier, J. R. M. Butler, Fellow am Trinity College in Cambridge, Claude Elliott, Headmaster in Eton, G. P. Gooch, Sir Percy Nunn, ein berühmter Pädagoge, der Historiker G. M. Trevelyan, John Wheeler-Bennett und Geoffrey Winthrop Young – ganz zu schweigen von der eher konventionellen Ansammlung von Generalen und Admiralen. Arnold-Forster und Winthrop Young schickten ihre Söhne, Mark und Jocelin, nach Gordonstoun; Mark gab zusammen mit Francis Noel-Baker die Schulzeitschrift heraus. Prinz Philip kam von Salem, ebenso Major Chew, der die «charakterbildende» Seite des Programms übernahm: Chew sollte später der Headmaster von Prinz Charles werden.

Erich Meissner emigrierte aus Deutschland, nachdem er zwei schwere Jahre lang versucht hatte, Salem unter den Nazis weiterzuführen. Dieser Romantiker und Künstler stellte gewissermaßen den Ausgleich zu Hahns fixer Idee von der körperlichen Fitness dar. «Auf dem Gebiet der Erziehung sind die Bedürfnisse des Körpers nunmehr wohlbekannt. Wir dürfen nicht Eulen nach Athen tragen. Es ist der Verstand, für den wir Sorge tragen sollten . . .» schrieb Meissner 1954. Seine freundlichere, mehr reflektierende Einstellung war eine ständige Kritik an jenem «anderen Gordonstoun», das sich in Hahns ruheloser Energie und seinem übermächtigen Aktionswillen verkörperte.

Zweifellos machte Hahn sowohl auf die Jungen seines Internats wie auf ihre Eltern, die die Schule besichtigen kamen, einen tiefen Eindruck. «Dank seiner ungewöhnlichen Kenntnis der jungen Menschen zeigte mir Kurt Hahn die Geheimgänge und das Versteck», erinnerte sich Adam Arnold-Brown. «Ich stellte auch fest, daß er mich in das Gespräch einbezog und nicht nur ausschließlich mit meinen Eltern sprach.» Schließlich zeigte Hahn dem faszinierten Jungen die Verliese. Nachdem dieser die Kreuzbalken gesehen hatte, auf denen die Gefangenen hocken mußten, wobei ihre Füße im Wasser baumelten, in das sie fallen und in dem sie ertrinken konnten, wenn sie einschliefen, zögerte der Junge nicht länger: er flehte seine Eltern an, ihn nach Gordonstoun gehen zu lassen.

Das Internat war ganz anders als alle anderen fortschrittlichen Schulen. Der Stundenplan war nahezu identisch mit dem in Salem und mit zahlreichen Aktivitäten angefüllt, die wenig Freizeit übrigließen. Der Tag begann um 6.30 Uhr mit einer kalten Dusche und einem kräftigenden Morgenlauf. Zwischen 10.30 und 11.15 Uhr gab es eine Pause für Laufen, Springen, Speerwerfen und seemännische Ausbildung. Mittagessen gab es um 13.30 Uhr, danach folgte eine Ruhepause, in der den Jungen, die «flach auf dem Rücken» liegen mußten, vorgelesen wurde. Ein Nachmittag pro Woche war für Sport und Spiel reserviert, zwei für seemännische Ausbildung, zwei für eine «Gemeinschaftsaufgabe» und einer für das «Projekt»: Gartenarbeit, Bauen, Musik, Kunst, Naturgeschichte usw. Nach einer Säuberung mit warmem Wasser und einer kalten Dusche um 16.30 Uhr folgte der Tee und die «Prep» (Vorbereitung). Nach dem Abendessen, zwei Stunden später (es gab abends kein Fleisch), durften die älteren Jungen Tennis spielen. Hahn pflegte sich an diesen Matches mit großer Begeisterung, wenn auch geringem Geschick zu beteiligen, und er war so versessen auf den Sieg, daß den Jungen beigebracht wurde, elegant zu verlieren. Nach einer stillen Viertelstunde um 21.15 Uhr, in der der Junge «die Ernte aus seinen vielfältigen Erfahrungen einbringen» konnte, folgte der Zapfenstreich.

Leichtigkeit erhielt keine Unterstützung. «Wollt ihr bloß witzig sein, oder wollt ihr mit eurer Zeitung zum Aufbau von Gordonstoun beitragen?» erkundigte sich Hahn in gestrengem Ton bei Mark Arnold-Forster und Francis Noel-Baker in einem fast tausend Wörter langen Brief. In diesem Fall reagierten die Herausgeber tapfer: «Wenn Leser die Hoffnung hegen, Zuschriften von derartiger Länge veröffentlicht zu sehen, dann sind sie zur Enttäuschung verurteilt.» Aber auch andere Aufgaben durften nicht leichtgenommen werden. Die jährliche Shakespeare-Aufführung wurde mit tiefer Feierlichkeit vorbereitet und dargeboten. Hahn war fest entschlossen, aus dem Leben ein Abbild des Besten in der Kunst zu machen, und als ein jugendlicher Hamlet sich eine Woche lang mit seiner Freundin vergnügte, anstatt zu den Proben zurückzukehren, wurde er mit Schimpf und Schande gefeuert.

> Verstehst du denn nicht! (Erklärte der Headmaster dem Zögling T. C. Worsley.) Es ist doch so. Hamlet war ein Prinz, ein edler Charakter, ein guter Charakter, ein nobler Charakter. Und jetzt haben wir einen Einschleicher, einen Zeitdieb, der ihn spielen soll, einen Jungen, der uns alle getäuscht hat, seine Eltern und uns, indem er sich eine ganze Woche lang von seinen Aufgaben fortgestohlen hat, einen Schwächling . . . der es vorzieht . . . seine Zeit mit einer . . . einer . . . Schlampe in Edinburgh zu verbringen. Wie können wir von einem derartigen Schwächling eine echte Hamlet-Darstellung erwarten . . .?

Wenn es Hahn auch an Humor mangelte, so war doch seine Begeisterungsfähigkeit enorm. Es war für ihn von geradezu verzweifelter Wichtigkeit, daß seine Jungen erreichen sollten, was sie sich vorgenommen hatten – oder was er beschlossen hatte, daß sie sich vornehmen müßten. Es war nicht wirklich wichtig, was dies war, wichtig war nur, daß sie die Erfahrung der «Überwindung des Defätismus» machten. Er war mit Ermahnungen und Ermutigungen hinter den Jungen her, er attackierte ihre Rechtfertigungen, stellte ihre Rationalisierungen bloß und strebte dabei immer nur danach, ihren kläglichen Versuchen seinen eigenen ungeheuren Mut und seine Willenskraft einzuflößen. Ganz gewiß war nicht davon die Rede, die Jungen allein zu lassen, zu warten, bis die Blüte der Persönlichkeit sich zu der ihr angemessenen Zeit auftat. Ob Hahn seinen Zöglingen dauerhaften Gewinn oder nur vorübergehende Erfolge brachte, kann nicht entschieden werden.

Die Fortschritte auf der «charakterbildenden» Seite waren ermutigend. In einem Jahresbericht an seine Kuratoren notiert Hahn mit einem gewissen Stolz: «Es ist uns bereits gelungen, mit Hilfe des Übungsplans Angewohnheiten wie Nägelbeißen zu heilen.» Auch Verantwortlichkeit bewirkte Wunder: «Der neunzehnjährige ‹Helfer› strahlt immer noch eine kindliche Frische aus», und der Headmaster war in der Lage, einen so angenehmen Anblick wie die «Reinheit der Haut des Jungen» und «das Fehlen von Schlappheit» zu vermerken. Der moralische Ton ließ offenbar noch einiges zu wünschen übrig. «Jemand hat in diesem Raum etwas Schmutziges gesagt. Ich kann es riechen», konnte Hahn etwa sagen, wenn er in ein leeres Klassenzimmer kam. «Ist es in einer modernen Umgebung möglich . . . auf der Schwelle der Pubertät ungiftige Leidenschaften zu entzünden, die während der gefährdeten Jahre als Schutzengel dienen können?» fragte er 1935. Eindeutigerweise waren die frischen Seewinde, die vom Firth of Moray herüberwehten, nicht stark genug, um den Geruch der Verderbnis oder schädliche Praktiken zu vertreiben.

Hahn kam drei Jahre später erneut auf dieses Thema zurück. «Kann man eine Gemeinschaft von heranwachsenden jungen Männern geistig gesund erhalten?» fragte er sein Kuratorium im November 1938. «Ich kann heute zuversichtlich sagen: man kann, vorausgesetzt, eine derartige Gemeinschaft geht aus ihrer Isolation heraus und leistet in dem Distrikt, in dem sie angesiedelt ist, der Öffentlichkeit Dienste.»

Die Entdeckung brauchbarer Dienstleistungen ergab sich zufällig. Salem war von dem Zisterzienser-Ideal inspiriert gewesen. Nun erfuhr Hahn von einem Mönch aus dem 8. Jahrhundert namens Gernadius, der in Sturmnächten mit einer Laterne die Gordonstoun gegenüberliegende Küste auf und ab marschierte, um die Fischer vor Felsen und Untiefen zu warnen. Anfängliche Versuche, die Jungen zur Nachahmung der Bemühungen dieses würdigen Mannes anzuregen, scheiterten. «Sie hatten mich im Verdacht», schrieb Hahn, «daß ich versuchte, ihre Seelen zu bessern.» Doch das änderte sich, als zwei prominente Hauptleute der Küstenwache Seiner Majestät die Schule besuchten. «Ihr werdet gebraucht», erklärten sie. Wenn die Jungen aus eigener Kraft eine Küstenwachstation bauen würden, dann würde die Küstenwache ein Telefon installieren und sämtliche Lebensrettungsgeräte liefern. Die Reaktion war anscheinend begeistert, so wurden die «Gordonstoun Watchers» ins Leben gerufen, die auf ihrem Wachturm saßen und «mit geduldiger Bereitschaft in die Dunkelheit spähten, ob nicht ein gestrandetes Fahrzeug eine wirkungslose Leuchtkugel abschösse». Später kamen Feuerwehr und Bergrettungsdienst hinzu, und man verlangte, daß jeder Junge sich einem der drei Dienste anschlösse und das nötige Training mitmachte. Im Jahre 1936 bot sich eine weitere Gelegenheit zum Dienen, als Hahn erklärte, daß «das Internat der Kern einer gesundheitsfördernden Bewegung für den Distrikt werden kann, in dem es angesiedelt ist, und sich dadurch selbst Gesundheit schenken kann». Dieses neue Ziel der «Gesundheitsförderung» manifestierte sich in einem Angebot sportlicher Trainingsmöglichkeiten für die Jungen aus dem Dorf Hopeman, und mit Geld aus dem Jubiläumsfonds Königs George V. wurde eine besondere Aschenbahn angelegt, auf der die Söhne der Fischer vom Ort unter der Aufsicht der Gordonstoun-Zöglinge für den Moray Badge trainieren konnten.[12] Bei allen diesen Unternehmungen war Hahn bestrebt, die «giftigen Leidenschaften» in Zaum zu halten und so die «geistigen Kräfte» der Kindheit in der Zeit der Jugend und darüber hinaus zu bewahren.

Als die Zahl der Schüler in Gordonstoun die Hundertmarke überschritt, zwangen Hitlers Drohgebärden Hahn in die unmittelbarere Wirklichkeit zurück. Aber selbst nachdem man ihn aus Deutschland vertrieben hatte, scheint er noch dem Glauben gehuldigt zu haben, daß Hitler sich beruhigen werde, wenn er sich nur von seiner Selbsttäuschung freimachen könnte. Ende 1933 schrieb Hahn:

Hitler besitzt ein warmes, ja sogar ein weiches Herz, das ihn überempfindlich macht gegenüber Vorschlägen, die abzulehnen er nicht hart genug ist ... Der Mann ist überzeugt, daß er den Glauben an seine Sendung unerschüttert bewahren muß, damit er nicht «zu tönendem Erz und einer klingenden Schelle» werde. Und das ist seine Mission: Deutschland von seinem Erbfluch zu heilen – der Zwietracht; den Klassenkampf wegzufegen; und Deutschland in der Welt wieder Respekt zu verschaffen ... Er will keinen Krieg, doch er will einen Frieden in Freiheit, nicht einen Frieden der Machtlosigkeit.[13]

So hätte Hahn etwa über einen seiner schwierigen Zöglinge schreiben können, und in einem Brief an den Autor gibt er folgenden Kommentar:

Während meines ersten Jahres im Exil stand ich unter dem Einfluß des Heimwehs, einer starken Quelle für Irrtümer ... Ich erlaubte mir ein Wunschdenken. Ich hielt es für möglich, daß Hitler seine Partei säubern würde ... Viele junge Nazis hofften immer weiter, daß Menschlichkeit und Gerechtigkeit eines Tages den Sieg davontragen würden und daß sie durch ihr Verbleiben in der Partei dazu beitragen könnten, die kriminellen Elemente im Ringen um die Macht auszuschalten. Am 30. Juni 1934 wurden alle meine Illusionen zerstört.

Die «Säuberungsaktionen» gegen Röhm und die SA veränderten Hahns Einstellung zum Hitlerregime grundlegend. In der Folge wurde er zu einem leidenschaftlichen Verfechter der – wie Lord Salter es nannte – *dual policy* (Doppelpolitik), deren Ziel es war, das deutsche Volk und Hitler zu trennen, indem man Deutschland eine friedliche Revision der Versailler Verträge anbot, vorausgesetzt, die Nazigefahr werde beseitigt. Und in der gleichen Weise, wie Hahn und seine Freunde in Deutschland versucht hatten, Hindenburg über die Naziverbrechen auf dem laufenden zu halten, versuchte er nun, seinen Einfluß bei Barrington-Ward geltend zu machen, dem stellvertretenden Herausgeber der *Times* und Kurator von Gordonstoun, um die *Times* zu Veröffentlichungen über die Konzentrationslager in Deutschland zu bewegen. Barrington-Ward brachte vor, daß «wir nicht einen Groschenblattbericht über Scheußlichkeiten rausbringen können». Hahn schrieb ihm:

Sie sagen das in einer Zeit, in der Folterungen nicht mehr nur das Vorgehen grausamer einzelner sind, sondern auf wirksame und bürokratische Weise in ein System gebracht werden ... Sie sperren sich gegen die Kenntnis von Dingen, die die Sicherheit, mit der Sie Ihre Befriedungstaktik verfolgen, beeinträchtigen könnte. Die Kommandanten von Dachau und Buchenwald verfuhren im vollen Bewußtsein, daß die öffentliche Meinung gut unter Kontrolle stand ... Unbeabsichtigt haben es die Verfechter der Befriedungspolitik sowohl Deutschland als auch ihren künftigen Alliierten, der arabischen Welt und Indien die Überzeugung übermittelt, daß der Teufel unbesiegbar sei.

Im Jahre 1937 versuchte Hahn, Lord Lothian zu einer Intervention bei Hitler zugunsten des bedeutenden linksorientierten Rechtsanwalts Hans Litten zu bewegen, der in einem Konzentrationslager mißhandelt wurde: Lothian weigerte sich. Bei der Sudetenkrise im Jahre 1938 drängte er

Chamberlain, den Sudetendeutschen nach Jahresfrist eine Volksabstimmung anzubieten, wobei sie die Wahl hätten haben sollen, entweder sich an Deutschland anzuschließen oder als autonome Minderheit innerhalb des tschechoslowakischen Staats zu verbleiben. Um den Frieden zu wahren, sollte das Gebiet in der Zwischenzeit von Militärkontingenten aus den Niederlanden, Schweden und der Schweiz verwaltet werden.

> Hitler würde möglicherweise protestieren, doch die öffentliche Meinung in Deutschland wird diese Regelung für gerecht halten, oder doch wenigstens für ein Arrangement, das keinen Krieg rechtfertigt. Hitler wird unter größtmöglichem Druck stehen, diese Vereinbarung anzunehmen. Sollte Hitler Nein sagen, würde er in den Augen der Deutschen die Verantwortung für den kommenden Krieg tragen. Das Volk würde mit gebrochenem moralischem Rückgrat in diesen Krieg gehen.

Diese Analyse erhält besonderes Gewicht angesichts der späteren Entdeckung, daß für die Wehrmacht Deutschland 1938 noch nicht für einen Krieg vorbereitet schien und daß antifaschistische Generale einen Plan vorbereitet hatten, nach dem Hitler am Tag der Mobilmachung verhaftet werden sollte.

Auch nach Kriegsausbruch verfolgte Hahn die Doppelpolitik weiter. In einem Artikel im *Spectator* vom 5. Dezember 1939 mit dem Titel ‹*Eine christliche Friedensverhandlung*› argumentierte er, daß das Eingeständnis der Alliierten, die Versailler Verträge seien falsch, daß die Erklärung, sie seien bereit, die strittigen Punkte erneut zu diskutieren, und zwar in Freundschaft, und daß das Versprechen, Deutschland würde die Beteiligung am Mandatsystem für die Kolonialgebiete eingeräumt werden, eine entscheidende Hilfe für die gemäßigten und nichtnazistischen Kräfte in Deutschland in ihrem Kampf gegen Hitler darstellen würde. Aus den gleichen Gründen widersetzte er sich auch fast den ganzen Zweiten Weltkrieg hindurch einer bedingungslosen Kapitulation; und um den «guten» Deutschen Gerechtigkeit widerfahren zu lassen, drängte er 1946 darauf, daß man zwischen «Nazis» und «Naziverbrechern» in der Behandlung im Nachkriegsdeutschland unterscheide.

Die Ähnlichkeit von Hahns Einstellung und Vorgehen in den dreißiger und vierziger Jahren mit dem der Periode von 1914–1918 überraschten – mit dem Unterschied allerdings, daß er nun auf der anderen Seite stand. Die Heimatfront des Feindes soll wieder durch Isolierung der Extremisten geschwächt werden (1914–1918 waren die Extremisten Lloyd George und Northcliffe gewesen). Die Isolierung führt zu ihrem Sturz und eröffnet die Möglichkeit eines Ausgleichs in Verhandlungen. Es findet sich die gleiche naive Hoffnung, daß die durch den Krieg entfesselten Leidenschaften von mutigen und humanen Männern kontrolliert werden könnten. Genau wie er und Prinz Max beschlossen hatten, ihr Vertrauen auf Woodrow Wilson und das Vierzehn-Punkte-Programm zu setzen, hatte Hahn «die Illusion», daß jetzt, 1945, «Churchill und Roosevelt die

Willenskraft und die Macht besitzen würden, das Versprechen der Atlantik-Charta einzulösen, auch wenn sie es mit einem darniederliegenden und hilflosen Deutschland zu tun hätten» (aus einem Brief Hahns an den Autor). Hahns grundsätzliche Überzeugung, der Mensch sei gut, konnte nicht einmal von zwei Weltkriegen völlig zerstört werden. Daneben gab es auch noch den Stolz auf Deutschland und den Glauben an Deutschland, die ebenfalls recht langlebig waren. Hahn ist eine Symbolfigur für die Tragödie seiner Klasse, seiner Generation, seines Volkes. Sein Idealismus war der «großdeutsche» Idealismus des Jahres 1848, der beständig durch Geographie und Grenzen eingedämmt wurde, der sich nur in der Gewalttätigkeit pervertiert äußern konnte, der veraltet war, ehe er sich auf der Bühne der Geschichte präsentieren konnte.

Die Evakuierung des Internats von Schottland nach Wales während der Kriegsjahre hatte weit weniger Störungen zur Folge, als man hätte annehmen können, und Hahn befaßte sich in jener Zeit bereits mit grandiosen Plänen für seine Schule nach dem Krieg, nach dem Muster der Pädagogischen Provinz Goethes. Gordonstoun selbst sollte der «Kern» der «Schulstadt» bleiben. Rundherum würden «Berufshäuser» angeordnet sein, wo Jungen von etwa fünfzehn oder sechzehn Jahren an in dem von ihnen gewählten Berufs ausgebildet werden sollten. Die Internatszöglinge sollten gemeinsam mit den «Lehrlingen» in einem riesigen Refektorium die Mahlzeiten einnehmen. Unterricht in Staatsbürgerkunde sollten alle erhalten. Der Gordonstoun Round Square, eine Art viereckiger Platz, der von ehemaligen Stallungen umgeben war, sollte zu Studienräumen für alle Jungen aus allen Häusern, die das Privileg besaßen, allein zu arbeiten, umgebaut werden – wobei jeder Raum im Stil und mit den Emblemen verschiedener europäischer Länder ausgeschmückt sein sollte: «uneins heut, morgen vereint». Das «größere Gordonstoun» sollte durch eine «Bruderschaft im Abenteuer» zusammengehalten werden.

Obgleich dieser Plan niemals zur Reife gelangte, wurde das Motto der Atlantischen Gemeinschaft mehr und mehr zu einer Versöhnungsidee für diesen Mann, der fern von dem Land lebte, das er liebte, getrennt von ihm durch die Bürde nationaler Schande, ein Fremder noch in seinem Gastland, dessen Versuche, einen «Verständigungsfrieden» herbeizuführen in zwei Weltkriegen voller bislang unbekanntem Grauen zusammengebrochen waren. Nachdem 1953 das erneute Auftreten seiner alten Sonnenstiche Hahn zwang, die Leitung von Gordonstoun aufzugeben, verlegte er als Mittsechziger seine immer noch beträchtliche Kraft auf die Konzipierung des Atlantic College, eine internationale Schule für Führungskräfte, in der durch Erziehung jenes Verständnis geschaffen werden sollte, das die Politik nicht zu bewirken imstande gewesen war.

Der Plan wurde 1955 in Paris geboren. Er verdankt viel den Erfahrungen des Luftmarschalls Sir Lawrence Darvall, der die Angehörigen der verschiedensten Nationen im Staff College der NATO zu einer Gemeinschaft zusammenschmolz. Wenn man mit erwachsenen Männern derartige Ergebnisse erreichen konnte, «wieviel tiefer können wir dann die Wurzeln in die Jugend des Atlantic College senken, wenn wir sie in ihren der Beeinflussung zugänglichsten Jahren in Internaten zusammenführen können und sie zu Mitgliedern einer sich selbst verwaltenden Gemeinschaft machen». Das Ziel war, mit der Zeit sechs internationale Primanerkollegien aufzubauen: je eines in Kanada, Frankreich, Großbritannien, Griechenland, Deutschland und den USA. Großbritannien wurde als die passende Startrampe für das erste dieser Colleges ausgewählt.

Hahn machte sich daran, mit Enthusiasmus und Energie Förderer für dieses Projekt zu gewinnen. Er trat an Industrielle, Politiker und Akademiker heran. «Es erwies sich deutlich, daß dieses Projekt fast überall Unterstützung finden würde.» Monsieur Antoine Besse, ein Millionär aus Frankreich, spendete 65000 Pfund, und mit diesem Geld wurde St. Donat's Castle am Bristolkanal und nur zwanzig Meilen von Cardiff entfernt, erworben. Admiral D. J. Hoare, ein Marineoffizier mit besonderem Interesse für Jugendklubs, wurde zum ersten Headmaster bestimmt, und das erste Atlantic College wurde im Jahre 1962 mit sechsundfünfzig Zöglingen eröffnet.

Sein Headmaster hat dieses Internat als eine Kreuzung zwischen einem Lehrerinternat und einer Internats-Universität bezeichnet. Die meisten Zöglinge – die bislang vorwiegend aus England, den USA, Westdeutschland und Skandinavien kommen – haben ein Stipendium der jeweiligen Regierungen oder der Industrie. Die Jungen werden für einen Zwei-Jahres-Kursus ausgewählt, der sie zur Universitätsreife in ihren jeweiligen Ländern führen soll. In den Anfangsjahren dieses «College» wurde viel Zeit damit vertan, über äquivalente Abschlüsse zu verhandeln, die den Zugang zu den jeweiligen nationalen Universitäten erlaubten. (Mit Frankreich sind diese Verhandlungen bislang nicht zu einem positiven Ergebnis gelangt!) Das Endziel ist die Einrichtung eines Internationalen Bakkalaureats.

Das Selbstverständnis des Atlantic College läßt sich mit der folgenden Äußerung seines Headmasters treffend umreißen:

> Die Länder Europas und die Länder der ganzen Welt sind noch immer getrennt. Dennoch bestehen starke Tendenzen, sie zueinander zu bringen. Energien und vielseitige Fähigkeiten der Völker könnten zum erstenmal gemeinsam friedlichen Absichten dienen, statt in Konflikten verschwendet zu werden. Die Erziehung kann bei dieser großen schöpferischen Bewegung nicht beiseite gestellt werden. Schon aus wirtschaftlichen Gründen muß die Erziehung stärker eine integrierende Kraft und weniger eine spaltende Kraft werden ... Veränderung mit politischen Mitteln ist ein unsicherer und langsamer Prozeß. Ein antreibendes Beispiel wird notwendig ... Das Projekt des Atlantic College will ein solches Beispiel setzen. Das zweite Ziel dieses College ist grundsätzlicher: das College soll ein Erziehungssystem entwickeln, das den besonde-

ren Bedürfnissen und Erforderungen unserer Zeit angemessen ist. Und dabei spielten die Erfahrung und Kenntnisse Dr. Hahns eine äußerst bedeutsame Rolle . . . Wir müssen aufzeigen, und zwar überzeugend, daß die pädagogischen Notwendigkeiten der modernen Gesellschaft nicht auf Kosten der wichtigeren menschlichen Bedürfnisse durchgesetzt werden müssen. Kern der Sache ist der Nachweis, daß Selbstdisziplin, Hingabe, Phantasie, Mut und das Annehmen von Herausforderungen auch in einer materiell prosperierenden Gesellschaft entwickelt werden können.

Auch nach seinem achtzigsten Lebensjahr wachte Kurt Hahn weiterhin wohlwollend über seine zahlreichen und hochfliegenden Vorhaben. Er betätigte sich aktiv bei der Beschaffung von Geldmitteln für das Projekt der Atlantic Colleges, immer wieder kehrte er nach Gordonstoun zurück. Im übrigen wanderte er zwischen Salem, dem «Brown's Hotel» in London und dem Haus seiner Schwägerin bei Oxford hin und her – ein gütiger und höflicher alter Herr, der einen großen schwarzen Hut trägt.

17. Der Outward Bound

Man kann Kurt Hahn berechtigterweise den Gründer der Outward Bound-Bewegung nennen: doch wie bei seinen anderen Unternehmungen handelte es sich auch hier nicht um einen prinzipiellen Neubeginn, sondern um ein Erbe des philanthropischen evangelisierenden Dienstes an der Jugend, der bis ins frühe 19. Jahrhundert zurückreicht. Das Neue lag in einer besonderen, auf die Bedürfnisse einer reichlich älteren Altersgruppe, angepaßten Methode und in dem außergewöhnlichen Erfolg, den der Gründer bei der Beschaffung von Mitteln für die Entwicklung hatte.

Das Problem der Jugend, das der Outward Bound anging, hängt mit dem umfassenderen kulturellen und sozialen Problem zusammen, das durch die Industrialisierung und den Zusammenbruch eines allen gemeinsamen Werte- und Glaubenssystems entstand. Erwachsene galten, auf gut Glück, als fertige Menschen. Die Jugend dagegen war die Zeit der Möglichkeiten und des Wachsens, zudem kümmerte sich das Erziehungssystem noch sehr unzulänglich um diese Phase: die allgemeine Schulpflicht wurde erst 1876 eingeführt, und auch dann galt sie nur bis zum elften Lebensjahr, danach wurde die Jugend den Versuchungen der Straße, der Schnaps-«Paläste» und der liederlichen Varietés überantwortet, wie etwa dem Londoner «Penny Gaff», «dem übelsten, schmutzigsten Ort öffentlicher Unterhaltung, den ich mir vorstellen kann», wie ein Beobachter 1870 schrieb. Dies war nicht nur eine unzulängliche Vorbereitung auf die Staatsbürgerrolle in der sich herausbildenden Demokratie, die die meisten aufgeklärten Menschen zwar offen begrüßten, aber heimlich fürchteten (moralische Zügellosigkeit und Aufruhr wurden oft und gern miteinander in Verbindung gebracht), man glaubte auch, daß die soldatischen Eigenschaften des Volkes geschwächt würden, und das zu einer Zeit, da die imperialistische Flut auf dem Höhepunkt stand. Schließlich glaubte man im Zeitalter der Selbsthilfe fest daran, daß soziale und wirtschaftliche Probleme im Grunde moralische Probleme seien: daß die frühzeitig eingepflanzten Gewohnheiten der Frömmigkeit und Disziplin nicht nur glücklicherweise die Tugend des einzelnen, sondern auch den sozialen Frieden garantieren würden.

Die Jugend der Arbeiterklasse stellte zweifellos eine erschreckende Herausforderung für die ernsthaften und hochgesinnten Philanthropen des 19. Jahrhunderts dar. Ihr körperlicher Zustand war entsetzlich. Ein Kommentar bemerkt:

> Im Jahre 1895 waren von je tausend Kindern in einem typischen Armenviertel mindestens 750 «schmutzig» und 100 «sehr schmutzig», d. h. verlaust, voller Wanzenbisse und Flöhe. Zwischen 700 und 800 hatten verfaulte Zähne, 150 bis 180 Nasen- und Halskrankheiten . . . Fast alle waren unterernährt und litten sichtbar an den Folgen von Rachitis und Drüsenerkrankungen.

Jugendliche Kriminalität war weit verbreitet, schreckliche Banden zogen durch die Städte:

> Straßenlümmel und Rowdies . . . die Scuttlers und Ikes von Manchester; die Peaky-Blinders von Birmingham; die Forty Gang, die Bengalischen Tiger, die Dockhead Slashers und die Bermondsea Yoboes, alle diese wilden örtlichen Banden von Rauhbeinen und Schlägern mit Nietengürteln und Zimmermannshosen und . . . Rasiermessern.

Wo der Staat Angst vor Eingriffen hatte, handelten die Philanthropen. Organisationen bildeten sich, um die von Krankheit versuchten Straßenbengel für «Gott und den Staat» zu rekrutieren. Die Y.M.C.A. (sie entspricht dem deutschen CVJM) wurde 1844 gebildet, «um junge Männer für Christus zu gewinnen», mit dem Ziel «gegenseitiger Erbauung und Evangelisierung». Aber wie sollte man bei dieser Erbauung vorgehen? Man besaß damals nur äußerst verschwommene Vorstellungen von der Psychologie des Kindes und verließ sich hauptsächlich auf moralische Ermahnungen, verbunden mit ausgiebiger Bibellektüre. Die Jugend aber ist, wie Hahn es später nachdrücklich aufweisen sollte, resistent gegen «offenkundige Verbesserer».

Die Lösung ergab sich aus dem Persönlichkeitstypus, der sich im 19. Jahrhundert zum Dienst an der Jugend hingezogen fühlte – ein Typus, der bis auf den heutigen Tag in den Jugendorganisationen auffällt: der Public School-Typ und der Militär-Typ. Beide brachten weitgehend komplementäre Vorstellungen mit, wie man mit Jungen «umgehen» müsse. Der Mann von der Public School glaubte, daß Sport und Spiel die Antwort auf die Sünde seien. Indem er die Jungen glücklicherweise dauernd beschäftigte und gleichzeitig positive Eigenschaften förderte, wie Mut und Gemeinschaftsgeist, brachte er das verirrte junge Schaf auf etwas unklare Weise Gott näher. Dieses Idealbild nannte man «Muskelchristentum». Das Ideal der Militärs war mehr Muskeln und weniger Christentum. Der Armeemensch glaubte an den überlegenen Erziehungswert von Drill und Uniform. Ersteres schuf Disziplin und Fitness, letzteres einen Korpsgeist. Der Public School- wie der Armee-Typ glaubten, daß die Probleme des Jugendlichen im Grunde moralischer Natur seien. Für die «Entgleisungen» der Heranwachsenden machte man die «Sünde» verantwortlich: Rauchen, Trinken und Unreinheit. Der Dämon Alkohol war ein Symptom, nicht eine Ursache: aber die Jugendarbeiter waren von den Temperenzlern stark beeinflußt und versuchten, die Heranwachsenden aus den Wirtshäusern fortzulocken, indem sie ihnen im Jungsklub Kakao anboten. Leute wie Seebohm Rowntree verfehlten nicht, die neue Doktrin zu verkünden, daß das Jugendproblem nur durch eine Regierungsaktion zur Verbesserung der Ernährung, der Unterbringung und der Wohlfahrt gelöst werden könne; doch solche Ansichten waren von nur geringem Einfluß auf die Jugendarbeiter. Wenn man auch ihre Diagnose für äußerst unangemessen halten mag, es läßt sich nicht bestreiten, daß sie es verstanden, die Jungen zu begeistern. In einer Zeit, da kaum ein Lehrer auch nur davon träumte, ein Kind «durch seine eigenen Interessen» zu erziehen, verwendeten sowohl die Public Schools als auch die Armee und die Marine die jungenhafte Begeisterungsfähigkeit und die jungenhaften Interessen (natürlich passend gereinigt und umorientiert) für ihre Erziehungspläne.

Dieser Einsatz der jugendlichen Antriebe für «Höhere Werte» war das Fundament der Boys Brigade, die 1883 von William Smith gegründet wurde, und ebenso der Pfadfinder, die 1908 von Baden-Powell ins Leben gerufen wurden. William Smith

> liebte die Jungenhaftigkeit; er hielt es für gut und richtig, daß Jungen vor Energie platzen und von überschäumendem Geist sein sollten, und er bezog . . . den unorthodoxen Standpunkt, daß Kühnheit und Freude am Spaß, wenn sie auf echte Männlichkeit hingelenkt werden, besser seien als die Prämiierung guten Benehmens, das möglicherweise bloße Stumpfheit und Mangel an Frohsinn bezeichnet oder dazu führt. Für ihn war das einzige denkbare Ideal der Männlichkeit Christus.[14]

Er faßte Jungen von der Sonntagsschule zu einer Brigade zusammen, in der man ihnen Drill, körperliche Übungen, Pünktlichkeit, Gehorsam und Reinlichkeit beibrachte. Der «Stil» würde durch den Korpsgeist bewahrt werden, nicht durch Strafen. Die Boys Brigade, als «Soldatenspielen für Christus» bezeichnet, zielte auf «den Fortschritt des Königreichs Christi unter den Jungen und auf die Förderung von Gewohnheiten wie Ehrfurcht, Disziplin, Selbstachtung und alles, was zu echter christlicher Mannhaftigkeit führt». Ein begeisterter Beobachter notierte ein «Paradoxon» in den Methoden William Smiths:

Wenn man diese Jungen «Jungen» nennt, was sie sind, und ihnen befiehlt, in der Sonntagsschule zu sitzen, dann kann keine Macht der Welt sie dazu bringen; doch wenn man ihnen ein Käppi aufsetzt, das ein paar Pfennige kostet, und sie Soldaten nennt, was sie nicht sind, kann man sie bis Mitternacht herumkommandieren.[15]

Das «Soldatspielen für Christus», so zeigte es sich, war nur von recht beschränkter Attraktivität; Baden-Powell erkannte, daß ein breiter gestreutes Angebot von Aktivitäten nötig sei, wollte man mehr Jungen für Christus gewinnen. Eager versteigt sich zu lyrischen Äußerungen über die tiefere Einsicht Baden-Powells. Dieser

erkannte, daß die Jungen in einer industrialisierten Umgebung nach etwas für ihre Entwicklung Wesentlichem hungerten. Er fand intuitiv heraus, daß das Interesse der Jungen an Indianer- und Cowboygeschichten auf unterdrückte Energien und frustrierte Triebe hindeutete und eine Kraft darstellte, die, wenn man sie freisetzte, für die Erziehung, nicht gegen sie, arbeiten würde. Er bot den Jungen die Chance zu phantasievoller Betätigung und zu praktischen Abenteuern; er gab ihnen ihr verlorenes Erbteil zurück, Feld und Wald und Hügel und Fluß; er schenkte ihnen eine Kameradschaft, die sich durch Geheimzeichen bewies, durch weitgestreute Interessen . . . fesselnde Techniken, erreichbare Normen, stolzmachende Preise. Himmel! Was war der Mann für ein Erzieher.

Die Pfadfinder-Bewegung war im wesentlichen der Versuch, den spielfreudigen Geist der frühen Jugend für erzieherische Ziele einzusetzen. Gespräche mit dem Amerikaner Thompson Seton, der in den USA eine Art von Waldläufer-Organisation auf der Grundlage eines stark romantisch gefärbten Bildes vom Leben der Indianer ins Leben gerufen hatte, bestärkte Baden-Powell in seiner Überzeugung, daß er «in der Arbeit und den Eigenschaften der Neusiedler, Kundschafter und Grenzer» einen Universaltypus gefunden habe, «der die romantischen Sehnsüchte eines Jungen befriedigen könnte». Die drohende nationale Degeneration machte es noch dringlicher, die Jugend für «Höhere Werte» zu begeistern. «Die gleichen Ursachen, die den Untergang des großen Römischen Reichs heraufbeschworen, sind heute in Großbritannien am Werke», erklärte Baden-Powell 1907 und führte als Belege an «den Verfall der staatsbürgerlichen Tugenden . . . aus Mangel an energischem Patriotismus, die Zunahme von Wohlleben und Müßiggang und die übertriebene Bedeutung der Parteipolitik . . .»

Er zählte diese Verfallserscheinungen und die Heilmittel gegen sie mit militärischer Exaktheit auf (siehe S. 180).

Die Pfadfinder-Bewegung war geplant als eine Ausbildung in Disziplin und Gehorsam, Wahrnehmungsfähigkeit, Leben im Wald, Gesundheit und Ausdauer; Ritterlichkeit (die Knappen und ihr Ehrenkodex); Patriotismus (Geschichte und Geographie Britanniens und seiner Kolonien, die Fahne, die Armee Seiner Majestät, Großtaten, durch die das Imperium errungen wurde); Lebensrettung (ambulante Sanitäteraufgaben, Unfälle usw.). Unter «Gesundheit» vermerkte Baden-Powell «körperliche Ertüchtigung, Übungen und Spiele, Sauberkeit, Abstinenz vom Rauchen, Enthaltsamkeit, Nüchternheit, Gesundheitsvorsorge und Ernährung». Der Pfadfinderführer sollte die Jungen in Rudeln von sechs bis acht Mann zusammenfassen, die nach wilden Tieren benannt waren: Wölfen, Stieren, Raben usw. Das Rudel, das Gegenstück der Pädagogik zu den Banden, sollte die «Charakterschule des einzelnen» sein. Man gab den Jungen Uniformen, die der Kleidung Baden-Powells in Kaschmir nachempfunden waren. Sie erhielten Abzeichen, Wimpel, Dienstgrade und Standarten. In seinen ersten Lagern holte Baden-Powell die Jungen mit dem Dröhnen eines Kuduhorns aus dem Schlaf, das im Matabele-Feldzug erobert worden war; wenn sie ums Lagerfeuer saßen, ermunterte er sie, Kampfgesänge der Zulus zu singen. Er war besonders von den Erziehungsmethoden der Zulus beeindruckt, bei denen u. a. die Jungen, wenn sie die Schwelle zur Mannbarkeit erreicht hatten, mit einem Assagai in den Busch geschickt wurden, um «sich zu beweisen»; und er beklagte sich in ‹*Rovering to Success*›:

Für den durchschnittlichen Jungen in zivilisierten Ländern gibt es nichts Vergleichbares. Wir brauchen dringend eine solche Ausbildung für unsere Burschen, wenn wir die Männlichkeit in unserer Rasse bewahren wollen, statt zu einer Nation von verweichlichten, verschlampten Zigarettenlutschern abzusinken.[16]

Die bisher beschriebenen erzieherischen Heilmittel beruhten auf dem Glauben, daß nationale Schwäche durch moralische Schwäche verursacht werde. Man hielt nicht inne, um darüber nachzudenken, ob nicht vielleicht die moralische Schwäche durch Unzulänglichkeiten der Gesellschaft bewirkt würde. Man nahm die Gesellschaft mit ihrer sozialen und wirtschaftlichen Struktur als gegeben an. Das einzige Problem bestand nur darin, die Jugend dazu zu bewegen, sich ihr anzupassen. Die Jugendführer wählten sich die Armee zum Vorbild, die Rekruten aus den unterschiedlichsten Schichten zu einer «organischen Einheit» zusammenschweißte. Warum sollte eine zivile Gesellschaft das nicht gleichfalls tun können? Die Analogie läßt sich aus offensichtlichen Gründen nicht aufrechterhalten: die Armee existiert für ein einziges Ziel – erfolgreich zu kämpfen; die Gesellschaft aber existiert für zahlreiche Aufgaben, die oft miteinander unverträglich sind. Die Aufforderung, die Selbstsucht und den Eigennutz einer gemeinsamen Aufgabe unterzuordnen, besaß nur begrenzte Anziehungskraft, besonders für ältere Jugendliche aus der Arbeiterklasse, denn die Aufgabe konnte nur als «gemeinsam» dargestellt werden, wenn man von allen Problemen absah, die im wirklichen Leben Anlaß zu Konflikten bieten: wirtschaftliche Probleme, Machtprobleme usw.

Sicher boten die diversen Jugendbewegungen eine wundervolle Fluchtmöglichkeit aus einem trüben Leben: doch ob durch sie Gesellschaftsprobleme gelöst wurden, ist mehr als zweifelhaft.

Unzulänglichkeiten d. Gesellschaft	Ursachen	Ursprung	Präventivmaßnahme	Pfadfinderausbildung als Heilmittel: systematische Entwicklung von:
Unglaube, Undiszipliniertheit, Mangel an Patriotismus, Egoismus, Nichtachtung des Nächsten, Grausamkeit	Gleichgültigkeit gegenüber dem Gewissen			
Gewaltverbrechen, Wahnsinn, Verschwendung, Armut	Trunksucht	Mangel an Selbstdisziplin	Charakterliche Erziehung	1. Charakter durch gute Umwelt, Ehrgefühl, Pflichtgefühl, Selbstdisziplin, Verantwortungsgefühl, Wendigkeit, Handwerk, Gotteserkenntnis in der Natur, Praktische Religion, Fairness, Hilfsbereitschaft gegenüber anderen, Persönlicher Einsatz im Dienst am Vaterland
Prahlerei, Faulenzen und Arbeitsscheu, Niedrige Moral, Glücksspiel, Unehelichkeit, Krankheit	Genußsucht			
Schlechter Gesundheitszustand, Schmutz, Kindersterblichkeit, Geistige Gebrechen, Körperliche Gebrechen	Verantwortungslosigkeit der Eltern	Mangel an Hygienekenntnis	Körperliche Gesundheit	2. Gesundheit durch Übungen im Freien, Verantwortlichkeit für die eigene körperliche Entwicklung auf d. mittlere Gesundheitsniveau, und praktische Hygiene

Die Jahre zwischen den beiden Weltkriegen brachten Probleme von einer bislang unbekannten Größenordnung mit sich. Zur fortschreitenden Massenarbeitslosigkeit kamen Regierungen von ganz außergewöhnlicher Unfähigkeit, wie zum Beispiel das 1931 gebildete National Government. Dies war eine wohlmeinende Versammlung von Leuten, die die philanthropischen Bemühungen um das Jugendproblem wieder zum Leben erwecken wollten, wobei sie das Vordringen des Films in diesen Bemühungen bestärkte, daß der Film eine noch «korrumpierendere» Wirkung ausübte als seine Vorläufer, die «Bumslokale». Das National Government selbst – dem es völlig an konstruktiven Vorstellungen mangelte, wie das Jugendproblem anzugehen sei, etwa durch die Schaffung eines besseren Schulsystems und die Bereitstellung anständiger Erholungs- und Freizeitmöglichkeiten – reichte das Problem mit Freuden an die Philanthropen weiter, die sich ihrerseits eifrig daranmachten, prominente Persönlichkeiten für ihr Anliegen einzuspannen.

In einer Rede in der Albert Hall erklärte der Prince of Wales 1932 sich als «um die Kinder besorgt, besonders im Hinblick auf die Spanne in ihrem Leben zwischen Schulabschluß und achtzehntem Lebensjahr». Bedeutende Mitarbeiter der *Times* wie etwa William Temple, Erzbischof von York, waren zutiefst von dem Verfall der körperlichen Tüchtigkeit beunruhigt, den sie weitgehend einer verweichlichenden Luxusumwelt zuschrieben, statt den erbärmlich niederen Löhnen, von denen die Jugend ihre Existenz bestreiten mußte. Kommissionen für «Körperliche Gesundheit und Ertüchtigung der Nation» wurden gebildet; ein Jubiläums-Fonds wurde eingerichtet, der Gelder an «Jugendorganisationen» von «anerkanntem Wert» verteilen sollte, die es sich zur Aufgabe gemacht hatten, «Jungen und Mädchen zu helfen, in den Vorstellungen und Idealen heranzuwachsen, die einer Nation zur Größe verhelfen»; die Sommerlager des Herzogs von York boten Gelegenheit zu verlegenen Begegnungen zwischen Jungen aus der Arbeiterschicht und Jungen von Public Schools bei gemeinsamen kräftigenden Unternehmungen; und schließlich eröffnete eine Miss Majendie in Hedingham Castle ein Trainingszentrum für arbeitslose Rovers (Pfadfinder-Seniorinnen), wo sie in Hausarbeit und Friseurkünsten ausgebildet wurden.

Im Endeffekt versäumten es die «Jugendorganisationen» von «anerkanntem Wert», sich um eben jene vom Prinzen von Wales angesprochenen Jugendlichen zu bemühen: die Altersgruppe zwischen vierzehn und achtzehn Jahren blieb gegenüber den Verführungskünsten der Boys Brigade, der Pfadfinder und der anderen zahlreichen Jungensklubs ziemlich immun, die sich zur Förderung ihrer körperlichen und moralischen Wohlfahrt gebildet hatten. Ein Ideal des persönlichen Dienstes an den Armen und Unterprivilegierten konnte sehr wohl romantische Schüler der Unterstufe und auch ältere Schüler der Public Schools reizen, die sich aus ihren Privilegien ein Gewissen machten: doch war dieses Ideal offensichtlich nicht als Appell an die Armen und Unterprivilegierten selbst geplant. Dies galt auch für die Rover Scouts, die sich auf den König Arthur-Kult stützten, was den Jungen aus der Arbeiterklasse wohl kaum interessierte: für ihn endete die Suche nach dem Heiligen Gral aller Wahrscheinlichkeit nach als Letzter in einer Schlange von Arbeitslosen. In ihrem Erfolgsjahr – 1933 – konnten die Rovers nur 38000 Mitglieder für sich buchen (gegenüber einer Gesamtzahl von Pfadfindern in Großbritannien von fast 700000): und die Pfadfinderei als Ganzes erlebte in jener Dekade einen Niedergang, den ihre Führer auf das Konto «der gelockerten Moral und des allgemeinen Mangels am Glauben an das richtige Leben» schrieben.

In dieser Situation ließ sich Kurt Hahn in England nieder, und er zeigte sofort lebhaftes Interesse an der Jugend dieses Landes.

Er erinnert sich, daß er aus seinen Erfahrungen in Salem zwei Lektionen mit nach England brachte: nämlich daß sportliche Übungen zur «vitalen Gesundheit» beitrügen und den Jungen befähigten, den «Defätismus zu überwinden» und daß die «Mißbildungen der Pubertät» durch das Entfachen der *grandes passions* überwunden werden könnten. Er war überzeugt, die «Präventivkur» für einen Teil der «Krankheiten» des modernen Lebens entdeckt zu haben: für das Schwinden der Initiative, der Fähigkeiten und der Sorgfalt. Doch Hahn sah sich nun einem weiteren Problem gegenüber: durfte diese «Kur» auf die wenigen hundert Jungen beschränkt bleiben, die in Gordonstoun erzogen werden konnten? War es nicht die Sendung von Gordonstoun, das Ideal des «Zisterzienserdienstes» von Prinz Max zu verwirklichen, indem man die frohe Botschaft im Ausland verkündete, die «Präventivkur» für jeden Jungen erreichbar machte und so ein Beispiel für aktives Staatsbürgertum lieferte? Hahns Aufmerksamkeit wurde auf diese Möglichkeit gelenkt, als ihm die bedauerliche «Entartung» bekannt wurde, die sich unter den Söhnen der Fischer im Dorf Hopeman verbreitete, von denen viele «entweder zur Gesetzlosigkeit oder zur Stumpfheit» heranwuchsen. Hahn schrieb: «Wer könnte Zeuge dieses Verfalls sein, ohne Schuld zu fühlen, daß bestimmte heilsame Erfahrungen der unterprivilegierten Jugend dieses Landes vorenthalten werden?» Diese «Gewissensunruhe», ein so vertrauter Zug in der philanthropischen Bewegung, stand am Beginn der Bewegung des Outward Bound.

In einer Hinsicht kann Hahn mit Recht beanspruchen, ein Neuerer zu sein, zumindest bezüglich der zivilen Jugendarbeit. Die Pfadfinderbewegung gründete auf Spiel und Spaß – was jüngere Kinder anzog, weniger aber die älteren. Das «Charaktertraining» der Public Schools stützte sich auf den sportlichen Wettkampf: ein sportlich begabter Junge konnte davon profitieren, doch für den «durchschnittlichen» Jungen war der Anreiz weit geringer. Reddie und eine Reihe weiterer fortschrittlicher Pioniere wie Badley gestalteten das Erziehungsmilieu abwechslungsreicher. Sie nahmen die Arbeit auf den Feldern und dem Grundbesitz des Internats, handwerkliche Ausbildung, Entwurfs- und Bauarbeiten hinzu, um der «praktischen» Seite der Jungen und ihrem Wunsch, etwas mit der Hand zu tun, entgegenzukommen. Herbert Read betonte eine Erziehung durch Kunst und Phantasie. Hahns Beitrag war die Erziehung durch das Abenteuer. Abenteuerliebe, die Liebe zur Gefahr und zum Sichbeweisen waren – nach Hahn – die größten der *grandes passions*, die die Jugend «schützten», außerdem waren sie als Anreiz und Appell an die Natur des Heranwachsenden am weitesten verbreitet. Über gefährliche Seen zu segeln, schwierige Expeditionen durchzuführen, Berge zu erklettern – das war etwas für Männer, nicht für Knaben, und während man all dies tat, würden Ideale eingepflanzt werden, Leistungserfahrungen durchgemacht und Freundschaften geschlossen werden, die stark genug sein würden, die Lebensanschauung eines Jungen zu verändern.

Hahn war nicht ein Mann, der wartete, daß etwas geschah. Er war allerdings ein Meister darin, günstige Gelegenheiten auszunutzen. Knapp ein Jahr nach seiner Ankunft in Nordschottland verhandelte er mit der nahe gelegenen Elgin Academy, einer großen Tagesschule, über die Stiftung des «Moray Badge», der allen über Vierzehnjährigen in Morayshire verliehen werden sollte, die im Springen, Laufen, Speerwerfen (Sport), Wandern, Bergsteigen und Segeln (Expedition) und Lebensrettung (Dienstleistung) bestimmte Tests oder Leistungen nachgewiesen hatten. Eines der Merkmale des Plans war, daß sich die Teilnehmer verpflichten mußten, sich an die «Trainingsvorschriften» (Nikotin- und Alkoholverbot) zu halten, während sie sich um den Preis bemühten. Hahn hoffte zweifellos, daß derartige Leistungsabzeichen wesentlicher Bestandteil des nationalen Erziehungssystems werden und gleichberechtigt neben der wissenschaftlichen Qualifikation für Stellungen und die Zulassung zur Universität stehen würden. Damals (1936) lief gerade wieder eine jener ewigen polemischen Debatten über den körperlichen Zustand der Jugend. Hahn hielt offensichtlich den Zeitpunkt für günstig und schrieb einen Brief an die *Times*, in dem er über die Einrichtung des Moray Badge berichtete und seine landesweite Einführung forderte. «Die Public Schools», erklärte er, «sollten sich zu Bollwerken der körperlichen Ertüchtigung in den Grafschaften entwickeln, in denen sie sich befinden.» Die Anregung war übereilt und unzeitig. Hahn erhielt nur einen einzigen beipflichtenden Brief, «doch ich schätze ihn hoch. Er stammte von Lord Baden-Powell». Wie dem auch immer sein mag, das Regionalkomitee des National Fitness Council finanzierte 1938 und 1939 drei vierzehntägige Kurse in Nordschottland auf der Grundlage des Trainings für den Moray Badge, wodurch Hahn von der Berechtigung seiner Forderungen überzeugt wurde. «Es konnte nun keinen Zweifel mehr daran geben, welche heilsamen Auswirkungen damit erreicht werden konnten . . . Wir hatten also die Pflicht, unsere Kampagne fortzusetzen.»

Der Zweite Weltkrieg brachte ihm Hilfe von einflußreicher Seite und zahlreiche Enttäuschungen. Hahn besaß einen untrüglichen Instinkt dafür, potentielle Verbündete in hohen Rängen zu entdecken. Seine Begeisterung und die Kraft seiner Persönlichkeit besiegte im allgemeinen auch die Zauderer. Nun schrieben plötzlich Boyd-Orr, William Temple, A. C. Lindsay, Magister am Balliol College in Oxford, Lord Dawson of Penn (der Leibarzt des Königs) an die *Times* und plädierten dafür, daß das Moray Badge-Programm in großem Maßstab als eine Art vorbereitendes Abhärtungstraining für das Militär eingeführt werde. Im Unterhaus erhoben Philip Noel-Baker und Henry Brooke ihre Stimmen. Bald darauf bildete Lindsay ein Komitee, das Druck auf das Erziehungsministerium ausüben sollte und in dem eine Gruppe von spektakulären Berühmtheiten vertreten war: Robert Birley, Walter Oakeshott, Julian Huxley und andere.

Inzwischen war Gordonstoun für die Dauer des Krieges nach Wales umgezogen und leistete sich im Jahre 1940 die Finanzierung eines Sommerlagers für Jugendliche unterschiedlichster Herkunft, darunter auch zwanzig Jungsoldaten. Hahn war entsetzt über den schlechten körperlichen Zustand der Soldaten: sie waren «gesund, aber nicht in guter körperlicher Verfassung. Die meisten besaßen wenig Sprungkraft, nur einige wenige hatten die Kraft, beim Lauf zu beschleunigen ... Kein Wunder ... Die meisten rauchten bis zu fünfundzwanzig Zigaretten pro Tag.» Auf Grund dieser Erfahrung erbot er sich, jährlich 1000 Jungen in monatlichen Kursen zu je 200 Mann auszubilden, wobei die «Jungensführer» von Gordonstoun gestellt werden sollten. Der Vorsitzende des Board of Education, der wahrscheinlich die gesellschaftlichen Realitäten etwas klarer sah als Hahn, wies dieses Angebot zurück, da es «bedeutungslos für die Umstände, mit denen ich fertig werden muß» sei. Dies erwies sich als entscheidend: obgleich die Armee zahlreiche Prinzipien des Moray Badge in Spezialschulen für die Ausbildung von Offizieren und Truppenkommandeuren übernahm, war doch dieses Programm – soweit es die schulische Ausbildung des Landes betraf – vorläufig «gestorben».

Erneut sprang die Philanthropie ein, diesmal in Gestalt von Lawrence Holt, des Vorsitzenden der Blue Funnell Line (einer Handelsreederei), der das Angebot machte, in Aberdovey eine Marineschule mit Schnellkursen zu finanzieren, vorausgesetzt, daß ein bestimmter Prozentsatz der Schulplätze für Schüler der Handelsmarine reserviert würden. Holt sah in seinem Angebot allerdings mehr als nur eine berufliche Ausbildung: es sollte eine Erziehung zum Staatsbürgertum «durch die See» sein, und er kreierte dafür den Namen «Outward Bound». Die erste Schule für «Schnellkurse in Charakterbildung» wurde im Oktober 1941 eröffnet.

Lindsay, Master of Balliol, hatte darauf bestanden, daß der «Dienst am Staat» im Programm des Moray Badge akzentuiert werde, und hier erwies sich das Ausbildungsprogramm in Lebensrettung in Gordonstoun als durchaus passend, da der zweite Direktor des Internats, J. F. Fuller, überzeugt war, daß nichts die Jugend mehr reize als die Anforderung «Du wirst gebraucht!» Der bedeutende Liberale und Historiker G. M. Trevelyan kam nach Aberdovey, um das zweimastige neue Segelschiff zu taufen, das den passenden Namen *Garibaldi* erhielt: «Ohne den Abenteuertrieb in den jungen Männern», erklärte er, «muß jegliche Zivilisation, wie aufgeklärt sie auch sein mag, muß jeder noch so wohlgeordnete Staat verwelken und vertrocknen.»

Um die erste Outward Bound-Schule in Friedenszeiten fest zu etablieren, wurde 1946 der Outward Bound Trust gebildet. Der erste Vorsitzende, Seebohm Rowntree, wendete sich in seinen alten Tagen wieder jenem Philanthropismus zu, den er in seiner Jugend so viele Jahre lang bekämpft hatte. Für ein Vorhaben dieser Art gab es damals nur die Industrie, um Geldmittel und Interessenten beizubringen. Sir Spencer Summers, Direktor des Stahlwerkes John Summers and Son Ltd. und konservativer Parlamentsabgeordneter für Aylesbury, wurde Geschäftsführer des Trust und «schrieb an Geschäftsfreunde, die erklärten, wie gerne sie helfen würden, hätten ihnen nicht ihre Personalchefs so skeptische Berichte unterbreitet». Oberst Spencer Chapman, der erste Funktionär des Trust auf Honorarbasis, reiste von Fabrik zu Fabrik, um die Arbeitgeber dazu zu bewegen, ihre Lehrlinge zu schicken. Langsam kam Geld herein: zunächst ein Scheck über 500 Pfund von der United Steel; dann 1200 Pfund nach einem Brief in der *Times* von Trevelyan and Rowntree. Feldmarschall Montgomery wurde dazu überredet, 1948 einen Appell zur Spende von 100000 Pfund zu unterstützen. In vier Jahren kam das Geld ein. Ein Wohltätigkeitsdinner, an dem Prinz Philip teilnahm, erbrachte 1949 3000 Pfund und führte zu einem zinslosen Darlehen von 15000 Pfund, das die Eröffnung einer Mountain Outward Bound School im Jahre 1950 im Seendistrikt ermöglichte. Deren erster Direktor, Adam Arnold-Brown, war ein ehemaliger Zögling von Gordonstoun. George Tomlinson, Erziehungsminister und Abgeordneter der Labour Party, der die Schule eröffnete, erklärte den Arbeitgebern, daß es «keine Ausgabe sei, sondern eine Investition», die Jungen an diese Schule zu schicken. Oliver Lyttelton, der spätere Lord Chandos, Vorsitzender von A. E. I. und Direktor der I.C.I., entwickelte sich zu einem weiteren begeisterten Förderer, und gegen Ende der fünfziger Jahre – nachdem in Moray und Ullswater zwei weitere Schulen eröffnet worden waren – schickten über 700 Firmen ihre Lehrlinge zu «einem Schnellkursus in Charakterbildung». Im Ausland wurden Outward Bound-Schulen in Westdeutschland, Nigeria und Malaya errichtet, in letzterem Land unter der Protektion des Hochkommissars Sir Gerald Templer, der sich «durch die Unterstützung der Vorstände britischer Unternehmen, die dort Geschäftsinteressen hatten, stark ermutigt fühlte». Eine alte Schulkrawatte – ein gelber Knoten auf blauem Grund, um die beiden erzieherischen Kräfte von Berg und See zu symbolisieren – besiegelte endgültig den Erfolg.

Um 1957 bildeten Outward Bound-Schulen jährlich 3000 Jungen und 150 Mädchen aus: die angestrebte Zahl von 5000 Jungen ist inzwischen ohne Schwierigkeiten erreicht worden. Zusätzlich wurde 1958 im Rahmen eines «Herzog-von-Edinburgh-Stipendiums» eine Art von Do it yourself-Kurs in Outward Bound in die Wege geleitet. Meistens kamen die Jungen von Firmen mit «gutfunktionierenden Ausbildungsplänen, Personalbüros und dergleichen; wo man auch versucht, die Lehrlinge an Abendschulen oder in Berufsschulklassen zu schicken» – kurz, es handelt sich um eine junge Industrie-Elite, obwohl Outward Bound-Schulen heute auch einen geringen Prozentsatz von Jugendlichen aus Erziehungsheimen aufnehmen. Die Motive der Industrie für die Förderung dieser neuen Unternehmungen drückte J. Parsons, Personalchef bei Guest, Keen & Nettlefolds Ltd. in einer Ansprache auf der Konferenz des Outward Bound Trust im Jahre 1965 in Harrogate so aus:

> Wir sind auch unseren Aktionären sehr stark verpflichtet ... und um diese Verpflichtungen zu erfüllen, müssen wir eine gute tägliche Arbeitsleistung für einen guten Tageslohn haben; wir brauchen eine verantwortungsbewußte Einstellung ... wir brauchen ... ehrliche Betriebsräte mit genügend Mumm, eine Sache durchzufechten, wenn es etwas durchzufechten gibt, und genügend Mumm, ihren Wählern geradeheraus zu sagen, wenn es nichts zu kämpfen gibt; wir brauchen eine Aufsicht und ein Management und eine Führung mit weitgehend gleichen Eigenschaften ... wir brauchen Integrität, Fairness, Selbstdisziplin und ein hochentwikkeltes Verantwortungsbewußtsein. Wir glauben, daß sogar vier Wochen in einer Outward Bound-Schule diese Eigenschaften in manchen wecken, in anderen entwikkelt werden können ...

Sir Spencer Summers vermerkt drei Hauptmotive, wenn er den breiten Erfolg der Idee des Outward Bound zu erklären versucht: den Charakter der Bevölkerung gegen die Versuchungen und die «Verweichlichung» des Wohlfahrtstaates zu stählen; die Jugendkriminalität zu bekämpfen; und den Bruch zwischen Kapital und Arbeit zu heilen. Die Nachfolge der früheren philanthropischen Tradition der Jugendpflege ist also vollkommen gesichert.

Ein typischer Wesenszug dieser Tradition ist es, daß sie – zumindest in England – stets für die politische Rechte attraktiver war als für die politische Linke. Es gab nur eine kurzlebige «linke» Variante der Pfadfinder namens Woodcraft Folk, die wie Eager angewidert vermerkt, «bisexuell, pazifistisch und sozialistisch» war. In der Jugendbewegung in England läßt sich ein starker Einfluß Disraelis feststellen, der die «Eine Nation» beschwor, ein Glaube daran, daß bei selbstloser Führerschaft die unterschiedlichsten Leute dazu bewegt werden können, ihre Differenzen zugunsten eines gemeinsamen Zieles aufzugeben. Wer für die Beibehaltung des Status quo eintritt, für den ist klar, daß der gesellschaftliche Konflikt unnötig oder doch wenigstens stark übertrieben ist. Den anderen, die überzeugt sind, daß dieser Konflikt in der ökonomischen Ungerechtigkeit wurzle, muß der Vorschlag, die Differenzen «im nationalen Interesse» fallenzulassen, als ein Wortschleier erscheinen, hinter dem die reale Unterdrückung der Unterprivilegierten versteckt wird und der sie davon abhalten soll, ihre wahren Interessen zu verfolgen. Die Jugendarbeit in England – zu der Outward Bound als wesentlicher Bestandteil zählt, leidet traditionellerweise daran, daß sie das prinzipielle Element in der sozialistischen Forderung nach Gleichheit nicht erkennt. An die Stelle von Gerechtigkeit sucht sie Ritterlichkeit zu setzen, fast wie es viktorianische Ehemänner taten. Wie Reddies Abbotsholme ist die Bewegung ganz ausgesprochen elitär und huldigt dem Glauben, daß sich soziale Spannungen am besten dadurch vermeiden ließen, daß man die

Elite mit hohem moralischem Ernst ausrüste. Vielleicht ist das nicht falsch, ob es auch praktische Konsequenzen hat, ist eine ganz andere Frage.

Was bot nun die Ausbildung? An einem Kursus von vierwöchiger Dauer nahmen ungefähr hundert Jungen zwischen vierzehn und neunzehn Jahren teil, die in «Patrouillen» oder «Wachen» von zehn bis zwölf Jungen unterteilt wurden. Diese Einheiten bestanden sowohl für die Aktivitäten als auch für die «Charakterbildung». Sie hatten die richtige Größe für Bergsteigeexpeditionen in Eskdale und für die Segelmannschaften in Aberdovey. Sie waren groß genug, um eine gute «Mischung» von Typen zu erhalten und die Cliquenbildung unter einigen wenigen Jungen aus dem Kursus zu vermeiden, die sich von den anderen absondern könnten; und die Einheiten waren andererseits so klein, daß sich gegenseitige Loyalität und ein «Kollektivgeist» entwickeln konnten und daß jeder Junge eine Aufgabe erhielt, kurz, daß «Drückebergerei» vermieden wurde. Am Beginn des Kurses wurden unter den «natürlichen» Führern Captains und Vize-Captains bestimmt, deren Aufgabe es nicht nur war, Befehle zu erteilen, sondern auch den «Stil» und die Moral aufrechtzuerhalten.

Aus psychologischer Sicht war an diesen Organisationsprinzipien nichts neu oder interessant, sie stellten nur die wirksame Nutzbarmachung wohlbekannter gesellschaftlicher Fähigkeiten dar (Herdentrieb, Kooperationsbereitschaft, Nachahmungstrieb, Freundschaft, Stolz und Loyalität), mittels derer bestimmte begrenzte Ziele erreicht werden können. Man mag vielleicht eine ideologische Voreingenommenheit in dem Begriff des «natürlichen» Führers entdecken, der von der Armee und den Public Schools herrührt, und in dem Gewicht, das man auf Aktivitäten legte, die mehr Teamarbeit und Gehorsam verlangten als Individualität.

Es trifft zwar zu, daß das Kursusziel als persönliche Leistung definiert wurde (das Erlangen der Mitgliedschaft und Ehrenabzeichen), doch mit Ausnahme der sportlichen «Normen» waren diese Leistungen gemeinsam errungene Gruppenerfolge; selbst beim Sport zählten sie für die endgültige Placierung der Gruppe. Auf der Eastbourner Konferenz im Jahre 1949 wurde ein Antrag zur Aufnahme individueller Projekte wie Heimatgeschichte, Landwirtschaft, Forstwirtschaft, Zimmermannsarbeit usw. abgelehnt, als ein Führungsmitglied, der Hauptmann Bedwell, behauptete: «Wenn die Jungen sich ihre eigenen Projekte aussuchen, dann wählen viel zu viele nur die bequemen aus.» Die rationale Erklärung für die Bevorzugung der Gruppen – gegenüber der Einzelaktivität lieferte die Überzeugung, daß staatsbürgerliches Verhalten «am besten durch die Erfahrung der Unterordnung der eigenen Person unter ein größeres Ziel angeregt werden kann».

Ziel der Kurse war es, den «Charakter» zu stärken, indem man die Jungen die Erfahrung körperlicher Prüfungen durchmachen ließ.

Hauptaktivitäten in Eskdale waren: Kanufahren, Forstarbeiten, Bergsteigen, einschließlich Orientierung nach dem Kompaß und Kartenlesen; Knotenknüpfen, Campingausbildung und Klettern; Bergrettungsausbildung nebst Erster Hilfe; Querfeldein-Exkurse in Patrouillen oder kleineren Gruppen; schließlich Sport, der Laufen, Hoch- und Weitsprung und Wurfwettbewerbe umfaßte, die der Altersstufe der Jungen entsprechend nach festgesetzten Normen gestaffelt bewertet wurden. In Aberdovey ersetzte die seemännische Ausbildung die bergsteigerische. Sie umfaßte Kompaß, nautische und Landkartenkenntnis, Dinghy-Segeln und routinemäßige Wache an Deck.

Dieses Ausbildungsprogramm wurde durch Expeditionen in die Berge aufgelockert, die im allgemeinen vier Tage dauerten (in Aberdovey machten die Jungen eine dreitägige Kreuzfahrt). Dabei mußten Zelten, verschiedene «Probleme» und «Spiele» gemeistert werden, die die Initiative herausfordern und das Ausbildungsergebnis testen sollten. Danach gab es ein Gemeinschaftssingen und ein Kursus-Abschlußkonzert.

Die täglichen Gebete waren wesentlicher Bestandteil des Routineprogramms. Darüber hinaus wurden sonntags zwei Gottesdienste abgehalten, und mehrere Abende waren Gesprächen über Religion vorbehalten. Auf der Konferenz von 1949 wurden die christlichen Ziele des Outward Bound strikt festgelegt. Die Diskussion anläßlich dieses Treffens beleuchtet die Postulate der Bewegung treffend.

Fitzherbert Wright, einer der Direktoren der «Bergschule», legte ein Papier vor, dessen erster Absatz folgendermaßen lautet.

> Die Grundlage einer guten und gesunden Gesellschaft ist der unverfälschte Glaube an Gott. Dies, so glaube ich, ist, was uns alle, die wir mit Outward Bound zu tun haben, verbindet. Die Frage ist, wie sollen wir diese Überzeugung auf die jungen Männer übertragen in der kurzen Zeit, die sie unter dem Einfluß der Schule verbringen.

Gegen die Einführung eines ständigen Schulgeistlichen gab es Einwände: «Der beste Personalchef in der Industrie oder der beste Jugendführer in einem Jungenklub bringt sowieso christliche Vorstellungen in seinen Arbeitsbereich ein, und wenn das geschieht, dann werden seine Unterweisungen und sein Beispiel oftmals bereitwilliger akzeptiert, als wenn er ein Geistlicher wäre.» Folgender Lehrplanvorschlag wurde unterbreitet:

> . . . keine stereotypen Gebete aus Büchern, sondern spontane, die sich mit Dingen befassen, die mit dem Alltagsleben der Jungen eng verknüpft sind . . . dies würde weiterführen . . . zu ein paar kurzen Ansprachen . . . über die wunderbaren Dinge in unserem Alltag, die es nicht geben würde, wenn nicht die Christen gehandelt hätten.

Der «religiöse Führer» würde dann am Ende des Kursus «alles, was sich in den vergangenen drei Wochen ereignet hat, auf einen klar bestimmten Gott zurückführen, dessen Sohn Jesus Christus auf die Erde herabgestiegen sei und durch sein Leben und Handeln alles in seiner Person verwirklicht habe, was die Christen zu tun versuchten». David

James, später Abgeordneter der Konservativen im Parlament für Brighton, Kemptown, und Mitglied des Exekutivkomitees des Outward Bound, schrieb:

Man soll die Jungen lehren, daß unser Wissen von Gott, vom Himmel, von unserem Ort in dem göttlichen Plan der Dinge *nicht* ein Märchen ist, das erfunden wurde, um den Kindern die Furcht vor dem Dunkel zu nehmen, sondern eine beweisbare *Tatsache.*

Realistischer klingt sein Argument, daß «wenn wir nicht eine offen christliche Richtung einschlagen . . . es nichts gibt, was uns von Hitlers ‹Kraft-durch-Freude›-Bewegung unterscheidet». Auf der Konferenz wurden die Anträge der christlichen Eiferer zurückgewiesen, mit der realistischen Begründung, daß man «Religion mitbekommt, aber nicht lernt». In dem Memorandum über Religionsunterricht von 1952 wird ausgeführt, daß «eher das Beispiel als die Vorschrift» Grundlage christlicher Erziehung sein solle; dennoch bestand man in diesem Papier auf der Notwendigkeit eines «ausgebildeten theologischen Verstandes», um «das geistige Verlangen, das wir zu erwecken bestrebt sind, zufriedenzustellen». Aufgabe dieses «theologisch ausgebildeten Verstandes» sollte es sein, «die Aufmerksamkeit . . . auf die grundlegenden Wahrheiten des christlichen Glaubens zu richten; beispielsweise die Existenz eines persönlichen Gottes, auf die Göttliche Natur Jesu Christi, auf den Glauben an ein Leben nach dem Tode . . .» Kurze Tagesgebete sollten durch ein einstündiges Kolloquium mit dem Schulgeistlichen einmal pro Woche ergänzt werden, an der die «Beteiligung» der Jungen «erwartet» wurde. Das Memorandum schließt mit der Hoffnung, daß «die Übung die Jungen geistig empfänglicher machen werde».

Letztendlich allerdings verläßt sich der Outward Bound auf die Berge und das Meer, um das «geistige Verlangen» der Jungen anzuregen. Der erzieherische Einfluß der Natur ist ein beliebtes Thema der romantischen Dichtung. William Blakes Zeilen

Großes geschieht, wo Mensch und Berg sich treffen,
Nicht möglich ist es im Gedräng der Straße,

finden nur ein schwaches Echo in der Äußerung des Bischofs von Portsmouth: «Auf einen Berg zu steigen oder sein Boot zu segeln . . . bereitet trefflich darauf vor, daß sich die Augen für die Letzten Wahrheiten öffnen.» Die Erfahrung einer einmonatigen fortgesetzten stählenden Betätigung in herrlicher Natur ist – dieser Ansicht nach – ein wirksames Gegengift gegen den seelenzerstörenden «Materialismus» der modernen Zivilisation.

Die Schulen des Outward Bound liegen in herrlichen Landschaften. Über die Berge im Lake District (wo die Schulen von Eskdale und Ullswater beheimatet sind) schrieb der Dichter Wordsworth:

Ihre *Formen* sind unendlich unterschiedlich, schwingen in leichtem Bogen oder kühn in schlichter Majestät, scharf und steil oder sanft und elegant. An Höhe und *Grandeur* sind sie einzeln den am meisten gepriesenen Bergen in anderen Teilen dieser Insel unterlegen; doch im Zusammenspiel, einer den anderen wie Türme überragend oder sich in Kämmen erhebend wie die Wogen einer stürmischen See, und in der Schönheit und Vielfalt ihrer Flächen und Farben werden sie durch nichts übertroffen.

Der Ruf des Meeres ist traditionsgemäß der des Abenteuers. Dies gilt besonders für Großbritannien. Wie Geoffrey Winthrop Young bemerkt: «Eine Schule am Meer war der erste klare Ausdruck der Bewegung in einem Land mit historischer Tradition als Seemacht, mit der Tradition von Handelsgesellschaften, der Disziplin der Marine und dem Abenteuer des Segelns, was alles nur wiederentdeckt werden mußte.» Aber wie sah denn diese Welt aus, die der Outward Bound wiederzuentdecken versuchte? Hauptmann J. F. Fuller, Direktor in Aberdovey, bemerkt über die Traditionen, nach denen sich der Outward Bound richtet:

Dies war die rauhe Wiege unternehmungslustiger und zielstrebiger Männer, die bereit waren, dem gefährlichen Wagnis ins Auge zu blicken, wie jene vierzig Unbezwingbaren, die unter ihrem Führer, dem begnadeten Landwirt und Handwerker Ezekiel Hughes die langwierige Bergwanderung von Llanbrynmawr nach Carmarthen und Bristol unternahmen, um ein Schiff nach Amerika zu finden. Wie gut wäre es doch für uns, wenn wir uns an solche Unternehmungen erinnerten, die zu Fuß und auf Bauernwagen gewagt wurden, an die sich mühselig mit ihren Kindern am Rock dahinschleppenden Weiber, an die immer wieder vorgelesenen Bibelstellen und die seelenerhebenden Gesänge, an das karge Gepäck und die spartanisch knappe Kost, mit der sie auf die «andere Seite zu kommen» hofften, auf Schiffen, die ihnen nur ein paar Fuß Lebensraum im Zwischendeck und streng rationiertes Wasser und rationierte Kienspäne zu bieten hatten. Wahrlich Outward Bound . . .

Und Alan Villiers schrieb über den Eindruck, den die See machte:

. . . das Segelschiff ist still und wirklich – kein Geräusch, nur das des Windes und der See. Alles Unsinnige fällt von uns ab. Der Junge ist – vielleicht zum erstenmal – befähigt, sich eins zu fühlen mit einer Mannschaft, die es wert ist; zu spüren, daß er etwas *Wirkliches* tut – indem er der *Warspite* oder der *Garibaldi* oder der *Golden Valley* hilft, mit der Irischen See fertig zu werden . . . (Oder) indem er eine schwierige Passage an einem Berg meistert, mit Ungemach fertig wird und den Stoff erprobt, aus dem die wahren Abenteuer sind. Ich habe in einigen wenigen Wochen erlebt, wie der Outward Bound mit Jungen und jungen Männern Erfolge zustande brachte, die wie Wunder erschienen. Die verwirrten jungen Männer kamen zu der Erkenntnis, daß selbst in einer so hoffnungslos dahintreibenden Welt wie der unseren . . . im letzten Grunde die Seele eines Menschen ihm selbst gehört und daß sie ihn überall bestärken und stützen wird, in allen Dingen – vorausgesetzt, er entdeckt sie in sich selbst und bietet ihr Nahrung.

Hahn zitierte gerne einen ehemaligen Headmaster von Eton über das Bergsteigen: «Erfolgserlebnis ohne das Erniedrigungsgefühl des Besiegten.» Im Ideal des Outward Bound glaubte Hahn das «moralische Gegengewicht zum Krieg» gefunden zu haben, was seiner Meinung nach die wichtigste Aufgabe unseres Zeitalters sei. Andererseits ist es eben dieser moralische Anspruch im Outward Bound, gegen den viele Menschen Einwände erheben; diese «zwittrige Mischung aus Naturalismus und Puritanismus», wie der französische Philosoph Roland Barthes es formulierte. Auch wenn es zutreffen sollte, daß Bergsteigen einen moralisch vertretbaren Ersatz für Kriege darstellt, so muß doch angemerkt werden, daß die Menschen nicht die ganze Zeit gekämpft haben und auch heutzutage nicht die ganze Zeit auf Berge steigen. Gibt es etwas im Outward Bound, was den Heranwachsenden auf das Leben in der Großstadt vorbereitet? Oder handelt es sich dabei nur um eine weitere Art von Lebensflucht, die sich als Soziallehre aufputzt.

18. Hahns Erziehungstheorie

A. J. P. Taylor bemerkt im Hinblick auf die Plattheit der Gedanken in Napoleons Memoiren mit Recht, das Genie und die Originalität solcher Männer liege mehr im Tun als im Denken. Dies gilt auch für Kurt Hahn. Er war in keiner Weise ein origineller oder systematischer Denker. Er entlehnte ohne Scheu von den unterschiedlichsten Quellen: von Platon, den Zisterziensermönchen, von Goethe, von Reddie, von der englischen Public School, von Baden-Powell, von Max Weber und vielen anderen. Auch kann man sein Denken kaum als Synthese der verschiedenen Geistesströmungen bezeichnen. Der Zusammenhang war ein psychologischer: es war einfach eine Vorform der Aktion. Wenn wir nach Beispielen für seine Gedanken suchen, so finden wir sie fast ausschließlich in Memoranden, Ansprachen und Rundfunksendungen: er wollte den einzelnen zur Aktion anfeuern, nicht durch ein Buch das Meinungsklima langsam verändern. Auch die Struktur seiner Ansprachen wird von seinem Tatcharakter geprägt. Sie sind kurz und umfassen zwei Teile: Diagnose und Therapie. Die Therapie mochte zuweilen stark im Widerspruch zur Diagnose stehen, doch das störte Hahn niemals besonders. Wichtig war, daß etwas getan, nicht nur darüber geredet wurde. Grundlage und vielleicht auch Rationalisierung dieses Verlangens nach Aktivität drückt Hahns Auffassung aus, daß ein Mann ist, was er tut. Diese Überzeugung war das Fundament seiner Erziehungstheorie.

Hahns Hauptziel in der Erziehung war es, Bürger anstatt Denker heranzubilden, Männer der Tat anstatt Gelehrte; in dieser Zielsetzung mag man einen Kompensationsversuch Hahns sehen, da es ihm seine angegriffene Gesundheit verwehrte, eine politische Karriere einzuschlagen. Er blieb trotz seines intensiven, unablässigen Interesses für Staatsangelegenheiten auf die Rolle des «gelegentlichen» Politikers beschränkt, darauf, die Männer auf der Bühne von hinter den Kulissen her zu beeinflussen. Die Erfahrung des Ersten Weltkriegs und das Studium der griechischen Philosophen förderte in ihm die Überzeugung, daß es Pflicht eines jeden Mannes sei, sich aktiv am politischen Geschehen zu beteiligen, wenn sich die Notwendigkeit ergab oder wenn sein Gewissen ihm befahl, dies zu tun; *zusätzlich* habe er die sich daraus ableitende Pflicht, sich geistig und körperlich auf diese Aufgabe vorzubereiten und sich sozusagen für jenen Tag in Bereitschaft zu halten. Dahinter stand die Überzeugung, daß das Eingreifen rechtdenkender Bürger in kritischen Momenten einen entscheidenden Einfluß auf die Ereignisse auszuüben imstande sein könne. «Die Welt», zitiert Hahn Napoleon, «wird nicht durch die Schlechtigkeit der Schlechten, sondern durch die Schwachheit der Guten ruiniert.» Und in der Erziehung hatte er es sich zum Ziel gesetzt, diese Schwachheit auszumerzen.

Erziehung als Einübung staatsbürgerlicher Tugenden wird erst im Licht der Gleichsetzung von privater und öffentlicher Tugend, von «gutem» Mann und «gutem» Bürger bei den alten Griechen verständlich. Diese Gleichsetzung leuchtet besonders in einer kleinen Gemeinschaft wie dem griechischen Stadtstaat ein, wo der Einfluß persönlicher Gewohnheiten und Neigungen notgedrungen groß war. Die Tatsache, daß das Internat eben diesen Gemeinschaftscharakter besaß, machte aus ihm den geeigneten Rahmen für die Erziehung zum Staatsbürger. Hahn war nicht so naiv zu glauben, daß die Politik unter den geltenden gesellschaftlichen Bedingungen die Hauptbeschäftigung des Durchschnittsbürgers sein könne. Die repräsentative Demokratie war an die Stelle der direkten Demokratie des Athener Stadtstaates getreten. Worauf Hahn mit Nachdruck abzielte, war die Einpflanzung des Begriffs der Bürgerpflichten im weitesten Sinn – des Dienstes an der Gemeinschaft, in welcher Rolle der einzelne auch dazu befähigt sein mochte.

Hahns Ideal des aktiven, unmittelbar helfenden Dienstes orientierte sich nicht nur an den offensichtlich schwindenden Möglichkeiten des Dienens in der Politik, sondern auch an seinem Glauben an den erzieherischen Wert des Handelns. Im Gegensatz zu den Freudianern interessierte er sich nie stark für Motivationen: ein Mensch kann möglicherweise ein Unternehmen aus völlig falschen Motivationen heraus beginnen, doch das Erlebnis des Tuns, des Versuchens wird seinen Charakter stärken. Darum machte sich Hahn niemals Sorgen über die «Unrechtmäßigkeit» von Belohnungen und Strafen. Ein charakteristisches Argument der fortschrittlichen Erzieher lautete, daß Kinder etwas nur aus den «rechten» Motiven heraus tun sollten: wenn sie sich persönlich durch Interesse oder Neugierde oder durch Erfolg und Leistung um ihrer selbst willen dazu gedrängt fühlen. Hahn erwidert darauf, daß Kinder sehr wenig tun würden, wenn sich alles Tun nur nach den Neigungen der Kinder richtete. Ihre eigenen positiven Neigungen müssen durch «Hilfs»-Motivationen bestärkt werden, sonst werden die Kinder zu leicht entmutigt oder abgelenkt. Durch das Tun ergäben sich Erlebnisse und Erfahrungen, die die Seele für das spätere Leben stärkten. Für Hahn bestand die Moralerziehung hauptsächlich aus «Erfahrungstherapie» – der Einpflanzung von Eindrücken, um «dem Guten Nahrung zu bieten».

Die Zisterzienser waren jedoch nicht bloß «gute Samariter», sie waren daneben auch Mönche. Die große Ablenkungsgefahr für Heranwachsende, glaubte Hahn, sei der «Sexualtrieb», und so plädierte er im Interesse seiner sozialen Ziele für klösterliches Leben. In vorzeitiger Erotik sah er eine der Krankheiten der modernen Gesellschaft. Daneben jedoch hegte Hahn die Vorstellung, daß Heranwachsende voll Unschuld seien – besonders der heranwachsende Junge. Wie Reddie predigte er beständig, daß man die «Schätze» der Kindheit bewahren müsse (in einer Weise natürlich, die seinen gesellschaftlichen Zielen dienlich war): Freude an der Bewegung, Aufopferungsbereitschaft, unternehmungslustige Neugier, Mitgefühl – eine erstaunliche Mischung, wenn man sich daran erinnert, daß Hahn dabei vom «Produkt der Kinderstube» spricht. Doch es kann wohl kaum Zweifel bestehen, daß der wichtigste «Schatz», an den er dachte, die sexuelle Unschuld war.

In einem Bericht an das Kuratorengremium von Gordonstoun aus dem Jahre 1938 argumentierte Hahn, daß man heranwachsende Jungen sexuell rein erhalten könne, wenn sie zum «Dienst» an der sie umgebenden Gemeinschaft bewegt werden. So wird also der Dienst zugleich als Übung in Staatsbürgertum *und* als Sublimierung von sexuellen Trieben betrachtet. Die Pflege der *grande passion* erfüllte eine ähnliche Doppelfunktion, indem sie die Eigenentwicklung förderte *und* Schutz vor der Erotik bot. Obgleich Hahn wenig Sympathie und wenig Verständnis für Freud aufbrachte, liegt doch seinen Anschauungen implizit die Freudsche Vorstellung von der Psyche als einem geschlossenen Energiesystem zugrunde, in dem Energie, die von einem Interesse absorbiert wird, einem anderen Interesse entzogen wird. Ob die Sexualentwicklung der Heranwachsenden für andere Möglichkeiten im Heranwachsenden wirklich so schädlich ist, wie Hahn dies glaubte, kann bezweifelt werden.[17]

Wie Platon ist auch Hahn zunächst und vor allem ein Sozialreformer, der durch das Medium Erziehung wirkt. Seine Aufgabe war es, eine «kranke Polis» zu reformieren. Im Gegensatz zu anderen fortschrittlichen Erziehern jedoch glaubt er nicht, daß der Kern der Reform darin bestehe, die Motivationen der Menschen zu veredeln: er glaubte, das Wesentliche sei, die Menschen aus ihrer eskapistischen Erstarrung aufzuwecken. In einem Vortrag mit dem Titel *The Decline of Democracy* (Der Verfall der Demokratie) im Jahre 1949 behauptete er, daß «die Menschen in diesem Lande zur Zeit der Rotten Boroughs (vor 1832, ehe echte Wahlbezirke eingerichtet wurden) wachsamere Demokraten waren als heute».

Im 19. und 20. Jahrhundert (fuhr er fort) fehlte es nie an unabhängigen Stimmen – bis zu diesem Krieg. Ich will Ihnen nun das tragischste Versäumnis an Wachsamkeit vor Augen führen. Der Einsatz der Atombombe ist ohne Zweifel ein Verbrechen gegen die Menschlichkeit . . . Aber erhob sich eine Stimme laut in Zorn und Scham? Damals gab es einige geflüsterte Proteste; es erhob sich keine warnende Stimme, die die Regierung zu fürchten gehabt hätte.

Dieser Verfall wurzelt nach Hahn in der modernen Zivilisation:

Wir glauben (sagte er 1936), daß die gegenwärtige Zivilisation krank ist, daß sie der Jugend oft die Kraft raubt, bevor sie erwachsen ist, daß der, der dazu bestimmt ist, unserer Zivilisation zu dienen, gegen sie gestählt werden muß: daß durch Erziehung beschützende Neigungen und Gewohnheiten entstehen können, die wahrscheinlich immun machen können.

Hier haben wir also das Bild von der Erziehung als «Gegenkraft», die sich bewußt gegen den Druck einer kranken Gesellschaft stemmt.

Was sind diese modernen Krankheiten? Hahn weist drei aus. Zuerst zitiert er das «verweichlichte Leben» im weitesten Sinn – das Fehlen von Anreizen, die permissive Umwelt, der leichte Zugang zu Drogen, Stimulantien, Beruhigungsmitteln und andere Symptome der Wirklichkeitsflucht – die alle die körperliche Leistungsfähigkeit, die Initiativkraft und die Selbstdisziplin untergraben. Zweitens weist er auf die «verworrene Rastlosigkeit» des modernen Lebens hin, die zusammen mit der modernen Massenproduktion die handwerkliche Fertigkeit und Sorgfalt, den Stolz auf die Arbeitsleistung und verschiedenartigste Formen der schöpferischen Phantasie untergraben haben. Drittens bezichtigt Hahn die Unpersönlichkeit im modernen Staat, der überall «rationalisierter» und «bürokratischer» werde und den Zusammenbruch jeglichen Gemeinschaftsgefühls und jeglicher persönlichen Anteilnahme herbeiführe. Wenn diese Krankheiten zusammen auftreten, laugen sie das persönliche Verantwortungsgefühl des einzelnen aus; typischerweise bringen sie Teilnahmslosigkeit, Wirklichkeitsflucht, Zynismus, Gefühle der Hilflosigkeit und soziale und moralische Gefühllosigkeit hervor, die staatsbürgerliches Denken zerstören und die Verwaltung der Staatsangelegenheiten in wachsendem Maß den Bürokraten und Rationalisierungsfachleuten überlassen, denen es an Menschlichkeit und Phantasie mangelt. Der «Rückzug» des einzelnen ist demnach aus zweierlei Gründen schädlich: er zerstört etwas Lebenswichtiges im einzelnen selbst, und er ist der geistige Tod der Gesellschaft. Je mehr die «Besten» das Interesse verlieren, desto stärker treten die «Schlechtesten» in den Vordergrund und verschärfen so die Krankheiten, die dringlich nach einer Reform verlangen.

Die moderne Gesellschaft, behauptet Hahn, bringt vier Typen von Jugendlichen hervor: den Gesetzlosen, den Gleichgültigen, die Zornigen und die «ehrlichen Skeptiker». Allen vier Typen ist eins gemeinsam – die

Flucht aus der staatsbürgerlichen Verantwortung in eine private Welt. Sogar die typische Rebellion der Jugend – in Aussehen, Kleidung, Einstellung sei eine Art Flucht vor den bedrängenderen Übeln, die nach Heilung verlangten.

Hahn legt besonderen Wert darauf, die schwer zu erreichenden «ehrlichen Skeptiker» zu packen – jene, die vor ihrer Zeit abgeklärt und zynisch wurden und sich aus dem Kampf für eine bessere Gesellschaft zurückzogen, weil sie überzeugt sind, daß die Irrationalität der Welt und die Ungerechtigkeit der Menschen und Institutionen zwangsläufig ihre besten Bemühungen zunichte machen müßten. Hahn zitiert das Beispiel eines seiner Jungen aus Salem, dem er erklärt hatte, daß der Nationalsozialismus nicht von Dauer sein könne, und der antwortete: «Herr Hahn, ich möchte Ihnen nicht Ihre Illusionen kaputtmachen.» Hahn und viele andere, die Kommentare über die Jugend abgeben, bezeichnen Tragödien wie den Völkermord der Nazis und die drohende Vernichtung durch Nuklearwaffen als entscheidende Ursache für die Entstehung von Zynismus und Wirklichkeitsflucht bei den heutigen jungen Menschen. Hahn hegte Bewunderung für Protestbewegungen wie die Atomwaffengegner, obwohl er gleichzeitig ihre Nutzlosigkeit bedauerte. Im wesentlichen sah er die Atomwaffengegner als eine eskapistische Massenbewegung, die – indem sie sich bewußt außerhalb der Politik ansiedelte – die Desillusioniertheit der Jugend angesichts der politischen Entwicklung und ihre Ablehnung dieser Entwicklung illustrierte.

Soviel zur Diagnose: die Therapien klingen zwangsläufig unbefriedigend, ja banal. Der erste Schritt im Heilungsplan besteht im Aufbau körperlicher Leistungsfähigkeit. Damit verfolgt Hahn zwei Ziele. Erstens sieht er im Körper das Exekutivorgan des Willens. Er ist überzeugt, daß ein schlapper Körper sich beständig gegen an ihn gerichtete Anforderungen auflehnen wird. Dadurch werden mit großen Erwartungen begonnene Unternehmungen zu Reinfällen. «Wenn die Kraft der Überwindung von Widerständen in der Kindheit unentwickelt bleibt, etwa durch die Vernachlässigung der Leibeserziehung, dann versauern Mädchen und Jungen häufig in ihrem teuersten Trachten, wenn sie auf Mühen, Erschöpfung, Gefahren oder Verachtung seitens ihrer Kameraden stoßen.» Zweitens bewirkt körperliche Leistungsfähigkeit Selbstvertrauen, indem sie den Horizont der Möglichkeiten erweitert. Hahns Plan der Leibeserziehung unterscheidet sich drastisch von dem der Public School: wie bei Reddie nimmt Hahns Plan größere Rücksicht auf die Bedürfnisse des «gewöhnlichen» Jungen als auf den begabten Sportler. Für jeden Jungen sollten körperliche Prüfungen im Sport, Bergsteigen, Zelten usw. angesetzt werden. Nach erfolgreicher Bewältigung sollten sie mit Abzeichen und Medaillen belohnt werden, die einen bestimmten «Leistungsstandard» symbolisieren: in diesem wie auch in anderen Punkten verschmähte Hahn keineswegs die anspornende Wirkung von Wettbewerb und

Belohnung. Doch er blieb nicht dabei stehen. Die Erhaltung der körperlichen Leistungsfähigkeit sollte zur Gewohnheit werden wie das Zähneputzen, so daß der heranwachsende Jugendliche ebenso wie der Erwachsene beständig im Zustand der «Dienstbereitschaft» sein könne. Daher rührt das Gewicht, das man im Alltag von Gordonstoun auf die Punkte des «Übungsplans» legte, der im körperlichen Bereich eine Reihe von tagtäglichen Tätigkeiten für jeden Jungen festsetzte, für die er persönlich die Verantwortung trug – wie etwa die kalte Dusche, den Frühlauf, Liegestützen, sechzig Sprünge pro Tag usw. Hahn selbst legte Zeugnis ab für die kräftigenden Qualitäten seiner frühmorgendlichen Exkursionen, auf die er zweifellos seine enorme Energie als Achtzigjähriger zurückführte.

Körperliche Leistungsfähigkeit aber war nur ein Mittel, nicht das Endziel. Das Ziel war «der Dienst an der Gemeinschaft», insbesondere an der Region, in der das Erziehungsinstitut beheimatet war. Die Jungen von Gordonstoun übernahmen die Überwachung eines Küstenabschnitts nahe bei ihrer Schule, und Wächter auf Wachtürmen suchten Tag für Tag den Horizont ab und warteten, daß sie Schiffe oder Personen in Seenot retten könnten. Im Verlauf der Jahre kamen zu den Wächtern die Feuerwehr und der Bergrettungsdienst hinzu, die gleichfalls bereit standen, auf Notrufe zu Hilfe zu eilen. In jüngerer Zeit war Hahn immer stärker von den Möglichkeiten beeindruckt, die Todesfälle bei Ertrinken durch künstliche Beatmung und Erste Hilfe Laien zu vermindern. Der Bericht der Working Party des Royal College of Surgeons über Unfallverhütung und Lebensrettung im Jahre 1963 mit seinen Aufklärungen über Unfallursachen im Heim, in der Industrie, im Straßenverkehr, beim Sport und Abenteuer erweiterte Hahns Vorstellungshorizont bezüglich der Dienste beträchtlich. «In der Küche, wenn wir eine Straße überqueren, in einer Fabrik, in einem Boot oder auf einem Berg sind wir von Gefahren und Risiken umgeben», erklärte der Herzog von Edinburgh. Hier tat sich wirklich ein edles Feld für Zisterzienser-Dienste auf.

Das Programm der Lebensrettung und Samariterarbeit in Gordonstoun war nicht als endgültiger Arbeitsplan gedacht. Die Arbeit Gordonstouns wurde dem Ort seiner Niederlassung angepaßt: später einmal hoffte Hahn ein Tagesinternat in jeder Gemeinde im Dienst an der Gemeinschaft zu sehen, einen großen Freimaurerbund der Gegenkräfte, der die Jugend gegen die Krankheiten der Gesellschaft stark machen würde, indem er sie dazu anhielt, dieser Gesellschaft zu dienen. Natürlich würde das Leben in der Familie dem Geist, den die Schule einzupflanzen bemüht war, nicht in allen Fällen zuträglich sein, doch Hahn war voll Zuversicht, daß «der Junge mit einem Übungsplan die Atmosphäre seiner Schulgemeinschaft auf das Elternhaus übertragen kann, genau wie der Taucher seine Atemluft mit auf den Meeresboden nimmt».

Psychologische Grundlage für Hahns Heilungsplan war die Überzeugung, daß Lebensfreude, edle Gefühle, Idealismus, die Fähigkeit, hart zu arbeiten und Hingabebereitschaft wesentliche Bestandteile der Natur des Heranwachsenden seien. Diese Bestandteile gerieten beim Auftreten des Sexualtriebes und durch die anderen bereits erwähnten verderblichen Einflüsse in Gefahr. Wie die meisten fortschrittlichen Erzieher beansprucht Hahn also, auf der Seite des «wesentlichen» Kindes zu stehen. Im Gegensatz dazu jedoch sieht er die Hauptbedrohung für die Persönlichkeit des Kindes nicht als vom autoritären Schulmeister oder von «aufgezwungener» Disziplin ausgehend, sondern von der kranken Umwelt außerhalb der Schule. In dieser stärkeren Betonung der gesellschaftlichen Faktoren, die auf Einstellung und Verhalten einwirken, mag man den Einfluß griechischen Denkens, Hahns eigene politische Erfahrung und den Einfluß des Sozialphilosophen Max Weber erkennen. Da Hahn die Macht des Milieus erkannt hat, begeht er nicht den Fehler, sich einzubilden, daß Nichteinmischung möglich oder erwünscht sein könnte. Die Leere, die der Lehrer auf der Szene hinterläßt, wird nicht durch die aufblühende Natur des Kindes ausgefüllt, sondern durch Zwänge, die möglicherweise weit destruktiver für die Individualität und die Begabung des Kindes sind, als es der Lehrer je war.

Hahn sieht in dem jugendlichen Delinquenten seine Kronzeugen. Wie Homer Lane glaubte er, daß «ein schlechter Junge» ein Beispiel für fehlgeleitete gute Eigenschaften darstelle. Tatsächlich zeichnet Hahn oft den gesetzestreuen Jungen als «duckmäuserischen Puritaner», dessen Gehorsam ein Ergebnis seelischer Armut, nicht aber bürgerlicher oder moralischer Tugend sei. Der «gesetzlose Jugendliche» dagegen ist mutig und abenteuerlustig. «Um sich gegen die Einflüsterungen des Gewissens durchzusetzen», erklärte Hahn 1959, «brauchen die niedrigeren Triebe oft einen Verbündeten, und dieser Verbündete kann im Verlangen nach Überlegenheit gefunden werden: den eingesetzten Autoritäten ein Schnippchen zu schlagen, die Dinge mit heimlichem, einfallsreichem Planen und findigem Wagemut zu eigenen Gunsten zu wenden, den Kitzel des knappen Entkommens zu verspüren». Aus diesem höchst romantischen, wenn auch einnehmenden Bild, das Hahn vom jugendlichen Delinquenten zeichnet, ergibt sich auch gleich die Medizin: man spanne das Verlangen nach Überlegenheit, nach Wagnis und Abenteuer vor «edle» Zwecke und die «treibende Kraft im Verbrechen würde in vielen Fällen geschwächt werden».

Ähnlich attraktiv ist Hahns Ausspruch, daß «jeder Junge in sich eine *grande passion* trägt». (Er unterscheidet sorgfältig zwischen «Leidenschaften» der «giftigen» und der «ungiftigen» Gattung.) Wie Reddie lehnte er sich gegen die Vernachlässigung des «gewöhnlichen» Jungen an den Public Schools auf. Er betrachtete die Public School als einerseits die Bemühung um den «akademischen», andererseits um den von Natur aus sportlichen Jungen. Die Public Schools haben dem Abhilfe zu schaffen versucht, indem sie die «Hobbies» einführten, doch Hahn argumentierte, daß derartige Aktivitäten zwangsläufig weitgehend Schwindel bleiben müßten, wenn sie nicht von Grund auf in die Erziehungsabsichten der Schule integriert seien und «öffentliche Zustimmung» erhielten. «Welche Zeit und welche Nervenenergie bleibt denn diesen Kindern für ihre Hobbies übrig?» fragte er 1934. «Nehmen diese Hobbies einen wichtigen und ehrenvollen Platz in eurem Gemeinschaftsleben ein? Schließt nicht das Wort ‹Steckenpferd› dies wirklich aus?»

Was einen bei der Untersuchung des Gordonstoun-Systems zuerst überrascht, ist der Widerspruch zwischen der erklärten Absicht, Erwachsene heranzubilden, die selbständig denken können (wodurch sich, wie Hahn stets behauptete, sein System von der faschistischen Erziehung unterscheide) und dem enormen psychologischen und moralischen Druck, unter dem die Jungen in der Schule stehen. Selbst wenn man Hahns Position weitgehend billigt, so bleibt doch immer noch etwas Anrüchtiges an der Methode, mit der Gordonstoun (weitgehend erfolgreich) versucht, die Schüler an diese spezielle Vision zu binden. Denn Hahn war nie darum bemüht, mit intellektuellen Mitteln Zustimmung für seine Vorschläge zu erringen. Entweder schien er nicht bereit oder unfähig zu sein, an dem, was man allgemein eine rationale Auseinandersetzung nennt, teilzunehmen. Man bringt ihm einen Einwand vor und bekommt einen Aphorismus zurück. Die Wahrheitsliebe, wie sie in Gordonstoun gepredigt wird, ist durch ein äußerst gründliches Prägesystem garantiert, das die Empfänglichkeit des Jungen für Mythisches, Rituelles und psychologische Beeinflussung extrem ausnutzt. Im Gordonstoun-System sind fortschrittliche und traditionelle Züge der Public School auf äußerst subtile und gründliche Weise ineinander verwoben, wodurch die Möglichkeit, sich davon freizumachen, verringert wird. Diese Chance ergibt sich durch die Ineffizienz der meisten Systeme, die ihre offenkundigen Ziele nicht mit Konsequenz verfolgen: die meisten Erziehungseinrichtungen wären wahrscheinlich entsetzt, wenn sie tatsächlich jenen Typ Schüler hervorbrächten, auf den sie es abgesehen haben, wie sie den Eltern versichern. Hahn glaubte wie Reddie, daß der Weg nach Utopia gründlich kartographiert und beschildert werden müsse: nichts durfte dem Zufall überlassen bleiben. Und so sind trotz aller Dementi Hahns die Jungen von Gordonstoun keineswegs von hervorstechender Unabhängigkeit des Denkens. Wenn sie auch Minoritätspositionen beziehen, dann doch deshalb, weil ihre Schule diese Positionen bezieht, nicht weil sie sie sich selbst erarbeitet hätten.

Spielt dies eine Rolle? Sicherlich – denn kein einzelner Mensch und keine Einzelinstitution besitzt ein Monopol auf die Wahrheit. Jede Institution wird in gewissem Maß prägend sein: möglicherweise so stark, daß die meisten Menschen, die sie durchlaufen, viele Ansichten übernehmen werden, die die Institution vertritt. Dies gilt für fortschrittliche ebenso wie für andere Einrichtungen: und schließlich ist es ja alles in allem kein Zufall, daß die meisten Menschen, die an fortschrittlichen Schulen erzogen wurden, schließlich auch fortschrittliche Ansichten haben. Das völlig freie Individuum besteht nur in der Einbildung jener, die Menschen für Götter halten. Nichtsdestoweniger ist es eine sehr gute Probe für eine Erziehungseinrichtung, ob sie irgendwelche wirklichen Möglichkeiten der Auflehnung gegen ihre Ziele gestattet. Damit meine ich nicht unbedingt offene Auflehnung. An diesem Punkt schießen viele fortschrittliche Erzieher übers Ziel hinaus. Sie glauben, weil die traditionellen Erzieher ihre Schüler geprügelt hätten, hätten sie sie in die von ihnen gewünschte Form geprügelt. Dies traf nicht zu. Jemand hat einmal ziemlich unfreundlich behauptet, die einzige Rechtfertigung für das Public School-System sei, daß es Rebellen hervorbringe. Dies war zweifellos eine unbeabsichtigte, aber eine sehr wertvolle Folge. Ganz unbewußt ist diesem System ein Prinzip der Ineffizienz eingebaut, das in einer ausreichend hohen Zahl von Fällen die eingeflößten Eigenschaften und Bestrebungen selbst neutralisiert. Derzeit fällt es in Gordonstoun sehr schwer, Beweise dafür zu finden, daß ein derartiges Prinzip am Werke sei. Der Konzeption nach ist diese Schule totalitär.

Gordonstoun muß mit totalitären Methoden aufrechterhalten werden, weil am Ende trotz der ganzen Klugheit Hahns der Erziehungsplan zu eng gefaßt ist, um die ganze «Natur» von Heranwachsenden einzubeziehen, und weil das Glaubensbekenntnis den Bedürfnissen unserer Zeit nicht gerecht wird. Damit soll keineswegs der bedeutende Beitrag geleugnet werden, den Hahn in der Debatte um die moderne Erziehung leistete. Sicher ist er auf vielerlei Weise der eindrucksvollste (wenn nicht der liebenswerteste) der fortschrittlichen Erzieher. Er verfügte über ein waches Sozialbewußtsein, das den meisten der anderen fehlte. Er war sich darüber im klaren, daß die Haupteinflüsse, die auf den heranwachsenden Jungen einwirkten, von außerhalb der Schule, nicht von innerhalb kamen, und gestaltete seine Schule ganz bewußt zu einer Gegenkraft zu bestimmten Tendenzen in der Gesellschaft, die er verabscheute. Dies ist eine bei weitem modernere Formulierung des Erziehungsproblems unserer Zeit als jene der traditionellen Fortschrittler, die als Feind die Autorität schlechthin betrachteten und daher ganz außerstande waren, sich vorzustellen, daß schulische Autorität eine sehr bedeutende Funktion erfüllen könne, indem sie das Kind gegen die – sagen wir – Autorität in der Teenager-Subkultur oder gegen die der Massenmedien beschützte. Tatsächlich war es Hahns Wunsch, die feineren Möglichkeiten der Adoleszenz vor dem Druck einer kommerzialisierten Ausbeuterkultur zu beschützen. Dies erklärt teilweise seine extremen Methoden, wenn es sie auch nicht rechtfertigt. Er war überzeugt, daß das Kind durch die Schule auf eine Weise gestärkt werden müsse, daß es von den Versuchungen und Zwängen des Lebens «draußen» nicht mehr beeindruckt werden konnte.

Aber aus eben diesem Grund ist die Gordonstoun-Lösung unzulänglich. Denn Hahn unternahm nicht den Versuch, die Kräfte, die die moderne Gesellschaft beherrschen, zu begreifen und zu meistern; er wich ihnen nur aus. Seine Heilmittel treffen nicht den Kern der Probleme, die er anprangert, sie streifen sie nur am Rande. Letztlich lehrt er – Weltflucht. Seine Schüler gehen nicht mit der Absicht in die Welt hinaus, sie zu verwandeln: sie ziehen sich in ihre eigenen Welten zurück. Es waren nicht ehemalige Zöglinge von Salem, die die Führung im Widerstand gegen die Nazis übernahmen: es gab keine Namensliste von Märtyrern aus Salem unter dem Hitlerregime, obwohl Tausende von Deutschen im Kampf gegen es zugrunde gingen, genau wie es heutzutage nicht die alten Herren von Gordonstoun sind, deren Einfluß spürbar wird, wo Geschichte gemacht wird. Auf eine sehr reale Weise ist Hahn selbst das bedeutendste, ja tatsächlich das einzige Produkt seines Systems.

Teil V

Die Zukunft der Fortschrittlichen Erziehung

19. Progressive Theorie und sozialer Wandel

Gewinnt der fortschrittliche Impuls in der Erziehung in England mehr Einfluß, oder wird er schwächer? Wenn wir uns in der Untersuchung auf das Dutzend oder etwas mehr der kleinen, unabhängigen Internatsgemeinschaften beschränken, die in diesem Land fortschrittliche Ideen vorangetrieben haben, dann ist die Antwort nicht ermutigend. Die fortschrittliche Schulbewegung hat in England nach 1940 aufgehört zu wachsen. Nach dem Zweiten Weltkrieg schossen nicht wie nach dem Ersten neue fortschrittliche Einrichtungen in großer Zahl aus dem Boden. Das Atlantic College ist die einzige neue Schulgründung von Bedeutung nach dem Krieg. Zahlreiche mußten schließen. Andere wie Summerhill und Kilquhanity konnten nur mühsam überleben. Die erfolgreichen Internate wie Gordonstoun und Bedales sind orthodoxer geworden.

Der größere Rahmen ist ermutigender. Die moderne Schule ist zweifellos humaner als ihre Vorgängerin. Die körperliche Züchtigung ist weitgehend abgeschafft. Der Lehrplan ist an vielen Schulen erweitert worden und umfaßt nun Kunsterziehung, Berufsvorbereitung, Reisen und Abenteuer. Es gibt viele aufregende Experimente mit neuen Lehr- und Lerntechniken; schon bald wird jede Schule, die einen Pfifferling wert ist, ihr eigenes Sprachlabor, Rechenzentrum, Lernmaschinen und eigenes Fernsehsystem besitzen. Die neuen Schulbauten sind eine wesentliche Verbesserung gegenüber den tristen viktorianischen Vorläufern.

Auch hat die fortschrittliche Erziehung durchaus das Sozialverhalten beeinflußt. Ob sich die gesamte Ablehnung der Wertvorstellungen der Elterngeneration durch die Jugend auf Dr. Spock zurückführen läßt, ist zu bezweifeln: doch hat zweifellos das liberalere Zuhause und in der Schule die Einstellung der Jugend zur Liebe und zum Krieg, zu Kleidern und Musik, Manieren und Stil beeinflußt, obgleich man diese Einflüsse nicht von anderen trennen kann, wie etwa dem Überfluß, der Werbung und dem Bau von Nuklearwaffen.

Sind die Erfolge von Dauer oder nur vorübergehend? Zweifellos gab es auch starke Tendenzen in der entgegengesetzten Richtung. Die Expansion der fortschrittlichen Privatschulen stieß auf eine finanzielle Grenze, da der Reichtum, mit dem dieser private Erziehungsbereich geschaffen und erhalten wurde, durch die hohen Steuern für den Wohlfahrtsstaat dahinschwand. Die traditionellen Public Schools, die alteingeführt und gut betucht sind, konnten ihre Position gegenüber den fortschrittlichen Konkurrenten bewahren und sogar verbessern – was jedenfalls in den zwanziger Jahren noch recht unwahrscheinlich zu sein schien. Um dies zu erreichen, mußten sie natürlich einen beträchtlichen Wandel durchmachen, doch ging er keineswegs in eine eindeutig fortschrittliche Richtung. Zum einen widmeten diese Schulen weit mehr Aufmerksamkeit den Prüfungen, was alle Progressisten verabscheuten. Die Gründe dafür sind einleuchtend. Kinder aus der Mittelklasse waren nun gezwungen, sich in einen Wettbewerb um die Stellungen und Einkommen einzulassen, die zuvor «von Rechts wegen» die ihren gewesen waren. Auch die Anforderungen dieser Stellungen wandelten sich. Die Vorstellung vom «Amateur», vom «guten Allroundman», die die fortschrittlichen Erzieher von der Public School geerbt hatten, wich dem Bedürfnis nach dem ausgebildeten Spezialisten. Die Fortschrittlichen kümmerten sich nicht um diese Weiterentwicklung des industriellen Systems, die eine hochgeschulte Arbeiterschaft und eine äußerst tüchtige Managerelite erfordern sollte. Die Erziehungssysteme mußten sich dieser Notwendigkeit zwangsläufig auf allen Ebenen beugen, im Fall Großbritannien allerdings geschah dies ein wenig zögernd.

Die fortschrittliche Erziehung kam nur wenig in Kontakt mit Arbeiterkindern, deren Bedürfnisse in jüngster Zeit die Diskussion auf dem Erziehungssektor beherrschen. Wie wir gesehen haben, zogen es die Fortschrittlichen aus einer Vielzahl von Gründen vor, mit Kindern der Mittelklasse zu arbeiten. Und in England war die Mittelklasse eben auch ihr Kundenstamm. Wenn sie überhaupt an eine Erziehung für die Arbeiterklasse dachten, dann im Rahmen einer schrittweisen Einführung fortschrittlicher Methoden in der Staatsschule. Tatsächlich *gab* es in den dreißiger Jahren echte fortschrittliche Experimente in den Oberstufen der Elementarschule, von der die Kinder mit vierzehn Jahren auf den Arbeitsmarkt entlassen wurden, ohne eine Prüfung ablegen zu müssen. Doch seit dem Zweiten Weltkrieg ging die Forderung nicht dahin, daß jedem Kind der Arbeiterklasse die Möglichkeit geboten werden müsse, seine Seele zu entwickeln, sondern ihm die Möglichkeit zu bieten, ein qualifizierter Ingenieur zu werden und zweitausend Pfund pro Jahr zu verdienen. Das individuelle Ideal, wohlhabend zu sein, und die Bedürfnisse der Gesellschaft nach Fertigkeiten vereinigten sich und drängten die Erziehung für die Arbeiterklasse in eine ganz andere Richtung, als die Fortschrittlichen sich das vorgestellt haben würden. Da ihre eigene Klientel reich war, konnten sie es sich leisten, der Wissenschaftszivilisation im Namen der Höheren Werte den Rücken zuzukehren. Für die Armen aber stand der weniger hohe Wert des materiellen Überflusses an erster Stelle – und damit die Ausbildung in industriellen Fertigkeiten, mit denen allein dieser Überfluß erlangt und erhalten werden konnte.

Die Probleme, die sich bei der Erziehung der Kinder aus der Arbeiterklasse ergaben, konnten nicht mit Hilfe der traditionellen Analyse des Versagens gelöst werden, wie die fortschrittlichen Erzieher es auf Grund ihrer Erfahrungen mit Kindern der Mittelklasse gewohnt waren. Diese Analyse ging in zwei Richtungen. Erstens sah man die mangelnde Anpassung des Kindes an das Schulleben psychologisch: Johnnys Aufmerksamkeit während der Mathematikstunde wurde abgelenkt, weil ihn sein Bettnässen oder seine Skrupel wegen seiner Masturbation beunruhigten. In diesem Fall war Therapie die Lösung. Zweitens sah man darin das Ergebnis eines unnötigen Widerstreits zwischen Jugend und Alter, bei dem im großen und ganzen das Recht auf seiten der Jugend stand. Die Lösung in diesem Fall bestand darin, die schulische Umgebung für das Kind attraktiver zu gestalten, indem man den Lehrplan abwechslungsreicher machte, sich toleranter verhielt und die Lehrmethoden verbesserte.

Diese Einsichten sind keineswegs bedeutungslos. Doch beim Versuch, Arbeiterkinder zu erziehen, zeigte sich ein drittes Problem: die Untauglichkeit einer ganzen Kultur, sich den Notwendigkeiten des Schullebens anzupassen. Die antischulische Einstellung entsprang nicht der individualistischen Seele des Kindes, und sie war auch nicht das Produkt eines nicht ausreichend interessanten Lehrplans. Eher spiegelte sich darin ein fundamentaler Mangel an Beziehungen zwischen der schulischen Welt und der Kultur der Arbeiterklasse wider. Wenn die kulturellen Normen von Schule und Familie identisch waren, wie das bei Mittelklassekindern im allgemeinen der Fall war, dann war es verständlich, daß man die Abweichung eines einzelnen Kindes von diesen Normen mit klinischen Ausdrücken definierte. Wo jedoch die Normen verschieden waren, reichte eine klinische Erklärung nicht aus. So ist beispielsweise die psychologische Erklärung für Schulschwänzen in einer Kultur wenig sinnvoll, in der Schulschwänzen die «normale» Reaktion sein könnte, ebenso wie die psychologische Erklärung für Kriminalität wenig sinnvoll wäre, wenn das kulturelle Milieu der Eltern äußerst polizeifeindlich war. Das erzieherische Problem war hier nicht, durch Therapie das Verhalten und die Einstellung des Kindes zu verbessern, sondern auf die Umgebung einzuwirken, die das Verhalten und die Einstellung des Kindes förderte. Man könnte dies den Unterschied zwischen der psychologischen und der soziologischen Methode nennen.

Ähnlich waren auch die alten Lösungen der fortschrittlichen Erziehung, den Lehrplan interessanter zu gestalten und die Disziplin großzügiger zu handhaben, nur von begrenzter Relevanz für die Erziehung der Arbeiterklasse, obschon auch sie von einflußreichen Männern verfochten wurden, beispielsweise in dem 1964 veröffentlichten ‹*Newsom Report*›. Die Schwierigkeiten waren zum Teil praktischer Natur, besonders die Kontrolle der staatlichen Schulen durch die Gemeindeverwaltungen, die Behinderung von Experimenten und den Mangel an Finanzmitteln. Doch eine noch weit schwierigere Hürde ergab sich in der Zielsetzung der

Erziehung für die Arbeiterklasse. Wie wir gesehen haben, konnten die Fortschrittlichen es sich leisten, die normalen Aktivitäten des schulischen Lebens – besonders die Lernarbeit – als zweitrangig zu behandeln, da die damalige Wirtschaft keine spezialisierten Kenntnisse und Fertigkeiten erforderte und weil die Kinder sich ja keinesfalls auf schulische Leistungen zu verlassen brauchten, um ihren zukünftigen Platz im Leben einzunehmen. Das Ausmaß fortschrittlicher Experimente wurde mit der Entwicklung des Erziehungssystems zu einem Zuteilungssystem von sozialen Chancen streng eingeschränkt. Diese Entwicklung vertrug sich mit der Aufnahme von Fächern wie «Abenteuer», Musik und Kunst, solange sie nicht die «ernsteren» Fächer aus ihrer zentralen Stellung verdrängten. Sie vertrug sich mit einem reicheren Angebot an Fächern, da die moderne Gesellschaft ganz neue Typen geschulter Arbeitskräfte benötigte. Sie vertrug sich mit den raffiniertesten Lehr- und Lernmethoden, weil die Gesellschaft ein immer höheres Kompetenzniveau verlangte. Sie vertrug sich mit den besten Erkenntnissen der Psychologie, weil sich die Gesellschaft die Verschwendung von Talenten und falsche Motivationen nicht leisten konnte. Sie vertrug sich jedoch *nicht* mit einer Erziehung, die für die Bedürfnisse der Gesellschaft nicht bedeutsam war, allenfalls für die privaten Visionen fortschrittlicher Pioniere.

Natürlich überzeichne ich den technischen Aspekt: die Formel von den «Erfordernissen der Gesellschaft» ist selbst von fortschrittlichem Gedankengut beeinflußt, besonders wo es um die Vorstellung von Selbstentwicklung und Selbsterfüllung des Individuums geht. Eine derartige Verpflichtung wurde auch durch die Tatsache ermöglicht, daß unsere Gesellschaft nicht länger von Gefahren oder Armut bedroht ist. Der harte Kampf ums Überleben ist allgemein weniger hart geworden – verfrüht, würden Kritiker hier wohl sagen –, und dies fand auch im Erziehungssystem seinen Ausdruck. Anzumerken bleibt nur, daß überall dort, wo die fortschrittliche Theorie den kommerziellen, industriellen und Verteidigungsbedürfnissen der Gesellschaft zuwiderlief, diese Theorie nicht siegen konnte. Ihr alter Feind, die «Gesellschaft», wacht eifersüchtig über den Eigeninteressen.

Hier berühren wir nun wirklich den Kernpunkt der Erfolglosigkeit der fortschrittlichen Erziehung. Das fortschrittliche Denken hat zu keiner Zeit den intellektuellen Enthusiasmus des 19. Jahrhunderts überwunden, als die Menschen sich durch die Wissenschaft von den mittelalterlichen christlichen Dogmen befreiten und zum erstenmal fühlten, daß sie die Welt besaßen und nach ihrem Willen formen konnten. Zu allen Zeiten der Geschichte beklagte die Menschheit ihr Schicksal. Doch bis zu diesem Punkt in der Menschheitsgeschichte war das Tragische als das Geschick des Menschen akzeptiert worden. Für das klassische Griechenland war die *Hybris* – der frevelhafte Übermut – die äußerste Eitelkeit, der Versuch, die Stelle der Götter einzunehmen. Im christlichen Denken war der

Mensch auf ewig zur Unvollkommenheit verdammt durch eine Willensschwäche, die man als Erbsünde bezeichnete. Doch im 18. Jahrhundert verdrängt der Mensch Gott und macht sich selbst zum Schiedsrichter über sein Geschick. Die Ketten, in denen der Mensch gefangen liegt, meint Rousseau, sind nicht von Gott oder von der gottgegebenen Natur, sondern rühren von der Gesellschaft her, einer menschlichen Konstruktion, und können demzufolge durch Menschenwillen zerbrochen werden.

Im Erziehungsbereich wurden diese Vorstellungen wirksam, sobald die industrielle Revolution eine wohlhabende Mittelklasse hervorgebracht hatte, die frei war von der Armut der Massen und den Feudalvorstellungen des Landadels. Gegen Ende des 19. Jahrhunderts gab es in England eine wohlhabende Rentierschicht, die es sich erlauben konnte, sich den besseren Dingen des Lebens zu widmen. Waren die Public Schools dazu bestimmt, aus den Söhnen von Fabrikbesitzern Gentlemen zu machen, so war es das Ziel der fortschrittlichen Schulen, aus den Söhnen von Rentiers Ästheten zu machen. Die aufgeklärte Oberschicht würde die Gesellschaft mit edleren Gefühlen erfüllen: die Spießbürgerlichkeit der Industriellen würde etwas unendlich Edlerem und Schönerem weichen.

Die Vision vom «entfesselten Prometheus» nahm im Geistesleben des 19. Jahrhunderts mannigfaltige Formen an. Die fortschrittlichen Erzieher waren am meisten von ihrem romantischen Aspekt beeinflußt. Wie die Romantiker selbst weigerten sie sich, das Fortschrittsmodell zu akzeptieren, das Wissenschaft und Industrie anboten. Für sie konnte die Befreiung des Menschen nicht durch den Verstand, sondern nur durch Liebe, Schöpfertum und Selbstverwirklichung stattfinden. Die Romantiker strebten danach, das Gefühl nicht in die Ketten der Vernunft zu schlagen, sondern es für die schöpferische Leistung zu befreien.

Es ist nicht nötig, sich lange bei der großen Debatte zwischen Verstand und Gefühl aufzuhalten, außer um zu erwähnen, daß beide Seiten ihre Theorien bis zu absurden Extremen verfochten. Rationalisten wie John Locke und James Mills neigten dazu, im Kind nur einen vernünftigen Erwachsenen *en miniature* zu sehen – und die Kindheit selbst als eine Krankheit, die man so rasch wie möglich hinter sich bringen müsse. John Stuart Mill lieferte einen entsetzlichen Bericht über das ultra-rationale Erziehungsschema seines Vaters, das ihn mit achtzehn Jahren in einen Nervenzusammenbruch trieb und ihn durch den Dichter Wordsworth zu der Erkenntnis brachte, daß es Lebensbereiche gab, von denen sich seines Vaters Schulweisheit nichts träumen ließ. Dagegen gingen Gefühlsmenschen wie William Blake und Rousseau ins andere Extrem und erklärten die kindlichen Triebe für göttlich. Beide Seiten richteten glühende Appelle an die «Wesensnatur» des Menschen, wobei die eine Seite (in Bertrand Russells Worten) erklärte, daß «der höchste Ruhm des Menschen seine

Fähigkeit zur Vernunft» sei; die andere Seite erblickte diesen «höchsten Ruhm» in der Fähigkeit der künstlerischen Schöpfung. Es sollte heute möglich sein, das ganze Problem mit einer gewissen Objektivität zu betrachten. Die fortschrittlichen Erzieher in der Nachfolge der Romantiker hatten sicherlich recht, wenn sie annahmen, daß Kinder nicht einfach Miniatur-Erwachsene seien und daß die Kindheit ihre eigenen gültigen Gefühls- und Ausdrucksformen besitze, daß Menschen nicht erwachsen würden, sondern nur älter und anders, und daß jedes Stadium im Leben akzeptiert und «durchlebt» werden müsse. Alle Fortschrittlichen von Neill bis zu Hahn waren sich darin einig, daß die «Schätze der Kindheit» nicht irgendeiner Vorstellung von den Forderungen der Gesellschaft geopfert werden dürfen, ebensowenig wie für ein klar definiertes erzieherisches Endziel. Vereint waren die Fortschrittlichen in dieser allgemeinen Einstellung, nicht sosehr in ihrer Übereinstimmung im Detail: denn wie wir gesehen haben, definierte jeder die «Schätze der Kindheit» anders.

Hingegen neigten sie dazu, die Tatsache zu übersehen, daß die Grundlage für die rationalen Fähigkeiten des Erwachsenen in der Kindheit angelegt werden und daß dies zwangsläufig eine gewisse gewalttätige Beeinflussung der rein kindlichen Triebe einschließt. Sie vergaßen, daß nicht wenige der größten Leistungen von Erwachsenen in einer elenden Kindheit ihren Ursprung haben; daß Darwin und Einstein, um nur zwei von vielen Fällen zu benennen, in der Schule zutiefst unglücklich waren. Sie beschönigten die Möglichkeit, daß eine wohlangepaßte Kindheit das Rezept für eine wohlangepaßte Mittelmäßigkeit sein könnte. Ihre Auflehnung gegen den pedantischen Schulmeister war so heftig, daß sie dazu neigten, rationale Methoden insgesamt abzulehnen, und das führte sie zu so bemerkenswert naiven Annahmen wie der, daß die Welt durch Liebe verbessert werden könne und daß alle Ursachen für Zerwürfnisse und Zwist beseitigt werden könnten, wenn nur jedermann «erfüllt» sei.

Man erkennt heute deutlicher als früher, daß jede große Leistung eine Art Synthese des imaginativen oder intuitiven und des rein rationalen Prozesses voraussetzt. Wie Sir Peter Medawar kürzlich bemerkte: «Jeder Fortschritt der wissenschaftlichen Einsicht beginnt auf jeder Stufe mit einem spekulativen Abenteuer, einer imaginativen Primärvorstellung desssen, *was möglich sein könnte . . .*»[1] Vernunftdenken ist einfach jener geistige Prozeß, der dazu beitragen kann, daß unsere Träume Wirklichkeit werden – aber die Träume selbst sind Zündfunken des Bestrebens. Die Erziehung kann sich heute wieder der klassischen Aufgabe zuwenden, die «imaginativen» und die «kritischen» Elemente im Gleichgewicht zu halten, wie es Reddie tatsächlich versuchte, was jedoch viele seiner Nachfolger verabsäumten.

Doch kehren wir zum Hauptthema zurück: sowohl die Romantiker wie die Rationalisten stimmten trotz aller ihrer sonstigen Differenzen in einem Punkt überein, daß nämlich der Weg zur Befreiung des Menschen darin bestehe, bestimmte vitale Eigenschaften oder Attribute der menschlichen Natur aus den Ketten der Gesellschaft zu befreien. Kurz: sie appellierten an irgendein «Wesen» des Menschen wie an eine Art Schlagstock, mit dem Brauch, Konvention und das ganze angehäufte Vermächtnis der Vergangenheit, das man für lästig, äußerlich und aufgezwungen hielt, in die Flucht geschlagen werden könnten. Freud, der letzte große Dichter der menschlichen Natur, unterstützte mit seiner anfänglichen Lehre der Triebunterdrückung diese Formel. Marxistische Freudianer wie Reich und später Marcuse sahen in dieser widrigen sozialen Wirklichkeit die kapitalistische Industriegesellschaft. Logischerweise erforderte diese Ansicht den Umsturz der bestehenden Gesellschaft und die Errichtung einer neuen. Aber die meisten englischen Fortschrittlichen gingen nicht ganz so weit. Sie ignorierten die soziale Dimension gänzlich und beschränkten sich darauf, die Kinder von der unterdrückenden Gesellschaft zu «isolieren», indem sie sie in Internate auf dem Land steckten, vorindustrielle Tätigkeiten förderten und soweit wie möglich jegliche «verformende» Direktive durch Erwachsene verhinderten. Vielleicht hofften sie wie Hahn, daß ihre Produkte kühn in die Gesellschaft eintreten und sie verändern würden. Darin allerdings sahen sie sich getäuscht. Ihre Schüler beschlossen im allgemeinen nicht, Politiker zu werden. Sie wählten sich Berufe, die ein hohes Maß an persönlicher Erfüllung mit sich bringen – künstlerische Berufe, Universitätsberufe und in zunehmendem Maß Berufe im Medienbereich. In diesen Berufen waren sie natürlich von nicht geringem Einfluß auf die Erosion der traditionellen Wertvorstellungen. Aber diese Erosion fand allmählich statt und war nur partiell erfolgreich. Wenn man die Dinge mit den Augen eines Betrachters aus der Mittelschicht sieht, muß man feststellen, daß die Welt sich anscheinend nicht in dem Maß verbessert hat, wie es der Fall sein sollte.

Zwei Weltkriege und die Entwicklung von Kernwaffen haben dem Optimismus der fortschrittlichen Erziehung einen Schlag versetzt, von dem sie sich bislang noch nicht wieder wirklich erholt hat. Besonders nach dem Hitlerkrieg verbreitete sich die Überzeugung, daß die Welt nicht auf ihrer Seite stehe. Der Zusammenbruch übertriebener Hoffnungen machte die Fortschrittlichen zu unheilbaren Pessimisten. Bertrand Russell schrieb 1956: «Es herrscht im großen und ganzen heutzutage weit weniger Freiheit auf der Welt als noch vor hundert Jahren.» Und H. G. Wells, der in den zwanziger Jahren begeistert von einer Weltregierung, von Frieden und Brüderlichkeit schrieb, bemerkte 1945 in ‹*Mind at the End of Its Tether*›: «Das Ende alles dessen, was wir Leben nennen, steht nahe bevor . . .» Das Meinungsklima kehrte sich von einem leichtfertigen Fortschrittsglauben ab. Die Menschen glaubten nicht länger, daß es einen einfachen Schlüssel gebe, der ihnen die Tür zu einer wundervollen Zukunft aufschließen könnte.

Bei diesem Glaubensverlust blieb auch die optimistische Meinung der fortschrittlichen Erzieher von der menschlichen Natur auf der Strecke. Gehören die schlechten Eigenschaften des Menschen zu seiner Natur, oder sind sie nur Reaktion auf den Druck der Gesellschaft? Die Fortschrittlichen bezogen mehr und mehr den zweiten Standpunkt. Die Gewalttätigkeit des Menschen, um nur ein Beispiel zu nennen, war demnach eine Reaktion auf den Gesellschaftsterror, den der Staat oder die herrschende Klasse ausübten und der in erzieherischen und moralischen Autoritätssystemen institutionalisiert sei. Wenn man diese Systeme umstürzen oder umgehen könnte, würde der Mensch friedlich werden. Man hat immer wieder betont, daß Affen nur unter bestimmten sozialen Bedingungen kämpfen. Doch Lorenz hat in seinem Buch[2] darauf hingewiesen, daß alle Affengemeinschaften – ob friedliche oder kriegerische – auf Gewalt aufgebaut sind. Außerdem wurde behauptet, daß die lange Abhängigkeit des menschlichen Kindes vom Erwachsenen Erinnerungen an Erniedrigung und Machtlosigkeit schaffe, die im weiteren Lebensverlauf durch aggressives Verhalten, durch den Beweis, daß man besser sei als die anderen, ausgelöscht werden müßten.[3]

Die Frage, ob der Mensch «von Natur aus» gut oder böse, brutal oder freundlich sei, kann nicht beantwortet werden. Rousseau schrieb: «Die ersten Instinkte des Menschen sind allerwege gut: das Warum und Wofür jeden Lasters, das auftritt, kann aufgespürt werden . . .» Neill bietet als Beispiel den Spieltrieb des Kindes. Was könnte «natürlicher» und ergötzlicher sein? Es ist die gefühllose Unterdrückung des kindlichen Spiels durch die Erwachsenen, behauptet Neill, die für einen Großteil der Unzufriedenheit verantwortlich ist, die im späteren Leben der Nährboden für Aggression ist. Doch das Spiel junger Katzen, auf das Neill oft mit Zustimmung verweist, beinhaltet ein deutliches Element von Grausamkeit und Quälerei – wie wohl jede Maus wissen dürfte. Die Behauptung, daß der Mensch durch die Zügelung seiner kindlichen Triebe zivilisiert werde, dürfte aber als zumindest ebenso haltbar erscheinen wie die Behauptung, daß er durch das völlige Ausleben dieser Triebe zivilisiert werde.

Doch selbst wenn wir uns die optimistische Ansicht zu eigen machen – daß der Mensch mit einer Ur-Gutheit, statt mit der Erbsünde geboren wird –, hilft uns dies viel weiter? Eine der wichtigsten Erkenntnisse der letzten Zeit ist, daß der Mensch, was immer seine sogenannte Natur sein mag, viel umfassender in seiner Geschichte und Kultur gefangensitzt, als die fortschrittlichen Erzieher wahrhaben wollten. Die Mauern von Jericho, das hat sich klar erwiesen, werden nicht unter ihrem Trompetenstoß zerbröckeln.

Immer wieder sehen wir uns gezwungen, auf diesen Mangel an gesellschaftlicher Erkenntnis bei den Fortschrittlichen zurückzukommen. Sie sahen in der Gesellschaft einen bedrückenden Monolithen «außerhalb» der Natur des Menschen. Man versuchte weder sie zu analysieren noch in die verschiedenen Bestandteile aufzugliedern, um festzustellen, welche davon für fortschrittliche Projekte nützlich sein könnten oder welche davon notwendige Züge in jeglicher gesellschaftlichen Existenz wären. Insbesondere wurden die Fortschrittlichen nie müde, darüber nachzudenken, ob bestimmte Anwendungen von Gewalt oder Autorität nicht vielleicht Vorbeugemaßnahmen gegen einen noch schlimmeren Gebrauch sein könnten. (Hahn muß in dieser Kritik ausgeklammert werden.) So machte man sich bewußt daran, die Autorität des Lehrers und der Eltern zu unterminieren, um die «wahre» Natur des Kindes freizusetzen, und mußte feststellen, daß diese Autoritätsrolle unrechtmäßigerweise von der «Altersgruppe» oder den Massenmedien oder Schlageridolen übernommen wurde. Ob man nun die oben beschriebenen veränderten sozialen Verhaltensweisen für gut oder für schlecht hält, man kann jedenfalls nicht behaupten, daß sie einem Mangel an Autoritätsfiguren entsprängen. Die Verbreitung von Kulten und Kultwörtern beweist ganz im Gegenteil nicht etwa eine Ablehnung der Autorität, sondern vielmehr die unruhige Sehnsucht nach Autorität.

Es ist äußerst schwierig, in den gesellschaftlichen Veränderungen, die heute stattfinden, klare Muster zu erkennen, weniger problematisch ist es, die Ursachen zu entwirren. Heutzutage sind wir alle theoretisch «freier» als früher, jede beliebige Meinung zu vertreten: und doch sind alle Leute übereinstimmend der Ansicht, daß die Exzentrizität verschwinde, daß das Zeitalter der Individualität einem Gruppen- oder Verbandszeitalter Platz mache. Auch hier haben die Beseitigung des äußeren Drucks und der wachsende Überfluß eine größere Freizügigkeit, Abwechslungsreichtum und einen stärkeren Pluralismus ermöglicht; doch werden zugleich immer mehr Menschen dazu gebracht, Mitglieder von Organisationen zu werden, die unvermeidlicherweise ihre Meinung formen: Galbraith hat mit bestürzender Detailliertheit die Geburt des «Firmentyps» (*corporation man*) und seiner von der Firma bestimmten Zielen und Motiven beschrieben; mit dem gleichen Thema befaßte sich vor kurzem ein amerikanisches Stück mit dem Titel ‹*The Latent Heterosexual*›. Der Mensch wurde durch die Erziehung aus der Spezialisierung befreit, die ihm die Tradition aufzwang – nur um in die Knechtschaft einer Spezialisierung zu geraten, die durch das Bedürfnis nach erfahrenen Experten zwangsläufig wurde. Es scheint ein echter Substitutionsprozeß am Werk zu sein: sobald ein System von Zwängen beseitigt ist, drängt sich sofort ein neues auf.

Doch dieser Prozeß trägt bereits die Saat der Reaktion gegen ihn in sich. Eines steht fest: der moderne Mensch hat ein tiefes Bedürfnis, gegen die Gesellschaft aufzubegehren. Seine übertriebenen Vorstellungen von den menschlichen Möglichkeiten macht die Gesellschaft, die an

Gewöhnung und Trägheit gebunden ist, doppelt bedrückend. Der Mensch ist bereit, Tod und die Gewalttätigkeit der Massen zu riskieren und die Wahrscheinlichkeit, ja fast Sicherheit, in den Wind zu schlagen, daß das Ergebnis ein ganz anderes sein werde, als er es sich erhoffte, um sein Autonomiegefühl angesichts unpersönlicher Kräfte zu bewahren, denen gegenüber er sich normalerweise hilflos fühlt – und es auch ist. Die Umwälzungen in den dreißiger Jahren und insbesondere die Rückschläge des Sowjetkommunismus zwangen dem modernen Menschen eine Zeitlang eine heilsame Zurückhaltung in seinen Leidenschaften auf: wir werden alle gute Sozialdemokraten und getreue Anhänger von verzettelten Scheibchenreformen in langsamen und unmerklichen Anpassungsprozessen an den Status quo. Vom derzeitigen Aussichtspunkt hat es den Anschein, als kehre die Zeit des Sturm und Drang zurück.

Die modernen Studentenbewegungen verwenden einen guten Teil des Vokabulars der fortschrittlichen Erziehung. Sie betonen das Recht des Menschen auf Selbsterfüllung auf Kosten der Ansprüche der Gesellschaft. Sie fordern das Menschenrecht auf eine Erziehung, die – zumindest auf dem Universitätsniveau – den menschlichen Bedürfnissen und Zielen, nicht denen einer unpersönlichen «Außen»-Struktur entsprechen soll. Zu diesem Zweck werden Veränderungen in den Lehrplänen und in der Organisationsform der Universitäten vorgeschlagen, denen ein sehr «fortschrittlicher» Ton anhaftet: Kurse, die mehr auf die Interessen der derzeitigen Jugend als auf die des müden Alters ausgerichtet sind, Organisationsformen, die den Studenten die «Selbstverwaltung» bringen und die Autorität von Lehrern und Professoren einschränken sollen. Es findet der gleiche Angriff auf das Prüfungssystem statt, das nur die gesellschaftlich erwünschten Fakten prüft und Fähigkeiten, die der Gesellschaft zuwiderlaufen, ignoriert.

Soziologisch gesehen ist die heutige Doktorandengeneration, die die Studentenrevolte anführt, das moderne Gegenstück zu jener Klasse von Rentiers, die an der Spitze der ersten Schulreform standen. Wie jene hat auch die heutige studentische Führungsequipe eine Vorliebe für umfassende Sozialkritik entwickelt und das Einkommen und den Status, sie durchzuhalten. Beide Gruppen wollten das Erziehungssystem reformieren, allerdings von verschiedenen Ausgangspunkten her. Die Konsumenten von fortschrittlichen Ideen im 19. Jahrhundert waren Eltern, die für ihre Kinder eine bestimmte Erziehungsform verlangten; ihr modernes Gegenstück sind diese erwachsen gewordenen Kinder bzw. Enkel. Jene waren stellvertretend fortschrittlich: sie fochten für eine fortschrittliche Welt für ihre Kinder; die zweite «Welle» wünscht eine fortschrittliche Welt für sich selbst. Für die Angehörigen dieser zweiten Welle sind die Ziele der pädagogischen und der Gesellschaftsrevolution zu einer Einheit verschmolzen, die ihren Vorgängern noch unmöglich war, denn heute ist die Jugend selbst Objekt ihrer Forderungen.

Angesichts des jungen Militarismus der Studenten wirkt der alte Fortschrittsglaube unvermeidlich ein wenig verblichen und schäbig. Die größeren und renommierteren Schulen wie Bedales, Dartington Hall, Gordonstoun und das Atlantic College haben die besten Überlebenschancen, besonders wenn es ihnen gelingt, die Patronage der wachsenden Zahl von Eltern zu erringen, die wahrscheinlich künftig in europäischen oder internationalen Organisationen arbeiten werden. Die Existenz kleinerer Internate ist weit mehr gefährdet. Summerhill wurde nur durch die Veröffentlichung von Neills Buch ‹*Summerhill*› im Jahre 1962 in den Vereinigten Staaten gerettet. Neuerdings sind 70 Prozent der Summerhill-Kinder Amerikaner. Aber kann die Schule jetzt, nach Neills Tod, weiterexistieren? Wie die Industrie muß auch die Erziehung mit optimalen Größen rechnen, wenn sie ihre Ziele erreichen will. Die kleineren Schulen können nur klein bleiben, wenn sie ihr Angebot und ihr Niveau senken. Damit verringert sich automatisch ihre Attraktivität. Aber ist die Nachfrage wirklich so hoch? Zweifellos dürften Schulen, die keine vernünftige Ausbildung anzubieten haben, auch nur geringe Überlebenschancen besitzen, zumindest in der Oberstufe. Selbst heute bleiben nur wenige Kinder in Summerhill oder Kilquhanity länger als bis zum dreizehnten oder vierzehnten Lebensjahr. Die Kinder werden – nachdem sie emotional zurechtgerückt worden sind – von ihren Eltern weggeholt, um sich auf die Prüfungen vorzubereiten.

Die Schwierigkeiten der fortschrittlichen Schulen sind zum Teil die gleichen wie die des privaten Erziehungssektors im Ganzen. Es kommt nicht überraschend, daß einige führende Sprecher der Privatschulen sich heute um staatliche Subventionen bemühen, sosehr sie auch die staatliche Kontrolle verabscheuen mögen. Dies trifft sich mit den Absichten der Labour Party, die unabhängigen Schulen in das nationale System zu integrieren, um die Privilegienwirtschaft zu beenden. Aber wie soll das durchgesetzt werden?

Die feindselige Einstellung der Fortschrittsbewegung gegenüber dem Staat ist bereits erwähnt worden. Zum Teil ist sie auf die natürliche Befürchtung zurückzuführen, daß man die altehrwürdige Unabhängigkeit verlieren könnte. Aber es gibt ein noch tieferliegendes Motiv. Man betrachtet das staatliche Erziehungssystem als grundsätzlichen Gegner der erzieherischen Neuerungen, die man verficht. Das Geschick von Michael Duane in Risinghill[4] dient als schreckliche Warnung dafür, was passieren könnte, wenn die Reformschulen unter die Fuchtel der örtlichen Bürokratie geraten würden. Die Labour Party bemühte sich, diesen Einwänden gerecht zu werden und offerierte 1962 (weitgehend dank des Einflusses von Dr. Michael Young) ein «Sonderprogramm für echte Experimentierschulen». Durch die Garantie von Subventionen oder von Gehaltszahlungen konnten demnach die staatlichen oder lokalen Behörden eine bestimmte Anzahl von Plätzen in der Schule belegen.

Doch wie sollten die Kinder ausgewählt werden, und was für sonstige Pferdefüße würde die Sache haben? Die Public Schools befürchten, daß sie von «Zwangsfällen» überschwemmt werden, was sie zu Sonderschulen für Problemkinder machen würde. Die Reformschulen hegen diese Befürchtung sogar noch stärker, da ihnen ja bereits der Ruf anhängt, sich um «ungewöhnliche» Kinder zu bemühen. So könnten etwa Summerhill und Kilquhanity, die heute bereits einen bestimmten Prozentsatz an «schwierigen» Kindern auf Grund finanzieller Subventionen der lokalen Autoritäten aufnehmen, eines Tages feststellen, daß dieser Prozentsatz sich infolge der «Integration» drastisch erhöht. Und das würden beide Institutionen sicherlich nicht freudig begrüßen. Dartington Hall und Bedales dürften unter diesen Auspizien plötzlich zu viele Kinder aus zerrütteten Familien bekommen, Gordonstoun zu viele «unakademische» Kinder. Man befürchtet, kurz gesagt, daß die «Tendenz» einzelner Schulen durch die bürokratische Ordnungsliebe verschärft würde: «X ist ein Dieb – kümmert sich nicht Summerhill um solche Fälle? – Summerhill ist richtig für ihn.»

Michael Young schlug vor, aus den fortschrittlichen Schulen Laboratorien für Forschung und Experimente auf dem Erziehungssektor zu machen, die den pädagogischen Abteilungen der Universitäten assoziiert sein sollten. Andererseits sind die fortschrittlichen Schulen nicht (ich habe das bereits früher erwähnt) primär «experimentelle» Schulen. Sie vertraten und vertreten noch heute ein bestimmtes Konzept – das Konzept der Erziehung, das auf einem bestimmten Bild vom Kind, einer bestimmten Ansicht von der Beziehung zwischen Individuum und Gesellschaft und einem bestimmten Idealbild von der «guten Gesellschaft» beruht. Sie sind demzufolge zwangsläufig nur von begrenztem Interesse für Forscher, insbesondere da sie als kleine Internate sich selbst weitgehend von den Hauptströmungen der Forschung und der Neuerungen an den Tages-Gesamtschulen abgeschnitten haben.

Dennoch empfinden es viele Anhänger der fortschrittlichen Erziehung als ein Paradox, daß man sie in der politischen Debatte über Erziehung zu den Konservativen rechnet. In Bedales etwa zeigte sich deutlich ein Kampf zwischen Konservativen und Radikalen um das Recht auf den Begriff «fortschrittlich». Fortschrittlich im Bedales-Vokabular heißt traditionalistisch: Man tut, was Badley tat; es bedeutete den «Lebensstil von Bedales». Doch «fortschrittlich» umfaßt auch den Angriff auf die Tradition – und darf die Tradition in Bedales dabei die Ausnahme bilden? Das Dilemma wäre weniger aktuell, wenn der «Lebensstil von Bedales» sonst irgendwo nachgeahmt würde, denn dann würde das Internat, so traditionalistisch es auch geworden sein mag, ja immer noch ein «fortschrittliches» Beispiel für andere sein können. Doch wenn die Schule keine Schüler mehr findet, wenn die fortschrittliche Schulbewegung als Ganzes sich zu einer kleinen isolierten Privatangelegenheit herunterentwikkelt hat (wobei die Lehrer von Bedales an die King Alfred's, und weiter nach Frensham Heights und Dartington und zurück nach Bedales wandern, als handelte es sich um ein inzestuöses Karussell), dann müssen sich die Fortschrittlichen wirklich fragen, ob sie noch eine Sache vertreten, die von Wichtigkeit ist. Selbst Einrichtungen wie der Outward Bound und die Freiwilligendienste, die als potentielle Verbindungsglieder zwischen der fortschrittlichen und der staatlichen Erziehung angesehen wurden, kann man wohl kaum als neue Wurzel für eine urbane Kultur ansehen.

Möglicherweise können Reformschulen – wie Prof. Stewart es ausdrückte – heutzutage nicht mehr sein als «gute Schulen in ihrer Art für Kinder, deren Eltern sie dahin schicken wollen». Und wenn die Stimme der «0.2 Prozent» schwächer wird[5], dann deshalb, weil diese 0.2 Prozent ihren Höhepunkt überschritten haben, weil sie ihren Beitrag geleistet haben und die Fackel nun in andere Hände übergegangen ist.

Anmerkungen zu Teil I

1 Der Begriff «fortschrittliche Erziehung» wird in diesem Buch als Entsprechung des englischen Begriffs *progressive education* verwendet. Die deutsche Übersetzung meint also eine bestimmte in England und Amerika ausgeprägte reformpädagogische Bewegung, die allenfalls Berührungspunkte mit einer fortschrittlichen Erziehung aufweist, wie sie von Teilen der sozialistischen Pädagogik gefordert oder praktiziert wird (Anm. d. Red.).

2 Ihr Nachfolger ist Dr. Royston Lambert.

3 Siehe Kap. 17, S. 175 ff.

4 Dieser Bericht beruht auf ‹*St. Donat's Castle: A Guide and Brief History*› von Esther Blackburn und Rita Williams.

5 In der Diskussion um die freie Erziehung sind die Ausdrücke *permissive* und *permissiveness* in England und Amerika zu Schlag- und Schlüsselwörtern geworden. Sie bezeichnen: weitgehende Nachsicht, Nachgiebigkeit, Willfährigkeit, Großzügigkeit, Toleranz in der Erziehung, aber auch in der Gesellschaft überhaupt (*permissive society*). In dem vorliegenden Text sind sie mit freizügig, freiheitlich, liberal und ähnlichen Begriffen wiedergegeben und bezeichnen vorwiegend das, was in der Pädagogik «laissez-faire-Stil» genannt wird, manchmal auch, weniger kritisch, das, was man «liberale Erziehung» nennt (Anm. d. Übers.).

6 Vgl. Robert Graves: ‹*Goodbye to All That*›. 1929, 1957 (Anm. d. Übers.).

7 (1945), «Herzen, nicht Hirne in der Schule» (Anm. d. Übers.).

8 Die Zitate sind dem *Broadsheet* von Kilquhanity entnommen, einer hervorragend gedruckten Zeitschrift, die wöchentlich erscheint.

9 *Weekend Telegraph* vom 22. April 1966.

10 Etwa: «Gott geb dir rasche Fahrt, du stolzes Shiff Tawau, Gott segne euch, ihr Jungen und Männer, ER segle mit euch übers Meer und leite euch nach Haus zurück. / Gott geb euch Kraft und Mut in Fährnis, Sturm und Böe: Er mache euch auch dankbar, wenn sanfte Winde wehn. / Fernab der Welt der Politik, der Rocker und der Mods, doch der Wirklichkeit näher, und viel näher bei Gott. / Und näher auch einander, fernab von Laster und von Krieg, vertrauend in Kameradschaft, werdet ihr finden, was das Beste im Leben ist.

11 Etwa: «Ich kannte mal 'nen Jungen namens Chris, dem alles nach seinem Willen gehen mußte, sonst trotzte und schmollte er oder gab einem kleineren Kind eine Kopfnuß. / Immer mußte er absolut recht haben, und wenn er sich mal raufte, dann immer mit viel Kleineren, weil er sich an einen Größeren nicht herantraute. / Wenn er etwas angestellt hatte und erwischt wurde: das gab ein Gezeter! Entschuldigungen fand er eimerweise, ‹es ist nicht meine Schuld› flehte er. / Die Wahrheit konnte er einfach nicht schlucken, und diese Entschuldigungen erfand er einfach, weil er verstekken mußte, daß er tief innen schwach und ängstlich war.»

12 Siehe Kap. 16, S. 157 f.

13 ‹*The Independent Progressive School*›. Hg. von H. A. T. Child, S. 53.

14 Ebenda, S. 52.

15 ‹*Das Prinzip Summerhill: Fragen und Antworten*›. Reinbek 1971, S. 144, (rororo sachbuch 6690).

16 ‹*The Independent Progressive School*›. S. 53.

17 Frühjahr 1964, S. 39.

18 D. J. West schreibt in: ‹*Homosexualität*›, S. 127: «. . . die Häufigkeit homosexueller Kontakte in der Schule hängt wahrscheinlich mehr mit der Stärke des Sexualtriebs zusammen als mit der Richtung, die er im späteren Leben einschlagen wird.»

19 ‹*Autobiography*›. Bd. 2, S. 154.

20 *The Nurve*, die inoffizielle Zeitschrift von Gordonstoun, Februar 1966.

21 Dieser Bericht ist ‹*Summerhill: A Loving World*›, einem Privatdruck, entnommen.

22 *Locus classicus*, die inoffizielle Zeitschrift der K. A. S., 1964.

Anmerkungen zu Teil II

1 David Newsome: ‹*Godliness and Good Learning*›. 1961, S. 221.

2 Zitiert nach Peter Coveney: ‹*The Image of Childhood*›. S. 41.

3 Walt Whitman vertrat in ähnlicher Weise das gleiche Schönheitsideal.

4 J. H. Badley, der Gründer von Bedales, schrieb: «Abbotsholme verdankte ein gut Teil seiner Gründung Edward Carpenter und seinem praktischen Sozialismus und der hohen Wertschätzung, die er manueller Arbeit entgegenbrachte . . .»

5 In seinem Buch ‹*Walden*› (1880) beschreibt Thoreau, ein Intellektueller aus Neu-England, wie er auf einem kleinen Flecken Land ein Haus errichtete und die wichtigsten Nahrungsmittel selbst anbaute und daß er daraufhin ungeahnten seelischen Frieden und Zufriedenheit gefunden habe.

6 A. N. Whitehead: ‹*Aims of Education*›. S. 10.

7 Jean le Rond D'Alembert (1717–1783), ein angesehener Philosoph, dessen ‹*Discours préliminaire de l'encyclopédie*›, dem unser Schaubild entnommen ist, die Einleitung zu Diderots ‹*Encyclopédie*› (1751) bildet und zugleich das Manifest der französischen Aufklärung darstellt.

8 ‹*Discours préliminaire*›.

9 Karl Popper: ‹*The Open Society and Its Enemies*›. Bd. 2, S. 216.

10 So wurden etwa am Karfreitag drei Lesungen abgehalten: der Tod des Sokrates (nach Platon), der Tod Oliver Cromwells (nach Carlyle) und die Kreuzigungsgeschichte. Der Gottesdienst in der Chapel umfaßte u. a. Lesungen aus Shakespeare, Cromwell, Milton, Blake, Carlyle und Ruskin.

11 Im Original: «Statistiks» (Anm. d. Übers.).

12 Wenn das Gespräch alle einbeziehen und der Raum nicht aufgeteilt werden soll, sind sieben nicht zu viele. Wenn es mehr als sieben sind, können sich unmöglich alle Knaben angemessen am Gespräch beteiligen oder die anderen Knaben gut genug kennenlernen, um ihre anfängliche Scheu zu überwinden. Wenn die Zahl kleiner ist, dann hat der Kapitän wirklich nicht viel Aussicht, das Geschäft des Regierens zu erlernen; und natürlich wird auch das Risiko größer, daß ein schlechter Ton möglicherweise von allen übernommen wird, je kleiner die Belegschaft in einem Schlafraum ist. Es ist äußerst unwahrscheinlich, daß unter normalen Vorsichtsmaßnahmen ein Schlafraum von sieben insgesamt infiziert werden könnte, und solange sich auch nur einer der Knaben freihält vom Bösen, herrschen Kontrolle über die Zunahme des Bösen und beträchtliche Gewißheit, daß dieses entdeckt und unterdrückt werden wird. Die Zahl von sieben ist also ein Kompromiß. Sie zielt darauf ab, einerseits die Gefahren von

zu wenigen Knaben, andererseits von zu vielen (in einem Schlafraum) zu beseitigen. – Nach: ‹*Welchen erzieherischen Wert hat das Leben im Schlafsaal?*›. Diese Schrift hing in jedem Schlafraum in Abbotsholme aus.

13 Später Theaterproduzent.

14 Ein großer Teil der Lehrer und Jungen waren Deutsche. Bei Kriegsausbruch wurden sie sofort weggeholt oder interniert.

15 Der Schweizer Adolphe Ferrière gründete 1899 das Internationale Bureau der Neuen Schulen und arbeitete aktiv an der internationalen Koordination und Entwicklung der Neuen Schulen mit.

Anmerkungen zu Teil III

1 A. S. Neill: ‹*Neill, Neill Birnenstiel! Erinnerungen von A. S. Neill*›. Reinbek 1973, S. 49.

2 Neill, op. cit., S. 41.

3 Neill widersprach dem und bemerkte: «Ich benutze den Titel nie, nicht einmal auf dem Internatsprospekt.» Andererseits wird der Titel in jedem Buch, das er verfaßt hat, ehrenhaft erwähnt.

4 1640 gewählt, 1660 aufgelöst (Anm. d. Übers.).

5 H. C. Barnard: ‹*A Short History of English Education 1760–1944*›. S. 62.

6 Sloyd, ein finnisches Wort mit der Bedeutung «Geschicklichkeit» bezeichnet eine Erziehungsbewegung, nach der manuelle Arbeit und nicht Schreibtischarbeit die Grundlage der Elementarerziehung sein sollte.

7 Als Folge einer Lungenentzündung; Neill erklärt dies als unbewußten Wunsch, der Verlegung an die Front zu entgehen; bewußt scheint ihm viel daran gelegen zu haben, an die Front zu kommen.

8 Etwa: «Du mußt nicht schick sein, was sehr erfreulich ist / außer wenn / Gäste (oder Neider) zu unseren Häusern geführt werden. / Sie stehn und gaffen dumm; / seh'n wirklich aus wie verirrte Schafe. / In Herden kommen sie von Nord und Süd, / und stören gründlich unsern Unterricht.» (Anm. d. Übers.).

9 Ein weiterer Schüler Lanes, J. H. Simpson, experimentierte in Rugby mit einer Schülerselbstverwaltung im Unterricht.

10 Die hauptsächliche Erziehungsmethode Leadbeaters scheint darin bestanden zu haben, die Masturbation nachdrücklich zu empfehlen. (Siehe dazu Besterman: ‹*Mrs. Annie Besant*›. S. 223.)

11 Boyd, op. cit., S. 67.

12 L. B. Pekin: ‹*Progressive Schools*›. 1934, S. 37.

13 Boyd, op. cit., S. 31.

14 Zitiert in Leslie Brewer: ‹*The Good News*›. S. 23.

15 Er beschreibt die Erziehung seiner Tochter Zoe in seinem Buch ‹*The Free Child*› (1953).

16 Neill: ‹*Theorie und Praxis der Antiautoritären Erziehung. Das Beispiel Summerhill*›. Reinbek 1968, S. 58 f.

17 W. Reich: ‹*Charakteranalyse*›. S. 249 f.

18 *New Society*, 22. Mai 1969.

19 Herbert Marcuse: ‹*Triebstruktur und Gesellschaft*›. Frankfurt am Main 1967.

Anmerkungen zu Teil IV

1 Es gab einige traditionelle Internate, die von religiösen Orden geleitet wurden.

2 Die *Stürmer und Dränger* waren Studenten im 18. Jahrhundert in Deutschland, die stark von Rousseau beeinflußt waren und ihre Revolte dadurch zum Ausdruck brachten, daß sie gegen alle Tradition und Konvention die gepuderten Perücken fortwarfen und in ihrer «natürlichen» Haartracht auftraten. Schillers ‹*Räuber*› (1781) dramatisiert den Konflikt zwischen dem «natürlichen» Menschen und der «künstlichen» Gesellschaft, zwischen elementaren, spontanen und edelmütigen Trieben und den kalten, toten und künstlichen Gesellschaftskonventionen.

3 Friedrich Hölderlin: ‹*Sämtliche Werke*›. IV. Bd., «Brod und Wein. An Heinze», S. 123 f, Propyläen-Ausgabe 1923.

4 Sir J. Adams: ‹*Evolution of Educational Theory*›. S. 277 f.

5 In Salem bestand zwar eine Art Koedukation, doch in Hahns erzieherischen Schriften werden Mädchen nur sehr selten erwähnt. Jemand, der Hahn gut kannte, schrieb: «Da ich so fest an die Koedukation glaubte, enttäuschte mich seine Einstellung zu Mädchen, und als ich ihn fragte, warum er ihnen die gleichen Möglichkeiten wie den Jungen verwehre, pflegte er zu antworten, er werde Mädchen in seine Schulen aufnehmen, wenn er das Gefühl habe, daß sie die Erziehung der Jungen bereicherten. Wir führten viele harte Gespräche, doch ich bin zutiefst überzeugt, daß er an die untergeordnete Rolle der Frau glaubt» (Brief an den Autor).

6 Dr. Hahn kommentiert: «Der Zweck des Übungsplans wird mißverstanden. Er will die Überwachung durch Selbst-Überwachung ersetzen und vor allem die Einhaltung der Gesundheitsvorschriften garantieren.»

7 T. C. Worsley: ‹*Flannelled Fool*›. S. 187.

8 Hahns Kommentar: «Sie tun meinen Partnern in der Verantwortung unrecht. Sie waren stets kritisch, aber positiv kritisch.»

9 Hahns Kommentar: «Sie übersehen die Tatsache, daß sich beim Militär aktiver Widerstand weitaus stärker zeigte als in anderen Bereichen der Gesellschaft. Wie auch immer, wenn es zutrifft, daß zahlreiche junge Männer sich in die Armee flüchteten, um zu vermeiden, Nazis werden zu müssen oder in die Konzentrationslager geschafft zu werden, dann lehne ich es ab, sie deswegen zu kritisieren . . .»

10 Worsley, op. cit., S. 192.

11 Dieser Briefwechsel ist aus Arthur Marwick: ‹*Clifford Allen: Open Conspirator*›. S. 142 ff, entnommen.

12 Zum Moray Badge, einer Art Sportpreis, siehe S. 183 f.

13 In seinem Buch ‹*The Roots of Appeasement*› datiert Martin Gilbert dieses Memorandum irrtümlich auf das Jahr 1935 (auf den S. 145 f). Gilberts Unterstellung (S. 145), daß Lord Lothian in der Deutschlandpolitik von Hahn beraten worden sei, wurde von Hahn zurückgewiesen.

14 W. McG. Eager: ‹*Making Men*›, S. 320 f.

15 Ebenda, S. 332.

16 Zitiert in Harold Stovin: ‹*Totem – The Exploration of Youth*›. S. 105.

17 Hahns Kommentar: «Man darf nicht Intensität mit Tiefe verwechseln. Die vorzeitige Herrschaft des Geschlechtstriebs zerstört nicht nur die Lebenskraft der Kindheit, sondern wirkt auch der Entwicklung einer gesunden erotischen Leidenschaft entgegen.»

Anmerkungen zu Teil V

1 In: *Encounter*, Januar 1969, S. 17.

2 Konrad Lorenz: ‹*Das sogenannte Böse. Zur Naturgeschichte der Aggression*›. 1965.

3 Siehe dazu den kritischen Artikel von Anthony Storr in *Sunday Times* vom 27. Oktober 1968.

4 Risinghill, eine Fortbildungsschule in Islington, an der spezifisch auf die Bedürfnisse einer gemischtrassigen Schülerbelegschaft eingegangen wurde (darunter Westindier und griechische Zyprioten) kam plötzlich in schlechten Ruf, als ihr Direktor, Michael Duane, die körperliche Züchtigung verbot. Spannungen im Lehrkörper, wilde Gerüchte über Gesetzlosigkeiten und die feindselige Einstellung der lokalen Autoritäten führten schließlich 1965 zur Schließung der Schule im Rahmen eines «Reorganisierungsprogramms». Dies trotz der beträchtlichen Abnahme der Bewährungsfälle, trotz beachtlicher Unterstützung seitens der Eltern und der großen Loyalität der Schüler dem Direktor gegenüber, was alles sich in einer Demonstration zur Downing Street äußerte, die erfolglos die Schließung der Schule verhindern sollte. Siehe Leila Berg: ‹*Risinghill*› (1968).

5 ‹*The Progressive Schools and their Future*›. In: *New Society*, 13. Feb. 1964.

Ernst Ott

Vom Spielen zum Lernen
Vorschulische Intelligenzförderung

sachbuch rororo

«Was Hänschen nicht lernt, lernt Hans nimmermehr». Auf das Körnchen Wahrheit, das in dieser Behauptung steckt, weist uns die Lernpsychologie hin: Die ersten Lebensjahre des Menschen sind tatsächlich die entscheidenden für die Intelligenzentwicklung. Wer früh zum Lernen angeleitet wird, lernt mehr.
Da staatliche Vorschulen weitgehend fehlen, müssen Eigeninitiativen mit didaktisch geprüften Materialien unterstützt werden. Mit Otts Buch kann jedermann im anregenden Spiel und ohne Leistungsdruck Fähigkeiten der Kinder wecken und entwickeln.
Pädagogische Kommentare geben auch dem Ungeübten so viel Sicherheit, daß Lernen Spiel bleiben kann.

rororo sachbuch 6801

822/1

Herbert R. Kohl

anti-autoritärer unterricht in der schule von heute

erfahrungsbericht und praktische anleitung

rororo sachbuch Band 6699

718/2